猴面包树

GIULIO DEANGELI

IL METODO GENIALE

天　才　的　学　习　方　法

[意]　朱利奥·迪安杰利　著　　狄佳　译

浙江教育出版社·杭州

天才的学习方法

献给奎多·巴里拉。

他的友谊对我来说是一种荣幸;

他那父亲般的爱令我感动至深;

他对我的人生及规划产生了巨大影响!

序言

Γνῶθι σεαυτόν，认识你自己。这句话似乎带着一点儿浮士德的味道，它像是来自远古的命令，敦促我们去追求更高的境界。如果我们真的想知道自己身上、身边发生了什么，那就不能不去了解我们的大脑。谈及学习这件事时，这一点同样适用。

直到今天，我才充分意识到自己在学生生涯中有多幸运：刚走入大学不久，我就已经拥有了神经科学领域的大量基础知识，并以此为指引，构建了自己的日常学习方法。大学第一天，就算是做梦我都不会想到，6年后我能够成为意大利第一个同时拿到5个学位且平均分达到30分[1]的大学生。但我可以向你保证，亲爱的读者，我之所以能够获得上述成绩，并不是因为我拥有某种独一无二的超能力，而是因为我找到了一套切实有效的学习方法。回首往事，我可以说，这些关于大脑与记忆的知识开花结果，送给了我一份许多同龄人都没能收到的厚礼——关于自己的知识。如果说我真的拥有过什么超能力，那这超能力也是神经科学赋予我的。

我们之所以觉得学习如此困难，其实原因很简单：人类的进化并不是以学习为目的，而是另有它意。在进化过

[1] 意大利大学考试成绩满分为30分。——译者注

程中，学习没有发挥过丝毫作用。我们的确能够在柏拉图的境界[1]中抽象地阐释并构建客体，但这种能力不过是大自然的一个玩笑而已。从生物学角度来看，学习这件事没有任何“自然”之处。所以，在我们当中，没有任何一个人是天生擅长学习的，学习这条路上的陷阱其实都来自我们自己的大脑。许多学习方法易于掌握、一目了然，但长远看来它们都谬误重重。只有从神经科学的角度进行仔细地调查研究，才能找到专门的方法与技巧，帮助我们优化学习的过程。这些技法将会以另一种形式来重新安排我们的活动、重新编组我们需要学习的信息。虽然这种新的形式并不具有易于掌握、一目了然的特点，但它却能利用我们大脑的某些特定功能。此处提到的功能并不是指概念推理，在进化阶梯上，我们所要谈到的功能拥有更加悠久的历史，因此，对我们来说，它们其实更加“自然”。我们需要转换思路，也就是说，我们应当停止自己并不擅长的活动，转而使用大脑通过数百万年进化而自然习得的那种记忆存储模式。

许多证据清晰地表明，没有接受过学习方法训练的学生几乎总是会选择那些收效甚微的手段，而那些能够与大

[1] 柏拉图（Plato）的境界（hyperuranion）：指由理念（idea）或相（form）构成的世界。——译者注

脑和谐相处的少数学习方法反而会遭到直觉的坚决抵触。例如，人们普遍认为，记忆力就像是录像机，与某种材料接触得越多，记录得就越牢固。如果真有这么简单就好了！在这方面，统计数据表明，在学生群体中，最受欢迎的学习方法是一次又一次地重读课本。这一统计数据真是扇在科学脸上的一个大巴掌。学界已经证明了两点：首先，许多其他学习方法具有更大的优势[1,2]；其次，在某些情况下，重读的次数根本不会对记忆效果产生任何影响。在许多实验中，研究人员向学生展示一个特定段落：一组学生只读一遍，其他组学生读多遍，在随后的考试中，各组学生的成绩并无分别[3]。重复阅读带给学生们的只是心理安慰，让他们误认为自己记得更牢。

还有另一个听上去挺美妙的谬论，同样广为流传，这就是著名的“学习风格理论”。根据该理论，我们每个人都有自己的特定模式，如视觉型、文字型、听觉型等，当我们以这种特定模式学习的时候，效率明显更高。这个理论听起来相当自然，也令人信服，但遗憾的是，它几乎没有得到实验心理学的任何支持，甚至还曾被多次推翻[4]。

关于误解，最后再举一个例子：没有记住某条信息时，我们常会不假思索地下一个结论，说自己的记忆存储出了问题。可惜，和之前两个例子一样，我们以为的情形并非大脑里的实际情况。绝大多数时候，信息牢牢地存储在我们的大脑里；出问题的是我们对记忆的访问[5]，或者说记忆的提取。如果提取出了问题，那重读多少遍原始材料也是没有用的，被雨淋了不想办法那还是要被雨淋。所以，如果提取出了问题，当务之急就不是反复接触原始材料，而是去做另一种练习：提取练习。虽然直觉上我们可能并不会选择这种方法，但它却是有效的。

谈及“学困生”这件事，其实绝大部分的过错并不来自他们本人。“写下来才能学进去”，那些上个世纪的戴着厚眼镜的老师们这样说。说得没错！但倘若不采取适当的技巧，这一做法绝对会呈现灾难性的低效率。诱人陷入这一原罪的不是别的，正是惯性：我们无可救药地依从于惯性，在面对“为什么这样做”这个问题的时候，我们的答案一成不变——“这还用说吗，一直以来都是这样做的”。

本书心怀一个使命：提炼必要的神经科学知识，引导人们以正确的方式对待学习，根除上述病理倾向。在本书中，那些曾经推我扬帆远航的超能力被做成了一颗“药丸”，任何人都能成为超级学生：学习靠的是方法，不是魔法！并非所有人都会成为研究学习、研究认知的科学家，但任何人都能成为渴求知识的学习者、总在学习的科学家。

小时候我就喜欢创造、喜欢实验，我是那种闲不住的人。事实证明，在学习方面，我的这种倾向变成了一笔宝贵的资源。这些年来，我一直是自己的小白鼠。我尝试过无数种方法，说真的，哪种方法我都尝试过，曾伴我走过这段旅程的好友们、同学们能证明我所说的一切。我深爱知识、智慧以及生命本身，所以，在设计并应用最离奇、最不符合常规的方法时，我从未感到过丝毫尴尬。最难忘的是，有一次，为了避免分心，我把自己绑在椅子上，绑了一整晚：还能说什么呢……“我想要，我一直都想要，非常想要”[1]。在我的世界观中，学习首先必须是一场审美体验，是对和谐的追求，是对宇宙优雅本质的深入认知。

了解神经科学的基本原理固然重要，但我们的终极目标是热爱文化：正是文化，才让我们成为能够意识到周遭世界运行机制的生灵。亲爱的读者，请永远不要让自己感到无聊。学习的时候，请尝试一下新的排列组合，请为每个学科设计不同的学习方法，这里凿一刀，那里削一下，让学习方法去适应每个学科的不同特性。去创造，去换个思路，让这本书告诉你的东西真正变成你自己的东西，不要让任

[1] 意大利剧作家、被称为“意大利悲剧奠基人”的维托里奥·阿尔菲耶里（Vittorio Alfieri，1749—1803年）为了坚守“成为悲剧作家”的信念，曾让仆人把自己绑在椅子上，坚持了一整晚。在后来写给诗人拉涅里·德·卡尔扎比吉（Ranieri de' Calzabigi）的信中，谈及此事时，他说了“我想，我一直都想，非常想”这句话。——译者注

何人以传统、惯性为挡箭牌限制你开发自己的工具套系。

如果让我来概括一下本书中所谈方法的终极原则，概括一下它最核心、最基础的关键，那么，这条“学习方法基本定理”就是：通常而言，任何被动方法都不如主动方法有效，而主动方法又不如创造性方法有效。如果一种方法只需要我们人在场，不涉及任何形式的输出，那它就是被动的，如不做笔记的阅读、观看一场讲座、听一段话。主动方法的特点则在于需要我们具体行动，如画下划线、标记重点、发言、做书面笔记。这个基本定理追求的最高境界就是创造性方法：每次学习时，我们都必须从自己的口袋中掏出一点面粉[1]，对信息进行加工，并获得一个原创成果。之后我们会看到，这个定理到底在多大程度上得到了一系列坚实的实验证据的支持。

至于本书结构，在每个大主题的开端，我都会用一章

[1] “自己口袋中的面粉”是意大利俗语，指的是自己耕耘的果实，真正属于自己的东西。——译者注

来简要介绍神经科学知识，竭尽全力地为你阐述神经科学的理论关键。在接下来的几章中，我会侧重实践层面，推导出最佳准则，用它来指导我们的日常学习活动。你很快就会注意到，本书中经常会出现一些以“我的方法”为标题的段落。我将在这些段落中向你吐露我的内心秘密，为你讲述我在难忘的学生时代做过的无数疯狂事情中最成功的几件。

亲爱的朋友，读完这本书只需要几天时间。我真诚地希望，这几天会对你的终身学习生活产生巨大的影响：很多年前，对大脑的深度认知就曾对我自己产生过巨大的影响。希望你能从“认识你自己”出发，终有一天，也能借用卢克莱修的话：“当广阔大海上狂风肆虐时，站在陆地上观望他人的辛苦劳作之所以快乐，不是因为有人受苦，而是因为自己已从灾难中解脱。”

目录

1

神经科学：记忆

这是一段来自过去的回忆：那是一个下午，我把课本捧在手里，开始快速翻读有关人体的章节。当时，我在读小学四年级。一页又一页，突然间，一幅插图点燃了我的想象力。那是一幅色彩鲜艳的人脑图，准确地说，是一张大脑皮质图。每个部分都涂有不同的颜色，旁边还画着箭头，标注着该区域的“功能”。在那许多功能中，有一个给我留下了难以磨灭的印象：记忆。不用说，我很好奇，那一块大脑一定非常特别！我一边细看这幅插图，一边琢磨：他们到底是怎么发现这种联系的呢？总之，课本上的这幅插图说明，有人即将“解构”人类思维的运作机制。医学已经开始解析情感、逻辑、语言乃至记忆等现象，似乎我们的大脑只是一个计算机程序，而我们只不过是行走的电脑。当时虽然我只是一个孩子，但我也能感觉到，如果能揭开这幅插图背后掩藏的知识，那就能破译造物主守护至深的秘密，了解到我们意识经验的源头，并最终发现生命的起源。我感到兴奋不已，觉得这个领域值得我深入探索。

17年后的今天，我已经知道，事情比那张色彩夸张的插图还要略复杂一点。作为医生和研究者，我现在主要研究神经科学，但小学四年级那个下午燃起的热情一直没有改变。亲爱的朋友，在这一章中，我会尽可能以简单、通俗且愉快（但愿我能做到）的方式向你展示记忆的基本运作机制。此处介绍的只是沧海一粟：要知道，记忆系统绝对是我们所知的最神奇、最精妙的装置，它比我们所能制造的任何技术设备都要复杂得多。在这里，我们需要立刻澄清一件事：记忆分为许多种，而我们即将介绍的只是其中一种，即外显记忆，又称陈述性记忆。在实践中，外显记忆是指一切可以用语言来叙述的东西，如生活中的事件（情节记忆）或学到的概念（语义记忆）。与外显记忆相对的是内隐记忆。内隐记忆无法用语言表达，骑自行车（程序记忆）、阅读镜像文字（感知记忆）等都属于此类。亲爱的朋友，你即将读到的内容一反常规，而且带着许多个人特色，这是我有意而为的。我将带你去旅行，去看看一段往事的始末，从它被感官拍摄下的那一刻开始，一直到它被刻入大脑的最后一凿。

基本前提

本章虽短，但却是整本书中最难理解的，需要你集中精力。但我可以向你保证，你的投资定能获得回报。本书其余部分都将用到本章内容，并以此为基础，通过严格的科学论证得出每一个实用技巧。所以，如果你觉得接下来的几页很难懂，那么，请不要担心，也不要灰心，因为在这一章之后就是下坡路。让我们收拾行囊，正式出发吧！

1.1 第一步：印象

感觉记忆

无论何时何地，我们身体的感觉系统都在向大脑传递大量信息。请这样想：大脑借助感觉神经一刻不停地打着“电话”，电话另一头的那几位都相当健谈，说个不停，它们就是眼睛、耳朵、舌头、鼻子、皮肤、肌肉和各内脏器官。一股股持续不断的信息流对大脑狂轰乱炸，它们都是原始数据，尚未经过任何加工处理，而且其数量之大也远远超过了我们的处理能力。救命！怎样才能管理此类信息的“野蛮入侵”？解决办法很简单，大脑将它们全部倒入一个名叫“感觉记忆”的存储区，在那里，所有信息只能停留“一眨眼的工夫”：对于视觉信息而言，它们能停留四分之一秒；对于听觉信息而言，绝对不会超过四秒。之后，这些信息立刻就会被不断到来的新数据覆盖。大脑很狡猾：以这种方式运作时，它只需要在尽可能短的时间内保留这些海量数据，并从中挑选出真正有意义且大脑有能力处理的少数信息。只有这极小部分数据会被及时复制，并被送入下一个存储区安全存储起来。这第二个存储区名叫工作记忆。这种从全部信息中筛选出有用信息的行为拥有一个高大上的名字，我们所有人都听说过，它就是“注意力”。

在计算机的世界里

朋友，在此次旅程的每个阶段，我都会用计算机系统来做类比。我希望你能同意我的做法：这种类比简直再合适不过！这当然不是巧合：计算机架构主要以大脑为灵感源泉，人们常说的神经形态工程也是同样道理！总之，让我们来想象一下，将视觉感知与计算机做个类比（图1）。这台计算机通过USB线与总是处于开启状态的高分辨率摄像头相连。每一秒，该摄像头都会拍摄几十张照片，每一张照片的数据量都非常大：计算机当然无法逐一处理。为了解决这个问题，摄像头将来自光学传感器的照片暂时存放在存取速度极快的短时存储器中。我们管这种短时存储器叫缓冲区（=感觉记忆）。每隔一会儿，就会有新一批照片到达，覆盖之前的照片。当计算机认为某些图像可能包含重要信息的时候（=注意力），它会通过USB线从缓冲区转录这些图片，将它们保存在主内存，即RAM（=工作记忆）中。到目前为止，该类比相当吻合，真是令人难以置信！

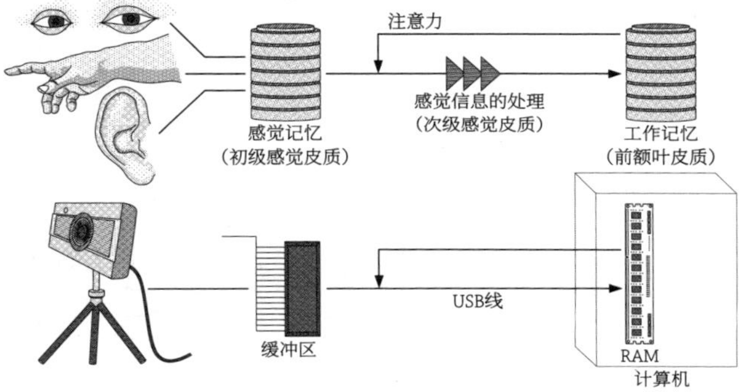

图1　用计算机系统来类比感觉记忆

在大脑中

再来谈谈我们自己。感觉记忆保留鲜活数据的那一瞬间被称为印象。这个术语极为贴切，在日常生活中我们也经常用这个词来描述同一种现象。我们每个人一定都有过这样的经历：雷雨期间，你望向窗外，黑暗中突然落下一道闪电，在之后那一小段时间里，闪电的轮廓留了下来，“印”在你的眼睛里，似乎你还能看到它。再举个例子，小时候你一定在大年夜玩过烟花棒吧？那你一定会记得，在空中挥舞那些闪闪发光的棒子，在空中划出几何图形、字母或数字时多么有趣。如果你动作足够快，那么，在几秒钟的时间里，你会觉得你画出的图像“印”在了你的眼睛里。类似的例子数不胜数，我还可以举出很多。

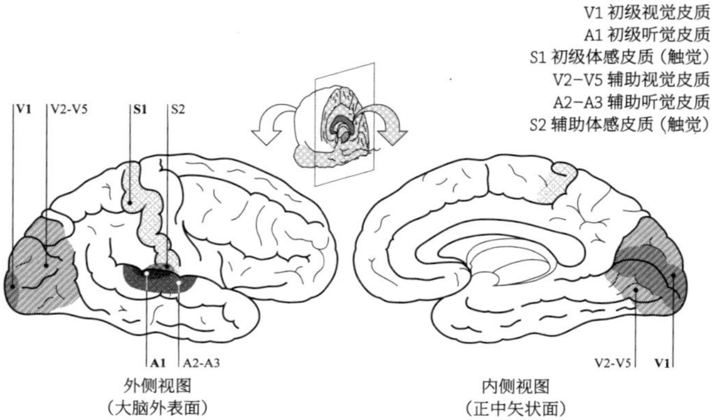

图2　感觉记忆的解剖结构：初级感觉皮质

感觉记忆的作用是暂时停放原始数据，这项工作主要是由最初接收感觉数据的那些大脑区域执行的，这些区域与感觉器官直接相连，与之“通话”[6,7]。这些皮质区域非常特殊，名为“初级感觉皮质”。感觉信息处理的第一步，也是最初级的一步就是在这里完成的。之后，一长串辅助感觉皮质将对感觉信息做出进一步的加工处理。

与学习的关系

当然，只有当每一步都顺利完成的时候，某件事或某个概念才能进入我们的记忆并存储。在这第一步中，关键在于注意力。它是一位“大法官”，负责从来自感觉器官、喋喋不休的汪洋中选出值得处理的少量信息。亲爱的读者，让我们以你自己为例。现在，你正在集中精力阅读这本书上写的字，与此同时，你的大脑也在接收其他海量信息：印在周边视野上的房间、背景噪音、气味，以及皮肤、肌肉和内脏处的各种压力和振动。所有这些信息都跑到哪里去了？它们都被丢掉了，眨眼间就被覆盖了。实际上，大脑真正处理的只有这本书上写的字，因为这才是你此刻注意力的所在。实验调查表明，很多时候，学生主观上认为自己记忆存储能力不佳，并由此判断自己“不适合”学习，但是，事实上，他的记忆力一点问题都没有，真正的原因要简单得多：面对有待记忆存储的数据时，他没有投入足够的选择性注意力。很多时候，我们的记忆力就败在这第一步上，原因单纯是缺乏选择性注意力，而且这种情况的发生频率远超我们的想象。

1.2 第二步：工作记忆

第一道关卡已过，原始信息升了一级。这些信息从初级感觉皮质出发，穿过一系列辅助感觉皮质：这些辅助感觉皮质区域采用复杂机制，从图像中提取形状、颜色和运动信息，从声音中提取音节和单词。最后，经过提炼的数据被送往第二个存储区——工作记忆(有时会被错误地称为短时记忆)。我们的思绪和感知体验就是在工作记忆中发生的，所以，在日常生活中，当我们说到“想法”或“意识”的时候，基本上说的就是工作记忆，也就是所有有意识的计算和推理发生的地方。如今，借助一系列复杂实验，我们已经知道，工作记忆由四个元件组成[8]:

◉ 中央执行：该元件是一位木偶大师，它负责为进入其余三个元件的信息分配空间。

◉ 语音循环：它是“心灵之耳”，是我们存储并有意识加工听觉信息的地方。

◉ 视觉空间写生板：它是“心灵之眼”，与语音循环一样，它也是存储区，但用于视觉信息。

◉ 情节缓冲区：过去的记忆被调用进入该存储区并与当下经验做对比，由此得出当下经验的意义。

但工作记忆并非安全港，此处也有“到期日”问题：数据最多可以在这里停留5~20秒。到时间后，这些数据有两条出路：要么消失，要么被乔伊斯的意识流般不断进入思想意识的新信息所覆盖[9](这种情况更加常见)。或者，如果我们认为某些信息相当重要，那也可以“在头脑中重复”这些信息(复述)，每次复述都是在“重设”该信息的到期计时器。每个人都有过默念电话号码的经历，这种做法的目的是避免电话号码“从我们的脑海中溜走”。“复述”不仅可以重设计时器，还可以在我们没有留意的情况下产生第二个效果：将数据送入此次旅程的下一阶段，即长期记忆。这个运送过程也有一个高大上的名字：记忆编码。

在计算机的世界里

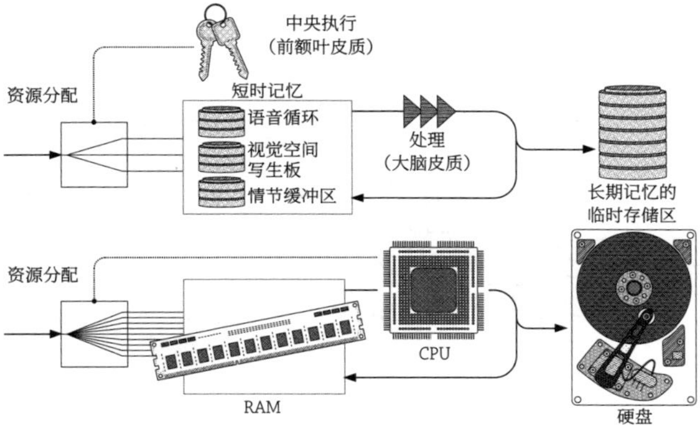

图3　用计算机系统来类比工作记忆

现在，让我们回到计算机领域，检查一下与计算机之间的类比是否依然成立。在计算机的架构中也有一位木偶大师，它负责监控所有处理工作：这就是处理器，又称CPU（=中央执行）。它会清理空间，然后将摄像头拍摄的照片送入中央存储器，即RAM（=短时记忆）。RAM是计算机中读取速度最快的存储元件，事实上，任何数据都必须临时存放于此，再从这里被多次送入逻辑运算单元（=复述循环）。计算结束时必须保留结果：要将这些数据从RAM复制到硬盘（=长期记忆）。还好，这个类比目前仍然完美成立！

在大脑中

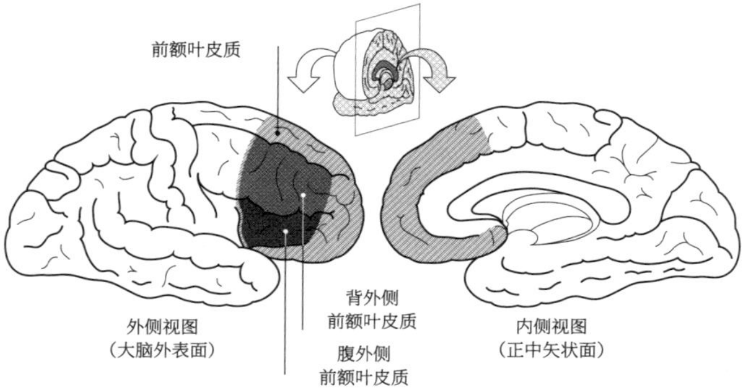

图4　感觉记忆的解剖结构：前额叶皮质

再次回到大脑。工作记忆是我们意识体验之所在，这台机器如此不同凡响，我们当然希望它的解剖位置也能同样出众，事实的确如此。我们发现，工作记忆占据着大脑中的最佳位置——前额叶皮质，尤其是其背外侧和腹外侧部分。事实上，与其他哺乳动物相比，我们的前额叶皮质要大得多（我几乎要说，大到不可同日而语）。就算是与“表亲”灵长类动物相比，我们的单位体重下前额叶皮质质量也要比它们高30%[10]。在神经发育中，前额叶皮质是大脑区域中成熟最晚的那一块。我们可以从上述信息中（合理）得出以下推论：作为大脑区域之一，前额叶皮质并非来自远古时代，并不负责植物神经运作（呼吸、心跳等），它更加高贵，负责更高级的认知功能，如创造、智识思考、批判性评估等。在大脑构造中，有它在，我们才能说自己是人类。

与学习的关系

记忆存储过程的第二步有两个特征。这两个特征虽然奇怪，但却相当实用。第一个特征名叫首因及近因效应：当我们记忆某份材料（例如一串数字或一组单词）的时候，我们的大脑会不由自主地倾向于牢记它遇到的第一批元素（首因效应）以及最后一批元素（近因效应）[11]。首因效应的出现原因显而易见：第一批元素在大脑中停留的时间更长，经历了多次复述循环，被转录到长期记忆中了。近因效应的出现原因是最后一批元素没有受到紧跟其后的新数据的影响。之后我们会看到，在选定学习策略的时候，这两种效应将会发挥关键作用。第二个离奇特征在于，无论哪个人，无论他来自哪个地区，他的工作记忆都具有基本相同的存储能力。

对任何人来说，该存储容量都是5~9个元素，也就是7±2个元素。谈及记忆元素的时候，我们通常使用“组块”（即信息“片段”）这个词来表达。这就是乔治·米勒所说的“神奇数字7”[12]。其实，早在19世纪的时候，赫尔曼·艾宾浩斯在其开创性研究中就已经发现了“7”这条规律。据说，美国刚开始铺设电话网时，曾决定将电话号码设为7位数（不包括区号），因为这是一个人能够记住的最佳位数。还有一件事更加有趣：心理学研究表明，我们可以在一定范围内提升每个组块的复杂程度，由此来“扩容”工作记忆。也就是说，虽然记忆槽仍是7个，但扩容之后，能记住的信息量就会更多[13]。例如，虽然我们无法单独记住14个数字，但如果我们把它们分成两个数一组，那就能得到7组两位数的数字，此时就有可能记住了。把一个列表中的所有词语重新分组，变成一系列“复杂组块”，这种方法既适合单词，也适合概念，我们将其称为组块记忆法。

我的方法

这是我第一篇自白。在学习过程中，我大量使用组块记忆法。在医学课本中，经常会出现由一长串症状组成的清单，需要逐一记忆！我的做法很简单：任何列表，只要元素数量超过7个，我就一定要对其进行简化，

> 把类似的元素放到一起，构成一个复杂组块。在笔记中，我仿照“十诫”，把如此得来的列表称为“七诫”：它只有7个元素，所以更容易进入工作记忆。想想看，如果各个学科的教科书都能意识到这一普遍特征，不再使用超过7个词的高难列表就好了。

1.3 第三步：长期记忆的临时存储区

让我们来概括一下之前讲过的内容。信息进入工作记忆，经复述循环，被复制到隶属于长期记忆的一个存储区里。对我们来说，单单记住某条信息是不够的：现在要进入最后一步，即真正意义上的学习过程。我们必须把信息变成我们自己的东西，把它完全融入我们的知识体系，把它与我们已经知道的东西有机地结合起来，之后，在需要的时候，我们才能调用并使用它。所以，亲爱的朋友，这里一定要搞清楚，到目前为止，我们只走了一半的路。事实上，如今我们已经知道，长期记忆分为两块：一块是临时存储区，一块是永久存储区。临时存储区用于放置刚刚从工作记忆处“复制粘贴”来的信息。从这一刻开始，一个漫长且迷人的再加工过程启动了。我们将这个过程称为记忆巩固，但其实它就是我们平常所说的学习。在这个过程中，我们从单纯只会复述信息的“鹦鹉”变成一个有思想的个体。记忆巩固是一项耐心细致的调查工作，我们的大脑会仔细审查新数据，挖掘出每一个逻辑结构，与我们此前的知识结构相比较，找到其中的每一点异同。这种细致“逻辑分析”的结果会被存储在最后一个数据库中：那是我们记忆的瓦尔哈拉[1]，是长期记忆的永久存储区。记忆巩固的工作完全是在我们不知道的情况下完成的——亲爱的读者，说到这里，你一定会震惊无比吧。在初次接触某项数据之后的几天里，大脑会翻来覆去地处理它[14]，但我们对此却一无所知。

◉ 记忆巩固分为两部分，其中一半在我们醒着的时候发生。此时，我们没有使用大脑进行任何有目的的活动，而是在从事一些“自动行为”，如吃东西、个人护理，或者站着不动、欣赏窗外风景。此时的我们，看起来似乎什么都没想，但大脑却比平时更加活跃！

◉ 记忆巩固的另一半在睡眠过程中发生，这一特定阶段名为慢波睡眠（之后我们会细说）。

对于最简单的信息而言，上述过程就足够了。但是，对于较为复杂的信息而言，只接触一次是绝对不够的，我

[1] 在北欧神话中，“瓦尔哈拉”指“天堂”。——编者注

们必须隔一段时间回顾一次，这样，大脑才会在接触之后的几天里再次执行记忆巩固：这一过程不但发生于我们吃饭、洗澡、放松时，还发生于我们睡觉时。这就是回顾的目的：让我们想要学习的信息成为默不做声的记忆巩固活动（这是大脑的常规操作）的对象。令人难以置信的是，完全巩固一项数据（即将其从临时存储区全部转移到永久存储区）需要10到30年的时间[15]！只有到那时，它才完全属于我们；只有到那步，它才永远属于我们。

在计算机的世界里

让我们再次以信息工程师的视角来思考一下这个问题。让我们想一想，我们的计算机会对保存在硬盘（=长期记忆的临时存储区）上的那些照片做些什么。计算机也是一样的，当它把图像“复制粘贴”到硬盘上之后，它也要从中学习，或者说，从中提取有用信息。为此，它必须将图像送入人工神经网络型计算机程序（ANN），利用机器学习算法多次处理该图像。计算机借助该类程序，从图像中提取内容信息，并将这些处理后的宝贵数据嵌入其数据库的其余部分（=记忆巩固），该数据库可能位于第二块硬盘上（=长期记忆的永久存储区）。我们会看到，大脑运作机制与机器学习之间的类比并不是简单的比喻……

在大脑中

让我们回顾一下刚才讲过的：记忆巩固是一个漫长的再处理过程，它将数据从简单的“照片”变成属于我们自己的、可以随时使用的信息。在大脑中，该过程的发生地点非常特殊：这个地点就是海马体。海马体是位于大脑左右两半球颞叶的一块非同寻常的皮层——准确来说是两块，左右各一块。虽然海马体的确是大脑皮质的一部分，但你却无法从大脑外侧看到它。这是因为在进化过程中，颞叶的体积越来越大，最后将海马体包入了大脑内部缝隙中。在弯折过程中，海马体呈现出独特的形状：它看起来就像一只海马，于是得名。顺便说一句：为海马体命名的解剖学家名叫朱利奥·切萨雷·阿兰齐（Giulio Cesare Aranzi），我们并不确定他对“海马”这一形状的理解是从侧面看过去的，还是沿着颞叶方向纵向看过去的[16]；我个人更倾向于第一种解释。以前曾有过几个极为罕见的病例，患者大脑左右两侧的海马体都因意外事故而遭受了巨大损害。其中最著名的是H.M.，即亨利·莫莱森（Henry Molaison）。那是1953年，当时医学界还不知道海马体的功能。当时，亨利患有严重癫痫，于是接受了手术，双内侧颞叶皮质被切除。手术结束后，亨利完全丧失了创造新外显记忆的能力：每天，他读的都是同一本杂志；每天，医生走进病房的时候都必须重新介绍自己，就像第一次见面一样。医学界将亨利称为永远活在“现在时”里的人[17]。请注意，亨利的工作记忆是完全正常的。如果他集中注意力在心里默念某段信息（复述），那他就能让这段信息在自己的头脑中保留数分钟。据说，有一天他成功将584这个数字在脑海中保留了15分钟。除亨利之外，还有其他一些因各类事故而引起的罕见病例，他们的悲惨故事让医学界意识到了海马体的作用，并将该解剖部位定义为执行记忆巩固功能的地点。

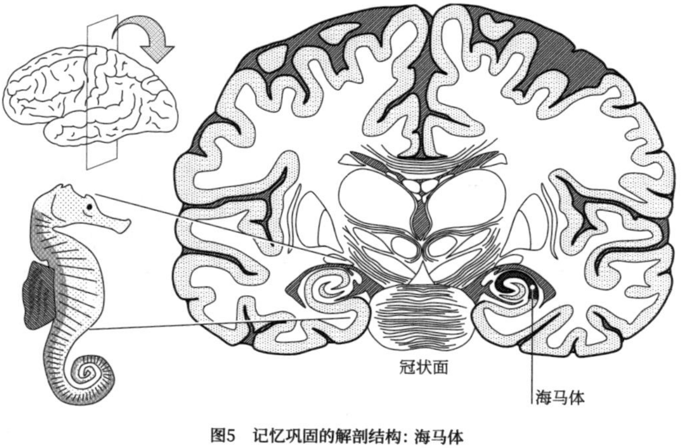

图5　记忆巩固的解剖结构：海马体

记忆巩固的作用机制

这还没有结束：神经科学家们已经能够准确简述海马体中记忆巩固功能的作用机制了。真是太疯狂了！现在，我会试着用最简单的语言来概括这一过程。从神经元内部连接角度来看，海马体是一种单向通路，信息从一侧进入（输入层），经过一系列连通的神经元（隐藏层）之后，从另一侧（输出层）流出。海马体内层的那些连接具有极强的可塑性，随着时间的推移，从一个神经元到另一个神经元之间的连接可能会被重塑。现在，如果我们利用生物信息模型，在计算机上精确重现海马体特有的构架，然后再让这个“神经元模拟器”运转起来，那么我们就会发现，使用这种方法制作出来的计算程序具有学习的能力[15]。

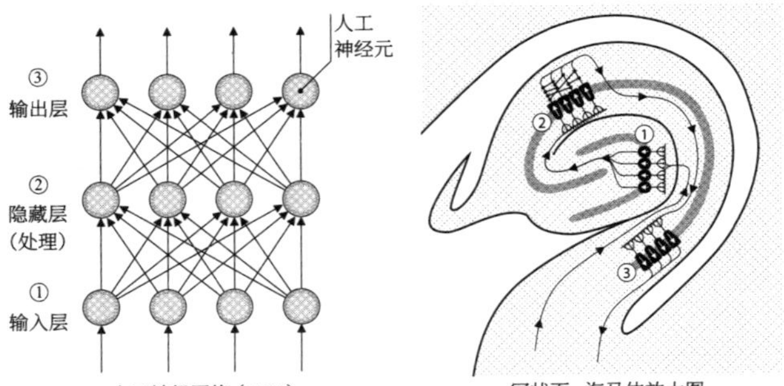

人工神经网络（ANN）　　冠状面，海马体放大图

图6　用计算机系统类比长期记忆

与之类似，如果我们反复给这个程序输入某个数据，那么，在前几次中，我们会观察到输出逐渐变化：隐藏层神经元之间的连接正在发生变动。但是，同一数据的输入次数达

到一定程度之后，输出就不再改变了：内部连接“学会”了这条信息。此时我们会发现，在输出中，我们读到的是对输入信息的再加工，也就是说，输出部分能够表达输入信息的内容和逻辑结构。这个神经元模拟器复制了海马体的分层构架，现代人工智能软件所使用的结构也正是它。所有令人叫绝的应用，无论是网络搜索引擎、语音合成，还是图像识别、智能机器人，它们都是神经形态工程的产物，其灵感来源都是我们的大脑，特别是海马体。如今，人类海马体和人工智能之间的最大区别在于学习速度：海马体学会一条信息所需的循环次数明显低于如今的机器学习算法。不过，谁也说不好，也许某一天，我们就能让人工智能更加忠实地还原我们的大脑，那时，我们就将更加接近那个普罗米修斯般的梦想：造出与人类智能不相上下的通用人工智能。

记忆“区域”

如今，我们仍然不能确定长期记忆临时存储区的解剖位置，但已经可以确认，永久存储区分布在大脑整个皮质上（严格来说，分布在“新皮质”上，因为皮质上有几个小区域不属于永久存储区，但这些都是细枝末节）。海马体只是处理器：该结构从临时存储区（无论它在哪里……）获取数据“照片”，执行记忆巩固功能，将这些数据转化为学习过的因而可以使用的信息，然后再将这些信息发送到永久存储区中（大脑皮质的其他部分），以便永久存储。从这个意义上说，整个学习过程都是围绕海马体这一个结构展开的，但它绝不是数据的最终存储地！之前提到，我在小学四年级自读课本彩图上看到了“记忆”这两个字，由此展开了丰富的联想。亲爱的朋友，读到这里，你一定已经知道了“记忆”的身份，它就是尊敬的海马体殿下。

与学习的关系

长期记忆分为两个阶段，首先是临时存储区，然后是永久存储区。下文中我们会看到，这种奇异架构会对我们的日常学习方法产生无穷的影响。它会引导我们去选择一些遭到直觉抵触的方法，如必须拉开各轮学习之间的间隔时间（间隔效应）、重视睡眠。记忆巩固机制是我们学习过程的核心，任何值得称道的学习方法都应当是该机制的直接推导产物。

1.4 第四步：长期记忆的永久存储区

我们现在已经到达了旅程的终点：长期记忆的永久存储区。之前已经说过，该区域分布在大脑的整个皮质上。请注意，这并不意味着所有区域都是一样的，不同区域专注于承载不同模态的记忆。例如，纯粹视觉性质的信息只占用与视觉相关的区域，以此类推。不过，我们在记忆中存储的大部分数据在本质上都是多模态的，所以它们的确会分布在多个区域[18]。因此，我们可以说大脑皮质上的所有区域都能用于存储记忆，但不能说所有区域对于记忆存储的贡献都是相同的。亲爱的朋友，在这段旅程的最后，我想简单介绍一下大脑中的“文件存储格式”，希望你对此能有一个直观的概念。想必你也思考过，存储在我们大脑皮质中的信息到底具有怎样的物理形态？

在计算机的世界里

在信息科学领域，信息的物理形态非常简单。处于存储器中的数据是一串二进制比特序列，也就是说，它是由0和1组成的一串数，可以存储在多种性质（光、磁、机械、电路等）的元器件上。但大脑中并没有元器件，怎样才能让生物组织学会存储信息呢？正是在这里，大脑与计算机系统之间的类比彻底“崩溃”了，大脑对阵计算机时获得的压倒性优势也正在于此。

在大脑中

许多人已经知道，在神经组织中，信息存储的基础就是著名的“突触可塑性”现象。两个神经元之间的电信号连接被称为突触。这种连接可能会随着时间的推移而发生变化，在“强度”上可能出现增减。突触越强，一对神经元中的第一个神经元对第二个神经元产生的电兴奋（或电抑制）效应就越明显[19]。我们刚出生时，大脑具有极强的可塑性，也就是说，通过学习来塑造大脑的能力非常强。随着神经的发育，这种可塑性逐渐减弱，在成年后达到最低水平：一方面，它刚刚够我们维持学习过程；另一方面，它又能避免先前学到的知识被彻底颠覆。学习过程利用的就是大脑的可塑性，也就是说，学习过程能够改变两个神经元之间的连接强度，在大脑皮质的不同神经元之间创建新的电路连接（记忆痕迹）。此处所说的记忆痕迹就是一段记忆的物理形态，它由一组互相连接的神经元组成，这些神经元能够互相“呼应”：凭借这种互相连接的形态，只要激活这个回路中的一小部分，就能激活整个记忆痕迹[20]。当然，随着经验的增加，记忆也会越来越复杂：在复杂现象的学习过程中，需要建立的连接发生在两个记忆痕迹之间。

关联性记忆范式

在这段但丁般旅程的最后，我们来到了白蔷薇身边，准备接受终极启示。亲爱的朋友，掌握了本章内容之后，你就能明白为什么神经科学家会提出“关联性记忆范式”这种说法。事实上，我们所谈内容的关键就是“连接”：学习等于连接。首先，将单独的神经元连在一起，构成记忆痕迹；然后，将多个记忆痕迹连在一起，构成复杂概念。尤其要注意记忆痕迹与它所在这台机器（大脑皮质）之间的关系。在大脑中，记忆内容和它的处理过程是一体的，就像是雅努斯的两面，这一点非同寻常。大脑不是一块简单的硬盘，它没有与处理器分离，而是与之融为一体。正是凭借这个特点，人类的记忆远比计算机存储器要强大得多：记忆并非一串比特序列，而是一个关系网络，它既能存储信息，又能处理信息。朋友们，如果这样一个奇迹都无法让你感到惊叹，那真没什么值得惊叹的事了。

与学习的关系

“关联性记忆范式”会对我们的学习方法产生重大影响。该范式告诉我们，从本质上说，学习过程就是在大脑的不同记忆痕迹之间建立电信号连接关系。正因为如此，“在人生中的这段困难时光里，莫扎特从曼海姆来到巴黎”这句话不如“莫扎特因爱情失意而离开了曼海姆”好记，因为第二句比第一句多了一层逻辑连接[21]。评判学习方法优秀与否，要看它能否促进逻辑连接的建立。人类的本质在于关联性记忆，学习是这本质中最为耀眼的宝石，是塑造人类思想的黏土。

➥注意力　➥记忆编码　➥记忆巩固

	感觉记忆	工作记忆	长期记忆的临时存储区	长期记忆的永久存储区
容量	非常高，远超我们的处理能力	即使对于不太复杂的内容而言，也只有7±2个组块	未有足够研究	几近无限

续表

持续时间	250毫秒（图像），1~3秒（声音）	5~20秒，可通过复述来延长	最长10~30年	几近无限
位置	初级感觉皮质：V1、A1、S1	前额叶皮质	未有足够研究	大脑新皮质
提取可靠性（第6章）	非常高	非常高	几乎100%	几乎100%
与学习的关系	注意力的重要性	首因效应和近因效应 神奇数字7	间隔效应 睡眠的重要性	关联性记忆范式

2

■

神经科学：关于学习的工程学

亲爱的朋友，从这一章起，我们将正式开始修建工地，为完美学习方法打好地基。俗话说“罗马不是一天建成的”，学习神殿的修建同样需要精益求精，我们必须考虑到漫漫长日、无数难以预见的突发事件。此外，人类学习过程中也经常会出现各种违背直觉的怪异现象。我们必须尽可能仔细、严谨、详尽地进行“数学”规划。从某种意义上说，我们要以工程师为榜样。我们应当成为“学习工程师”，我们要懂得精打细算地规划最佳策略，以最小的努力取得最大的成果。很明显，为了达成这一目的，首先要熟悉一些定律和定理，了解到底是哪些规律在支配工程学的学习分支（其实工程学并没有这一分支）。在本章中，我们将进行简短的理论探讨。在下一章，我们将以此为基础构建我们的神殿：那将是一种具体的方法、一个结实的框架，因数学般的严谨性而如虎添翼，可以应用于任何学科。所以，请把铅笔架在耳朵上，准备好绘图仪，现在就来设计我们的学习方法神殿吧。

2.1 学习曲线

历史背景

在开始设计学习方法之前，让我们先来描述一下最佳的“数学”测量工具：学习曲线及其对立面——遗忘曲线。这两个抽象概念起源于1885年，即心理学刚刚诞生时。德国神经科学家赫尔曼·艾宾浩斯（Hermann Ebbinghaus）率先以定量（数学）方法研究了信息在记忆中的保留情况[22]；他也是工作记忆“神奇数字7”的发现者（参见第1.2节）。

遗忘曲线

在早期研究中，艾宾浩斯要求一组学生阅读并记忆一组无意义音节列表。在接下来的几个小时或几天里，他会考察这些学生，跟踪记录他们记住的音节数与时间之间的关系。艾宾浩斯发现，一切正如预期，他获得了一条经典的衰减函数曲线，数学家会说它是一条指数为负的自然指数函数曲线。

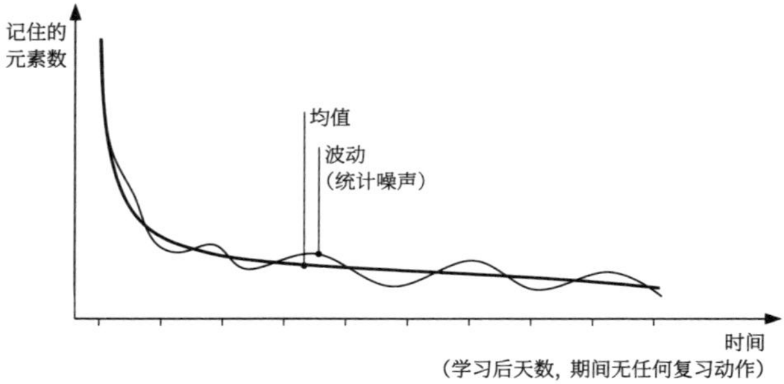

图7　遗忘曲线

粗略来看，这条曲线略呈“L”形。在最初的20分钟里，受试者会忘记大部分音节；从第二天起，他们记住的音节数量则会基本保持稳定。艾宾浩斯将它称为“遗忘曲线”。

学习曲线

到目前为止，还没发生什么惊天动地的事。后来，艾宾浩斯及其他心理学家在该模型中加入了一个额外变量：允许学生们定期回顾需要记住的材料。于是，很快就出现了含义更加丰富的结果：一条新型曲线诞生了。它展现出已经记住的信息量与回顾次数之间的关系，或者说，与用于记忆材料的时间总量之间的关系。艾宾浩斯将其称为学习曲线。一眼就能看出，每次回顾这些无意义音节的时候，已经记住的信息量都会增加，但与此同时，学习成本预算也会增加。亲爱的读者，你已经知道，在大脑这个问题上，直觉可不够明智：艾宾浩斯惊讶地发现，学习曲线绝不是“单调上升”，也就是说，并不是每一次回顾都能相应地多记住几个音节。这条曲线呈现出明显的波动状态，甚至常常会略微下降，而且多次回顾后仍会出现此类下降情形。原因一目了然：每次回顾都能加强记忆，但是随着时间的推移，之前已经记住的某些信息也可能会被遗忘。“遗忘”

把“学习”当作竞争对手，冲它张牙舞爪，为学习曲线带来了这种不规则且与直觉体会不相符的外观。它并不是一条单调函数曲线。当时，不止是心理学界，就连致力于研究企业效率问题的经济学家们都意识到了艾宾浩斯这一发现的价值。自20世纪初开始，学习曲线得到普及，直到今天仍有许多科学出版物在讨论该问题。以此为基础也衍生出了其他一些曲线，用来展现各领域中熟练程度（已经获得的技能或信息）与经验（学习用时）之间的关系。

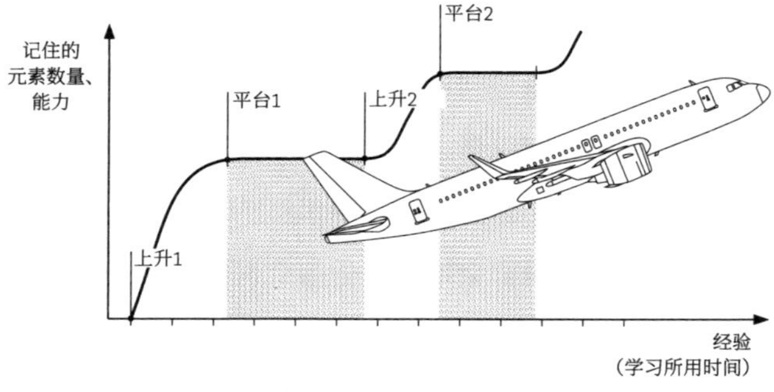

图8　学习曲线

学习曲线的特点

多年来，学者们对学习曲线的“原型”进行了深入探索。让我们首先说，它最普遍的特征是其显著的不规则性，总是存在相当大的统计噪音。之所以会出现这样的情形，是因为我们的生产力不断变化：某一天，我们会觉得自己精力充沛，但也许第二天就会感到筋疲力尽，产出很少。在澄清这一点之后，让我们再来看看学习一门新学科时的学习曲线，其中也有其他几个常量值得关注。最初阶段的普遍特征是快速进步，学生看到如此进步也会充满热情——这就是我们所谓的“新手的热情”。经历第一阶段的熟练度快速上升之后，通常会出现第二阶段，此时学习速度放缓，曲线变平，“灰心平台”由此得名[23]。虽然这种从上升期到平台期的节奏变化纯粹是生理性的，但却会导致学生心中升起一种挥之不去的不适感。他会觉得自己正在忘记已经学过的一切。与此同时，他无法在付出努力之后立刻看到应有的成效，于是他会认为自己不适合学习这个学科，会觉得自己的学习是在浪费资源。有时，平台期出现时，我们甚至会忘记此前已经学会的一部分信息，于是引发熟练度的轻微下降，就像是从燃气灶回到了烧柴。试想此时的感觉：学生会产生一种（错误的）印象，觉得学习甚至会有碍进步！平台期的存在彻底破坏了我们的学习动力。在平台期停留一定时间之后（具体时间取决于学科和学生本人），学习曲线才会突然变化，出现第二次上升。在后续学习过程中，类似的平台期与上升期可能会反复出现。你已经看出关键点了：学生必须意识到，短期内产出的高低变化是由生理条件决定的；必须有耐心，千万不要要求立竿见影。只要坚持不懈，很快就会获得回报，学生在该领域的能力会出现迅速且连续的飞跃，同时也能收获深深的满足感。

导致灰心平台出现的原因

灰心平台现象的存在源自多种因素。第一，一门学科的入门概念（顾名思义）往往是初级的，所以容易理解。第二，新手固有的好奇心、第一次探索全新领域时的兴奋感也会发挥作用。第三，从零开始的时候，你很快就能在各方面有所提升。请回想一下外语第一课：转瞬之间，你就能学会名词、动词、形容词的基本规则。相反，深入学习会涉及许多让人心烦的具体细节，如某些例外情况，或者罕见动词的变位。归根结底，这是一个“绝对与相对”的问题。当一个人所知甚少时，知识翻倍很容易；当一个人已经经验丰富时，知识翻倍则需要极大的努力。一些心理学家认为，平台期是不可避免的；另一些则认为，平台期的出现源自基本准备不足。亲爱的读者，无论平台期到底是如何产生的，你都一定要意识到此类有违直觉的现象的存在，不要只看当下效果，也就是说，不要让自己受限于短期状况。一路上肯定会遇到磕绊，这很正常，但请继续向前。

在语言中的使用

这里要小小插一句，关于一个词。你是否听到过这样的说法：对于某个学科、某项运动或某种软件，不太容易学会，因为它有一条“陡峭的学习曲线”？你可能会想，这个说法含义矛盾：从字面含义上看，一条“陡峭”的学习曲线是指它斜率很大，也就是说，每一次小小的努力（水平方向上的小小位移）都对应着熟练度方面的较大增长（垂直方向上的飞跃）。你想对了：这种说法的确不合理，属于用词不当。当我们说某条学习曲线“陡峭”的时候，我们所用的坐标系并没有以横轴代表努力、纵轴代表效果，而是将横纵轴做了交换。想象一下，学习过程就像是一座等待攀登的大山，付出的努力是：山越陡峭，攀登就越艰难。不要将学习曲线的“陡峭与否”与“长短”相混淆。有时会听到后面这种说法，它指的是达到特定能力水平所需的总学习时间的长短。

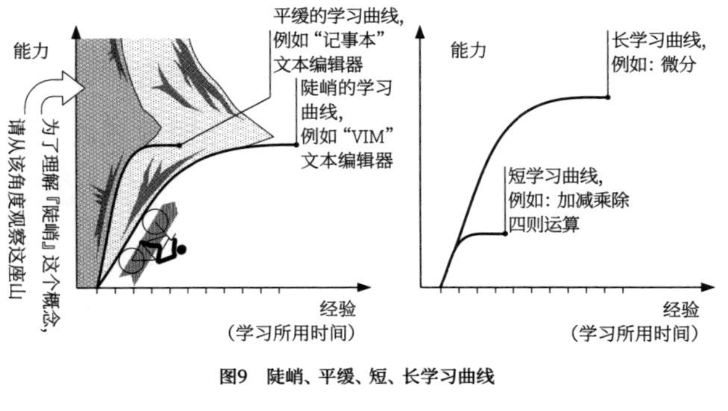

图9　陡峭、平缓、短、长学习曲线

2.2 间隔效应

集中练习和分散练习

现在要介绍的这条规律恐怕是现代心理学所知的最普适、最有效、最稳定的一条，这就是间隔效应。它能够为以下难题提供一个明确的答案。试想，你必须背诵某段内容（例如一首诗），而且你必须遵守某个总时间预算（例如整整一小时），此时让你从以下两个对立方案中选一个：

◉ 一种是集中练习：将全部时间预算“一次性用完”，在连续一小时中记住并多次重复这首诗。

◉ 另一种则是分散练习：将时间预算分成多个独立的时段，如每次学习10分钟，分多天用完这一个小时。

亲爱的朋友，看一眼立刻回答的话，你会选哪个？

间隔效应

答案是……视情况而定！看你需要把这首诗记到什么时候，或者说得更直白一点：看什么时候考试。如果你的目的仅仅是取悦几个小时后即将考你的那位教授，然后就永远忘掉这首诗，那么，最佳策略就是利用近因效应（参见第2.2节），在考试之前“吞下”它，甚至都不要留时间去消化。但这是一个“病态”案例。在所有具有实际意义的情况下，我们都需要长期（通常超过24小时）牢记某条信息。此时的选择就会有所不同。事实证明，在任何情况下，无论主题如何、无论是人还是动物、无论男女老少、无论海洋高山、无论哪个时代，分散练习策略都是最有效的。“间隔效应”原则具有惊人的普适性，所以心理学家们才会兴奋不已：在可预见的大多数情况下，分散练习都是最有效的。谈及这种效应的时候，还要提及另一个令人震惊的特点：在现实生活中，当学生（往往还包括老师本人）不得不在这两种对立的方法之间做出选择的时候，被选中的几乎总是集中练习方法[24]，大家都被该方法在超短期内的出色效果诱惑了。他们不知道自己受骗了！从长远来看，将学习分为多个时段、分散在较长期间里，这种做法总是能够收获更多，有时甚至能够获得惊人的回报。

神经科学基础

亲爱的朋友，根据第1.3节中学到的知识，你一定知道如何从神经科学的角度来为这一现象提供解释。你一定还记得，在接触到某一条信息之后，需要一些静默时间才能完成长期记忆的巩固；此后，每当我们隔一段时间再次接触同一条信息的时候，记忆巩固过程就会重启。如果在较长时期内分多次去记忆，那就能给大脑提供更多机会来消化这些信息，建立新的联系，寻找其中的异同（参见第1.4节关联性记忆范式）。与此同时，划分多个回顾时段这种做法也为我们提供了填补记忆空白的可能。记忆空白是不可避免的。每当我们想要记住某个特定内容的时候，都会随机形成一些记忆空白。例如，在一周后的第二次学习中你可以检查一下自第一次学习以来哪些信息已经有效“存储”在长期记忆中，哪些仍需回顾。此时你可以将全部注意力放在后者上。在第三个乃至之后的学习时段中，你也可以这样做。这种试错法（此处所说的“错误”是指没有记住的情形）考虑到了记忆的随机性。相反，集中练习方法要求我们不由分说地吞下一整块材料。这种方法会产生许多问题，其中之一就是导致本来就有限的工作记忆出现饱和情形（这种情况被称为“认知过载”），此时的学习过程也会给人带来疲惫和焦虑的感觉。

实验证据

无数实验研究证明了间隔效应的普适性。这些实验大多采用同一类设计结构。试想，你手下有一群学生，你要求他们分两个时段（称为“S1”和“S2”）学习某份材料，两次学习之间留有一定间隔（称为“间隔时间”）。集中练习其实就是间隔时间为零这种极端情况，对吗？相反，对于分散练习而言，间隔时间可能从几秒到几周不等，不同实验做出了不同的选择，但无论如何该间隔时间都是大于零的。第二个学习时段结束之后，再等待一段时间（称为“考试等待期”），然后对受试者进行考试，检查他们到底成功记住了多少信息。

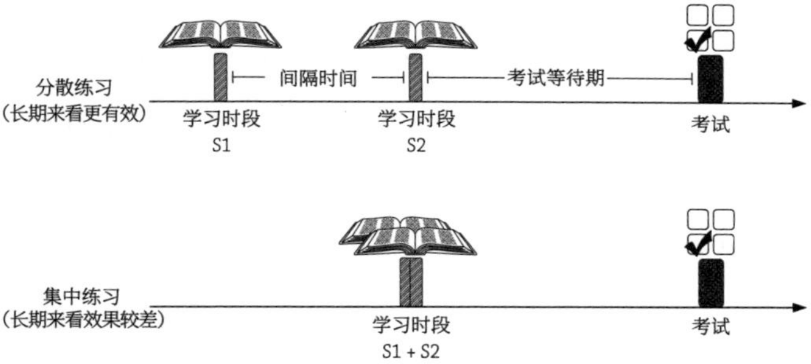

图10　间隔效应

我们感兴趣的是参与者获得的“平均成绩”与学习时段的间隔时间之间的关系。除“极端”情况（即考试等待期极短，受试者在学习结束之后立即参加考试）之外，在所有其他具有实际意义的情况下，间隔时间大于零总是能够获得更好的效果[25]。

间隔时间的最佳长度

在这最后一步里，我们需要研究一下：最好间隔多长时间。根据你对间隔效应的了解，你一定可以想到，这个答案与另一个问题直接相关：你需要这条信息在记忆中停留多长时间？两次学习时段之间的间隔时间越短，其记忆效果就越趋近于集中练习时的情况：短期来看的确能够获得最佳效果，但长期来看，记忆效果却会逐渐衰退[26]。另一方面，如果间隔时间过长，特别是最初几个学习时段之间的间隔时间过长，那么就会出现另一种令人不快的现象：在第二个学习时段开始的时候，第一个时段中学过的内容已经忘得一干二净了，几乎要从头开始。最佳解决方案就是在这两极之间找到一个折中点。实验结果显示，当间隔时间大约等于需要“牢记”的总时间的10%至20%时，能够获得最佳记忆效果[27]。在实践中，如果我们希望在10天内牢记某条信息，那最佳间隔时间是1至2天。相反，如果我们期望在很长一段时间内记住这条信息——例如一辈子，那么，无论我们是否愿意，唯一的办法就是使用非常长的间隔时间，以月乃至年为单位。请大家来评判我们学校中的学习规划在多大程度上偏离了这一神经科学研究成果：在学校里、课堂上，一个主题最多只会用几周时间来探讨，之后再也不被提起，最终被永远遗忘。

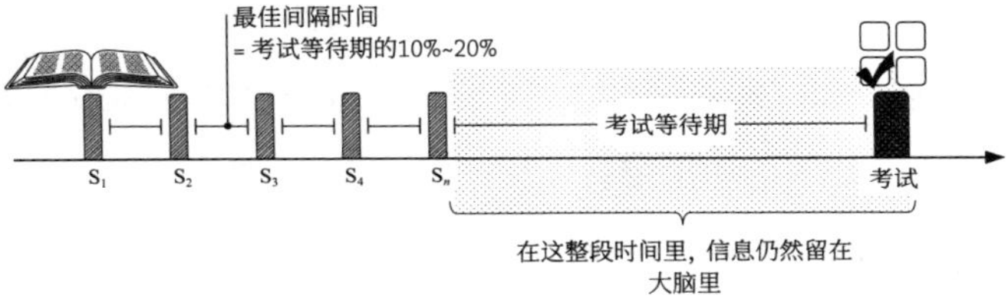

图11　最佳间隔时间

2.3 交错效应

整块练习与交错练习

间隔效应有一位“小弟”，它的普适性没有那么强，效果也略差，但是依然值得一提。这位“小弟”就是交错效应。人们经常把它当作间隔效应的副产物。这种想法是错误的。其实交错效应是一种独立的现象。提及这种效应的时候，也要比较两种不同的学习规划理念。但此次比较所要解决的难题与上一节略有不同。试想，你需要学习某一组内容（例如古代史、中世纪史和现代史），同时必须遵循严格的时间预算（例如每天三小时、持续三个月）。在这里，依然有两种思路：

◉ 第一种选择是整块练习，用整块时间来攻克某一块内容，然后再换下一块。例如：在第一个月里只学习古代史，在下一个月里只学习中世纪史，在第三个月里只学习现代史。

◉ 与之相对应的是交错练习，将各块内容拆开，然后混合在一起。例如：在这三个月里，每天学习一小时的古代史、一小时的中世纪史以及一小时的现代史。

说真心话，你觉得哪种方法更适合你？

交错效应

答案是，在几乎所有情况下（但不完全是……），交错练习都能带来更好的效果。你可能会说，可不是嘛，我早就知道了！将历史分为三块，每天每块内容只花一小时，每一块内容的学习都连续许多天，这种安排方式当然能够获得此前讨论过的间隔效应的所有好处。你说的没错，但这种安排方式还能带来额外好处！用间隔效应来解释的时候，只能揭示出交错练习的一部分好处。请看这种情况：

◉ 学生A采用上述交错练习方法（一小时的古代史、一小时的中世纪史、一小时的现代史，持续三个月）。

◉ 另一方面，学生B只学习古代史，每天一小时，持续三个月（根本没有学习中世纪史和现代史）。

在本例中，学生A表现得更好。事实上，在混合多个学科的时候，这些学科之间有可能会产生新的逻辑链接，带来混合所特有的好处。

我们把这一有趣现象称为交错或交替效应。该效应就是本书最后一个话题“跨学科思维方式”（第25章）的基础。

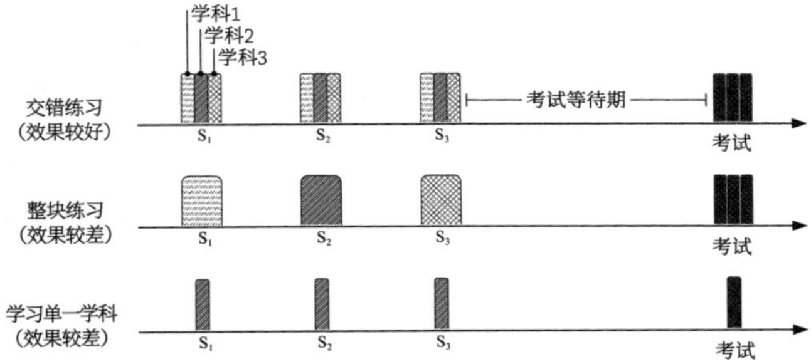

图12　交错效应

实验证据

交错效应也得到了大量实验的支持。例如，试想，你要求学生们学习如何用网球击中数个目标，这些目标的排列顺序有三种。学生们分成两组：

◉ 第一组（整块练习）按照第一种目标序列练习18次，然后按照第二种序列练习18次，最后按照第三种序列练习18次，总共练习54次。

◉ 第二组（交错练习）按照每一种目标序列练习的次数也是18次，一共也是三种序列，但是每次练习时都随机安排目标序列。

在训练过程中，第一组的表现更好，他们似乎比另一组学得更快。但是，采用这种方式连续训练10天，再进行考试的时候，你就会观察到一个有趣的现象。如果采用整块考试，也就是说先考序列1，再考序列2，最后考序列3，那么，两组学生的表现非常接近。可是，如果采用交错考试，那么采用交错练习的学生，其表现远超采用整块练习的学生[28]。你很清楚，现实生活情景中基本都是第二类考试方式，也就是说，我们必须能够以无法预见、完全随机的方式从我们自己的文化“数据库”中提取信息。试想医生这种职业：在大学里，他会学习不同领域，每一个领域单独考试，但当他面对病人的时候，则必须有能力去应用上述所有领域知识组成的巨大知识库。必须以交错练习方式，而不是以整块练习方式学习，才能训练出这种基本素养。

例外

另一方面，正如本章开头部分提到的，交错效应的适用范围并不如它的大哥——间隔效应，那样广泛。事实证明，在特定情况下，整块练习具有优越性：最明显的情况是需要学习某个高难度学科的时候。此时，如果一次只关注一个话题[29]，那就可以确保加深理解。当然，这只是一种特殊情况。关于学习的工程学一直没有得到应有的关注。接下来我们要去看看，如何落实这些定理，把它们变成学习方法的具体框架。

3

如何安排学习

亲爱的读者，从这一刻开始，你就是一位工具齐备的学习工程师了。来吧，让我们运用上述定理来构建一个整体框架，把它当作本书学习方法的外骨骼。我们可以把这短短一章当作索引，当作整个学习方法的上层建筑。此处留下的每一个空白都将在之后各章中得到填充——每一次都会提供充分的神经科学依据。那么，让我们落下学习神殿的奠基石吧。

元认知

在开始之前，你可能会想，花许多时间来规划学习，这种努力能否带来切实收益？有些人可能觉得此类讨论没什么用，完全只是空想。说到这里，我想起大学时的一个同学，他多少是个狂人，曾经设想能否在绝对不接触钢琴的情况下学会弹钢琴，于是设计了人类历史上第一个（也是唯一一个）“理论钢琴课”。你所感受到的疑惧是合理的，但是我可以向你保证，你的担忧是多余的。事实上，为你提供保证的不是我，而是实验证据。有意识地规划学习过程的构架、细致监督自己的学习表现，在心理学中，此类技能被称为“元认知”。元认知，顾名思义就是关于思考的思考，也就是说，我们停下来，想想我们是如何进行思考的。具体到当下场景，就是停下来想一想我们的学习技巧是否有效。有证据表明，在中小学生乃至大学生中，元认知能力的缺乏已经达到了令人难以置信的程度[30]。普通学生完全没有能力规划并监督自己的学习进展。我们之所以经常听到学生们诉说自己有多失望，之所以经常有人说“我已经非常用功了，我不明白为什么还是考不好”，其原因恰恰在于元认知能力差。上述研究同样表明，元认知能力是可以通过学习来获取的，而且元认知能力与学习成绩之间存在着莫大关联[31]。那些能够做到自我监督的人属于“自我调节型学习者”。在绝大多数情况下，他们能够进入知识获取的良性循环，实现自我激励，在一生中不断提高自己的技能水平与文化素养[32]。所以，朋友，请乐观点！我们即将讨论的这个话题将对你的一生产生巨大的切实影响！

3.1 如何规划学习？

总体结构

请用本杰明·富兰克林的格言来警醒自己：“没有计划就是在计划失败。”所以，现在我将阐释自己的“标准”方法。考虑到记忆的两段式构造（参见第1.3节）以及间隔效应（参见第2.2节），该方法的核心要素定然是在多个时间段里多次接触同一份材料。让我们以“轮”称呼学习次数，来谈谈这种方法的总体原则：

◉ P_1：第一轮学习与之后几轮完全不同，我们主要用它来理解材料，而不是记忆材料。通常而言，阅读书面资料（参见第5章）或者上课且当场记笔记（参见第5章）都可当作第一轮学习。

◉ P_2：对于经验丰富、创造力强的学生而言，在第一轮结束时可以额外加上一轮，姑且称之为“创造性学习环节”。在这一轮里，你可以亲手制作自己的书面学习材料（参见第10章），或者应用特定助记法（参见第15至18章）。

◉ P_3：从第二轮起就是复习了（参见第7章）。在复习过程中，你将温习第一轮中学过的材料或创造性学习环节亲手书写的材料。根据我们在第1章中已经介绍过的学习方法的基本定理，在复习阶段，我们必须升一级，选择高阶方法。换句话说，复习时你必须采取明显的主动或互动方法。躲开被动方法（例如简单的重读或重听），就像躲避瘟疫一样！如果你亲手制作了一些互动性质的材料，例如自我测试题（参见第9.2节）或者使用了卡片法（参见第9.3节），那么每次复习时都要至少使用一次。请尤其关注第二轮，灰心平台最常在这个时候出现：意识上要有准备，要能认出它，然后继续前进；不要害怕，要保持乐观心态，相信第二个上升期即将出现。

◉ P_4：复习过程继续，每次复习所需时间明显减少。多次复习，直到考试当天。对于需要做练习题的学科（参见第10章），一旦你觉得自己已经掌握了足够的理论知识，那就立刻开始做题。

◉ P_5：在考试前几天以及考试当天，一定要留出考前突击的可能，解决此前漏掉的细枝末节，并利用近因效应的超级力量。就是这样！

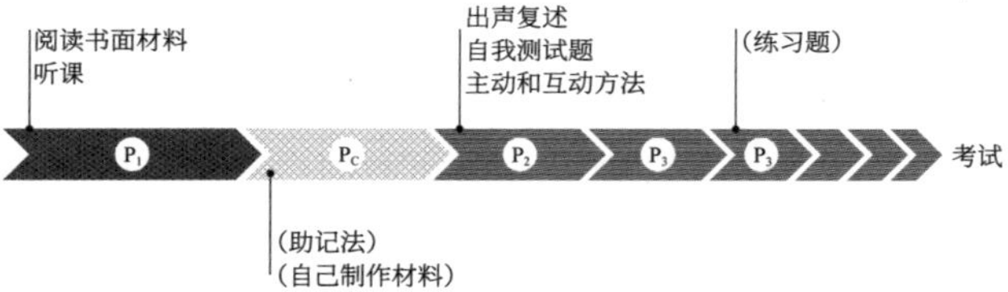

图13　学习方法的结构

应用间隔效应

你们一定还记得间隔效应。两轮学习之间的时间间隔长短非常重要。对于那些考察内容较多的科目（例如大学里的考试）而言，一轮复习也要许多天才能完成。所以，在大多数情况下，没有必要在复习学习之间设定一段休息时间：以多轮结构复习此类科目时，间隔效应已经是自然而然的事。

应用交错效应

如果你选择参加面授课程[1]（参见第5.1节），最好不要等到学期结束才开始复习；如果提前开始复习，那最初几轮所需要的时间就会相当短。应该怎么做呢？这时需要应用学习工程学的另一个重要原则：交错效应。该效应为我们提供了明智指引，它告诉我们，每天都要复习多门学科，同时开展多个领域的学习。在每一门学科中，也要利用交错效应，例如，在每一轮学习中都要重新调整章节的复习顺序。后续章节中我们将介绍多种学习方法，例如自我测试法（参见第10.2节）或卡片法（参见10.3节）。这两种方法都特别适合这种弹性需求。

3.2 如何落实计划？

三种“病态”情形

准备好了吗？现在，只剩落实计划。在这里，我想提几条普适性建议。请注意，千万不要染上某些极为危险的“综合征”（企业管理专家们经常会开玩笑似的把下列情形称为“综合征”）。就算是最完美的计划，都可能会被这些“综合征”妨碍。亲爱的读者，请务必及早诊断出此类危险病情的“迹象和症状”，并及时“治疗”。

[1] 意大利大学课程允许学生从下列两种选项中做出选择：参与面授课；不参与面授课，但需阅读教授给出的书单。——译者注

学生综合征

如果今天有人告诉你，有一件令人不快的任务（至少是令人感到劳累且压力倍增的），你必须在两周内完成。那么请诚实地回答，你会什么时候完成它？无论嘴上怎么说，事实上，大多数人都不会立刻开始执行这项任务，而是想“反正还有时间”……等规定时间过去一半的时候，你可能会没精打采地花些时间做做这项任务，此时你多半会从中挑出更令人激动、更有趣的部分。毕竟，挑着做也是做，不是吗？至于那些相对烦人的部分，你会等到最后几天。当然啦，没多久你就会发现，自己已经开始挣扎，想尽一切办法要在截止日期前完成这项任务……听起来很熟悉吧？这个能言善辩的“小声音”，这个躲在我们每个人内心深处的小恶魔，它邀请我们去拖延。这一点在学生身上表现得尤为明显，所以项目经理们会将这种现象戏称为“学生综合征”。这个词是以色列企业管理专家艾利·高德拉特（Eliyahu Moshe Goldratt）在其小说《关键链》（*Critical Chain*）中创造的。首先，必须依靠激励机制来解决这个问题（参见第13章）。也就是说，只能尽快获得一种强大的心态：发自内心地认为学习根本不是麻烦事，而是自己的一种基本需求，正是因为自己不想继续保持无知状态，所以所有的努力都是为了自己。其次，纯粹出于懒惰而拖着不去做某件事的时候，自己必须能够意识到这一点。必须与自己签订一份协议，为自己制订一份每日计划，在完成当日目标之前，绝对不要上床睡觉。

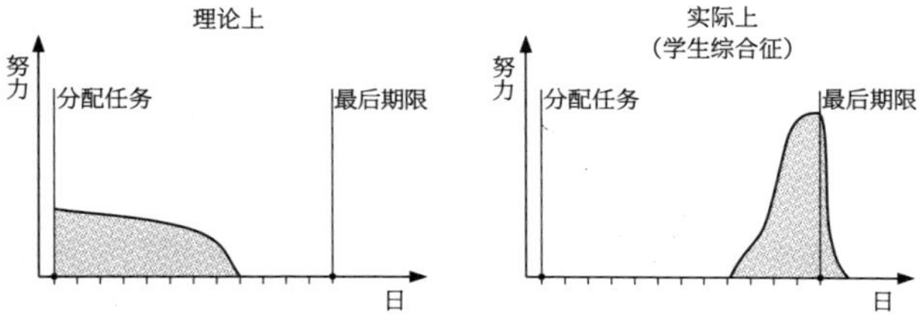

图14　学生综合征

计时器综合征

另一种典型临床情形来自那些一心想要量化学习时间的学生。在他们看来，学习似乎是一件可以计件衡量的事。我给这种危险病症起了一个（虚构的）名字——“计时器综合征”。我可以告诉你，当我同时完成五个大学学位课程的时候，最常被问到的问题就是：你每天学习多少个小时？用数学家的术语来说，这个问题属于“不当问题”。无论是学生还是学者，都不应该去积累埋头苦读的时间。连续10小时、20小时地忍受自我折磨的酷刑，这种行为恐怕只能让受虐狂感到满足。事实上，他需要解决的问题恰恰相反：对于某个特定科目而言，他根本不可能有足够的时间来获取想得到的一切，所以，在学习时间上，他必须想办法“缩减”预算。如果你能进入这个良性循环，那你就能自发地在一整天当中安排学习或相关活动，同时不会感到任何痛苦。我的建议是（参见第13章）将时钟、定时器、闹钟和其他此类恶魔般的东西永远留在阁楼上。我们谈论的是学习，这是一种美妙的活动，而不是折磨！同样也要摒弃番茄工作法[33]。这一著名方法规定，你要将学习分成多个周期，每个周期里集中注意力25分钟，休息5分钟，交替进行，用厨房计时器计数。这个想法太疯狂了：你应当对需要学习的主题满怀兴趣，让兴趣来驱动你，当大脑达到认知饱和的时候就去休息，而不是让一个愚蠢的计时器来安排你该做什么。学习是无法用打卡来衡量的。一个充满动力的学生的10分钟比一个无精打采的学生的3小时效果更好。后者“读书”时一只眼盯着书，一只眼盯着手机，不耐烦地等着“番茄”响起。

99%综合征

最后还有一种病症，时而也会出现在学生身上，但与上述两种病症相比要少见得多。存在此类问题的学生内心没有安全感，这可能与他们本人的性格有关，但更多时候，他们是来自家庭的过高心理压力的受害者。此时，他们会对考试产生发自内心的恐惧。他们会陷入考试焦虑的漩涡（参见第24章）。所以，他们永远无法下定决心去报名参加考试[1]，总是会不停地膨胀与该科目相关的学习时间预算，以此来推迟考试时间。企业管理者将类似现象称为“99%综合征”。患上此类综合征之后，项目起初会匀速进展，完成度达到99%时停滞，在此停留时间长到无法想象。无论这个科目在你眼中有多困难，你都必须意识到，自己早晚要合上书去参加考试。不要屈服于夸张的完美主义，你绝对不会有百分之百的把握：请相信我，有成功就可能有失败。

我的方法

在这一章中，我向你介绍了一套学习方法框架。在此前的学习过程中，我一直在开发、完善并使用这一套方法。此外，根据我的观察，我有幸结识的所有优秀学生也都在使用类似的方法框架，如比萨几所杰出学校[2]以及在哈佛大学、剑桥大学就读的那些学生。我坚信这种方法的有效性和普适性。在本书后续部分，我会努力为你提供详细工具，以便你能有效应用这套方法的每一个组成部分。请继续阅读！

[1] 意大利大学中各学科的考试一年举行数次，学生们可以根据自己的准备情况选择具体的考试时间。——译者注

[2] 指比萨大学、比萨圣安娜高等研究学校、比萨高等师范学院等。——译者注

4

如何阅读

假设我们去采访某位老一辈学者，去了解他的智识活动涉及哪些具体工作，如果问的是一位“老学究”，那他给出的列表一定非常短。说起来挺可悲的：直到20世纪，读书（以及重读）几乎是学习的同义词。但我们要当伽利略的后代，不要当莱奥帕尔迪[1]（Leopardi）的后代。我们要的是科学证据，而不是盲目相信传统。如今的神经科学（参见序言）告诉我们，被动重读同一份材料的次数不会对记忆效果产生任何明显影响，从长期来看甚至不会产生任何贡献！由此可见，在任何尊重自己的学习方法中，阅读最多只能算是第一轮学习。虽然我这么说，但这绝不意味着阅读不重要，无需额外留心，远非如此！阅读是我们首次接触一份材料的时刻，也是发生铭印的时刻。亲爱的朋友，请坐好：在这个纯实践型的章节中，我们将涉足读书礼仪及最佳实践，尽可能地提升首次阅读的互动性、生产力和效率。前菜是有关心理态度的讨论，头盘涉及在哪里阅读，二盘涉及读什么，配菜辅以阅读技巧，甜点将奉上划重点的操作方法[2]。祝你用餐愉快！

---

[1] 意大利19世纪初著名作家，以饱读古今诗书而闻名。——译者注

[2] 意大利传统全套午餐包含四道菜，按顺序分别是：前菜（多为冷盘，火腿、风干肠、鱼虾、乳酪等）、头盘（面、烩饭、豆汤等）、二盘（肉、鱼等）、甜点。配菜是指与二盘一起端上桌的蔬菜。——译者注

4.1 阅读时应该思考些什么？

心理态度

让我们先来讨论一下心理态度的微妙之处。通常的建议是，应当保有乐观且积极主动的态度，如“我当然能记住这条信息！”此外，如果能够与材料之间建立起某种情感纽带，那么记忆效果也会随之加强：经典技巧是，从主观角度（或者说，情感上）判断一下即将阅读的内容[34]，无论是同情抑或排斥、同意抑或否认、喜欢抑或厌恶。打个比方，可以想一想，我们会不会在社交媒体上关注这些历史人物，会关注哪几个。有这样一则小故事，据说，神经科学家斯蒂芬·楚（Stephen Chew）曾以下面这个有趣的实验来开始他的讲座。他给教室里的每一位学生发了一张纸，纸上写着20多个单词。学生们被分为两组。第一组学生必须数出这张纸上“G”和“E”的数量。第二组学生则要对清单上的每一条目做出判断，想想它们是否会让自己感到愉悦，在这个过程中，他们会与这些条目建立情感连接。结果呢？第二组学生记住的单词数比第一组学生多了80%[35]。这个小技巧再简单不过：只要停下来，花两秒钟想一想我们喜欢什么，就能获得如此好的效果，真是不可思议……

自我解释的好处

多种心理态度都有助于提高阅读过程中的记忆效果，其中无可争议的重量级冠军是“自我解释”[36]。这个词听起来高大上，但实际上它的意思就是——请原谅我的大白话——“问自己一个问题，然后再给自己一个答案”。它有点像苏格拉底的助产术，但从头到尾都是自问自答。你觉得这种方法听起来像是酷刑？也许你是对的，但这种方法确实效果惊人。每隔一段时间就停下来，问自己几个问题，如此就能显著改善短期和长期水平上的记忆效果。但前提条件是：必须从总体概念角度提一个问题，在回答的时候，也必须用到原文中两处以上的内容并“创造性地”整合这些信息。你注意到了吗？此前我们从学习方法基本定理（参见序言）的最低阶出发，如今已经战战兢兢地把一只小爪子放在最高阶（创造性方法）上了。这种方法不仅能够提高记忆效果，还能带来其他多种好处。书中的“隐含义”专为心思缜密、喜爱思考的读者而准备。通过自我解释，我们有机会推断并梳理出这部分含义，同时也必须直面每一个阅读或理解错误：当我们发现自己的回答中潜藏逻辑矛盾时，就会立即意识到自己读错了或者理解错了！所以，这种方法不仅迫使我们重新审视已经读过的材料，还要求我们回顾此前建立的底层知识基础。不要惊讶：只有很小一部分学生会自发使用自我解释这种技巧，而他们恰恰就是那些成绩优秀的学生。不过也没关系，学界已经证明，即使是在外界提醒下刻意应用这种方法的人，也能获得同等好处[37]。

我的方法

就我个人而言，我“自发”且忠诚地实践着自我解释法。我敢说，我对这种方法的追捧已经达到了相当夸张的程度。尤其是那些充满复杂数学问题的科目：在读书过程中，我总是不厌其烦，会问自己许多问题，还会将所读内容与此前学过的知识进行比对。我的好友们太熟悉我这个特点了，总是拿我打趣。其实他们说得没错，我的确是这样的：一页数学书能读一个小时，每次都要确保自己已经彻底理解某个算式或者某个证明过程的细节与含义之后再翻页。居柳（作者中文名为笛居柳），天呐，你怎么还在看这段！不过，在采用这种阵发型提问法的时候，如果能做到“在彻底掌握逻辑脉络之前绝不翻页”，那就能够让我的小灰细胞[1]注意到学习材料中藏得最深的那些含义，或者找到最隐蔽、最意想不到的错误——这都是我的同学们会忽略的内容！还能说什么呢，“大佬”苏格拉底就是这样教导我们的。

[1] 英国女作家阿加莎·克里斯蒂（Agatha Christie）为其侦探小说创造的人物赫尔克里·波洛（Hercule Poirot）曾多次提到，如果想要依靠推理找到凶手的身份，那就必须使用“小灰细胞”（脑细胞，通常指大脑）。——译者注

4.2 在哪里读?

在寝室里

在“读书礼仪”的第二个阶段，让我们一起去看看如何调整环境，使之适合阅读的需要。第一点，安静。我承认，我一直对夜读充满好感。夜晚的氛围充满魔力，晴朗的夜晚，空气稀薄，夜空中星光闪烁，一切都静悄悄的，世界上只有你和你心仪的那本书。第二点，避免疲劳。为了解决这个问题，你需要给自己准备一个舒适的座椅：朋友们都知道，我在宿舍里放了一把躺椅。躺椅能够让脊背处于直立与躺平之间，所以连续读3~4个小时也不会累。第三点，注意服装，要足够宽松，尽量减少压迫感。

与他人一起

最后，还要解决一个历代学生都要面对的问题：自习室还是寝室？随便选一组学生来问这个问题，每个人都会有相当清晰的偏好，有的人选择自习室，有的人则选择寝室。即使找来一组优等生，他们也不会给出同一个答案。这种情形说明，学生们在这个问题上相当主观。除此以外，还要考虑另一个事实：大脑会在我们偏好的环境与适合学习的心理状态之间建立某种关联（参见第6.4节），这是习惯使然。我给出的答案恐怕会让你觉得扫兴：无论如何都要注意，选择自习室的时候，如果你的目的是借此获得频繁分心、转移注意力的机会（例如一波又一波“无法推脱”的聊天），那就不要选择自习室。是否选择独处不重要，重要的是你的思路必须完全沉浸在阅读对象之中。

空气质量

坦率地说，如果想要客观回答上一节提出的古老问题，那就要再次借助神经科学。学界告诉我们，通常而言，我们应当避免封闭且人多的环境，如图书馆和自习室。该结论基于一个至关重要的问题——空气质量。空气指数中有两条能够影响认知效果：氧气含量有多高，二氧化碳含量有多低。氧气含量基本上取决于人与植物有多近。实验表明，氧气含量指数能够明显增强我们的认知能力并提升我们的注意力。而二氧化碳含量在很大程度上受到房间中人数与通风情况的影响。让我们来快速浏览一下不同环境中的二氧化碳浓度范围（该值通常以mg/L，即“毫克/升”来表示，意思是构成空气的每一百万个分子中有多少个二氧化碳分子）。

浓度	举例
400 mg/L	户外大环境
500 mg/L	市中心大环境

续表

浓度	举例
600 mg/L	单人办公室
800 mg/L	多人房间，拥有最佳通风系统 通风良好、经过一夜睡眠之后的卧室
1000~3000 mg/L	典型的多人房间，如教室或会议室 通风不好、经过一夜睡眠之后的卧室
4000 mg/L	车窗紧闭、单人乘坐的汽车

除非拥有最先进的通风系统，否则房间内的二氧化碳值一定会远远高于大环境中的数值。在人多的条件下，二氧化碳值甚至可能高出数倍：远超1000mg/L。当二氧化碳含量达到该水平时，它会对我们的认知效率造成灾难性的影响，特别是涉及复杂任务（如学习）的时候。例如，2002年的一次研究表明，在得克萨斯州21%的中小学教室里，二氧化碳浓度超过了3000mg/L，其实也在意料之中[38]！此外，许多实验报告一再证实，“增大学校通风换气量”这一举措能令学生成绩得到显著提升。例如，2012年的一项研究测量了二氧化碳浓度对较复杂决策过程中认知能力的影响。结果令人感到害怕：当二氧化碳浓度达到1000mg/L时，认知能力下降11%~24%；当该浓度达到2500mg/L时，认知能力下降了44%~94%[39]。总之，在盲目选择自习室之前，请帮自己一个忙……检查一下通风情况！

4.3 如何选择学习资料？

学习资料的广度

毫无疑问，在以学习为目的的阅读中，选择一份合适的学习资料是其中的重要一环。我认为，最有效的方法是精确规划我们期望记住的信息量，这个量要与我们打算分配的时间预算相称；再根据这个信息量寻找一份或多份学习资料，在学习中完全掌握它们，包括细节。千万不要自大，千万不要自以为能力超群，于是选择内容更广、远超必要性的学习资料。如果学习资料中的内容过多，那就会不可避免地导致学习轮数减少，从而降低信息的长期留存水平。

学习资料的深度

选择学习资料的深度时，上述原则同样适用。心理学有一个分支，专门研究这个问题，这就是认知负荷理论。过度简化、过于简单的学习资料终会致使学生感到厌烦，过于复杂的学习资料又会造成认知过载。每一本书都会假设一组基本知识，如果我们缺乏这组基本知识，那我们的大脑就会利用上下文信息进行推断，试图“堵住这些漏洞”；不过，如果每个段落都需要我们进行这类推断，那由此产生的“补丁”就会太多，工作记忆根本无法应付，这种超负荷工作也会让我们无法跟上书籍的逻辑脉络。我们不得不停下来再读一遍，希望这一次打的“补丁”能在大脑里多停留一会儿。所以，从深度角度考虑，我们也需要找到一个最佳值，它要与我们原有的知识储备相称，既能让我们获得更多的参与感和成就感，也能提升我们的理解水平。用心理学家的话说，这样的学习资料能够与我们产生“共振”：例如弹簧，当它受到具有某个特定频率（共振频率）的力时，其振荡幅度就会被放大。

如果学习资料中有错

另外提一句：虽然听起来会感觉很奇怪，但是，观察表明，只要学生能够积极使用自我解释法，那么，即使学习资料中有错也根本不会影响学习。试想这样一个实验：找来一些四五年级的小学生，把他们分成两组，向他们分发一份关于小数的讲义。第一组小学生拿到的讲义里写的是正确的例子，第二组小学生拿到的讲义里满是胡言乱语（千万不要说神经科学家没有幽默感）。惊喜来了：第二组小学生学得更好[40]。此处我们可以得出这样的推论：即使是学生们自己准备的幻灯片和讲义（大家都知道，在此类材料里面能够找到各种极为糟糕的学术错误）也可以成为非常有价值的学习资料，只要我们坚持使用自我解释法，把它当作忠诚保镖，那我们就不受任何错误的影响。

4.4 主要的阅读技巧有哪些？

SQ3R阅读法

既然讲阅读，那就一定要谈谈以元记忆（或者说，应用于记忆的元认知，参见第3章）为基础的阅读技巧。其中最著名的当属SQ3R阅读法，它由五个阶段组成[41]：

1. 浏览：观察标题、黑体字、图片，快速浏览，寻找与文本含义有关的线索。

2. 提问：想象一下，这些文字也许能够回答哪些问题。

3. 阅读：阅读文本。

4. 回忆/复述：总结要点，快速理清文本思路。

5. 复习：重新阅读文本，检查自己的总结是否完整准确，在头脑中纠正任何错误或不完整的地方。

SQ3R阅读法获得了巨大成功，于是慢慢也衍生出其他多种微调版本，如PQ4R阅读法（预览、提问、阅读、反思、回想/回忆、回顾）、READS阅读法（回顾、检查、提问、制作、总结）等。

> **我的方法**
>
> 尽管阅读技巧已经得到了实验证据的强力支持，而且也已正式进入某些中小学的教学课程体系，但是，由于使用此类技巧阅读时所需时间较多，因此极少有

> 人会在实践中使用它们。相反，经常有人拿此类阅读技巧当靶子，批评它们过于抽象、远离实际操作，进而反对在教学中引入各种学习方法。当然，反对派们说的也有道理：如果想要在日常生活中使用某种阅读技巧，那使用这种技巧时花费的时间就必须与简单阅读所能支配的时间相匹配。可另一方面，“3R”（阅读、复述、复习）这一部分几乎是一个不可替代的齿轮，出现在现今大多数学习方法中。就我个人以及本书所涉及的范畴而言，我们会做出一些务实修改：正统方法规定，在第一次阅读时就要完成“3R”流程，但我们不会这样做；相反，我们会把其中一部分推迟到第二轮学习（参见第7章）。这样做是为了精简第一轮阅读的流程。在第一轮学习中，我们不再将SQ3R奉为“圣经”，不再利用这一轮学习来记忆材料，而是用它来理解材料。

4.5 如何画重点？

是否画重点

在读书礼仪的最后一节，让我们来看看阅读过程中最重要的盟友：下划线和荧光笔。学习材料是我们最信赖的伙伴，它也一定要和我们一样——“别光看不练”。事实证明，写旁注、画简图、画下划线（或者用荧光笔标注，两者完全等同）有助于我们以个性化方式处理信息，这种做法既有利于记忆，也有利于在真实环境中使用这些信息（迁移）。讲个小故事：我记得，每次考试的时候，我和那些圣安娜[1]的同学们都会抱着几乎快要散架的书来到考场，而且我们可以通过书的物理状态来预测考试成绩。最令人难忘的例子是解剖学考试。在圣安娜的学生中流传着这样一种说法：如果书的封面还没有掉（10个学生中有9个人的书都没了封面），那就说明准备得还不够充分。我记得，其中一位同学就属于那剩下的10%，他听了这个传说之后，当着我的面，二话不说就把封面扯了下来。嘿，这可不算数啊……但至少他拿到了“30+”[2]。

画多少

通常而言，我们可以认为下划线和荧光笔效果相当，属于同一类工具。谈到画线量，几乎所有关于学习方法的论文都会强烈建议尽可能少画线（或少用荧光笔），只在关键词句上使用。大多数作者认为，如果阅读下划线内容所需的时间与阅读全文所需的时间相近，那么就没有必要去画下划线了；此外，一些实验表明，如果将画线量控制在每段

[1] 指意大利比萨圣安娜高等研究学校。——译者注

[2] 意大利考试满分是30分，格外优秀的学生可以获得30+（30 e lode）。——译者注

一句话以内，那么学习效果就会有所提高[42]。不过，在我看来，该建议本身存在一个非常严重的错误：在衡量学习效果的时候，它以对文本总体含义的了解为基准，并不强调记住了多少细节……但是，在实际学习中，绝对必须牢记细节，尤其是当我们选定的学习材料在广度和深度上能够与我们的现有知识水平及学习目的产生"共鸣"的时候（正如之前所讲）。考虑到这一点，我完全不同意对画线量做出类似的限制。正因为此，我很高兴能够为你展示我自己的做法。

我的方法

在我看来，任何学习材料都包含两种类型的语句（或语句片段），我们可以轻松将其区分开来：

1. 信息类语句：这些语句包含新信息以及各种细节；实际上，任何引入新信息（即使是微量信息）的语句都属于此类。

2. 连接类语句：有了此类词句，文本才会变得更加通顺易读、易于理解。此类语句包括：能够借助文本其余部分推导得出的例子以及任何重复性内容。这第二类内容对于第一轮学习而言非常有用，因为它们能够加速理解，但在此后几轮学习中，它们就是多余的了。

从这个角度来说，下划线（或荧光笔）的目的就变得非常简单了：把第一类内容与第二类内容分开。这样一来，我们从文本中分离出来的内容既是最少的，也足以传达我们想要记住的全部信息。在第一轮之后的其余几轮学习中，我们只需要回顾第一类内容就可以了。显然，考虑到个人背景不同，每个学生的下划线内容也会有所不同：如果在此前学习过程中已经对某些概念了如指掌，那就没必要再去画下划线，回顾它们也是多余的。此外，还应注意的是，信息类语句和连接类语句在不同的学习材料中的占比不同。连接类语句主要用于提升文本的可读性，所以在普及类读物中的占比会更大（例如本书）。相反，专业书主要关注如何提升信息密度。所以，在大学教科书中，经常会出现需要画大量下划线的情形，其比例甚至会达到80%或90%——我的天哪。事实上，在我看来，画下划线这个动作本身具有极为强大的心理价值，在无意识中，我们向自己证明了这段文字的重要性。总而言之，我认为，不由分说地禁止画下划线是一种绝对短视的行为。要知道，“下划线内容不能超过材料的20%或10%”可不是什么刻在石头上的《汉谟拉比法典》……画下划线时，必须考虑实际需求，也就是说，必须直截了当地回答这个问题：我是否想要回顾这块内容？（亲爱的朋友，为了更好地解释我所使用的标准，我使用了上面这一段作为例子。）

使用何种工具画重点

就工具而言，我要承认，我发现自己不喜欢铅笔和荧光笔，而是偏爱经典马克笔：画下划线的时候选择细头，做高亮标记时使用粗头。这种笔的优点不胜枚举，不但相当耐用（至少根据我自己的经验），而且颜色多到无穷无尽。最后，从审美角度说，我不能不对荧光笔那过于明亮的色调表示厌恶。马克笔就温和得多，它沉着冷静、细声细语地向你阐释信息；荧光笔像是恶霸，在你面前大喊大叫。更重要的是，马克笔的笔头是尖形的，而不是平头的，所以无需换成钢笔或铅笔就可以直接写旁注。

我的方法

多种颜色选择，以及同一种工具既可以写也可以画，这简直是打开了一个潘多拉魔盒，能够为划重点提供多种可能。我们不仅要筛选需在复习时回顾的词句（参见第8章），还要设定更高的目标：即使在画线句完全相同的情况下，我们也要获得更高的复习效率。我们所面对的问题其实很简单：如果某段文本没有旁注，那么，当我们（重新）阅读它的时候，大脑就不得不投入更多的认知资源，以便重新识别这段话的逻辑结构。但是，同一份学习资料，每次重读的时候都要重复这一过程，有什么意义呢？为了加快复习速度，最好的办法是，在第一轮学习时，直接在文本上勾勒出这段话的逻辑结构。

信息块的结构关系

让我们这样做：我们在书中寻找谈论同一个话题的句子，以同一种颜色的下划线（或高亮）把它们标记出来；不同块的信息用不同的颜色表示。最重要的步骤是为每个信息块取一个标题。此时可以采用两种方法：一种是直接在文本上框出关键词（如有），另一种是直接用同样颜色的笔写上标题。当我们出声复述的时候，可以将信息块标题当作“问题”，我们必须熟记相关信息块中的内容，以便“回答”这些问题。如果一个信息块由多个碎片组成，且这些碎片分布在页面中的各个地方（这种情况的可能性很大），那么，除了使用同样颜色的笔去标注之外，我们还可以利用箭头将这些碎片彼此连接起来，令它们之间的组织层级关系更加鲜明。两个下划线片段可以用一条线连在一起，表明它们属于一个句子，可以连起来阅读。文本之间可以使用箭头和连接线，用来表达它们之间的逻辑关系。表达列表关系时，可以使用一条垂直线，从中画出多个箭头。说实话，在箭头和连接线的使用方面，我已经开发出了一整套密码，其句法结构虽然极为复杂但也极其有效。此外，为了表示某个信息块一直延续到下一页，只需在当前页空白处画一个箭头，或者画一个星号。如果原文中某段文字过于啰嗦，当然可以直接写上更加简洁的文字，或者画一张草图，避免复习时重读多余文字。最后，对于那些“类别”固定的科目，我们可以设计一套标准化色卡。例如，在临床医学中，可以这样安排：红色—症状，橙色—并发症，绿色—诊断，蓝色—疗法，等等。

结果

啰嗦 => 自己写/画草图！

如果养成习惯，以直观方式将文本的逻辑结构体现在纸张上，使之一目了然，那就可以从根本上减少复习所需的时间。我只想说，使用这种方法的时候，我的第二轮学习平均能比第一轮节省75%的时间。（为了解释上述方法，我再次将本段当作例子。不过，由于我无法使用颜色，所以只能用灰色来标注所有信息块。请大家发挥想象，试想上面出现了多个不同颜色和形状的信息块）

5

如何记笔记

现在，让我们来看看第一轮学习中的另一块基石：面授课——全世界学校教育和学术传统的圣杯。不过，下面我们将换一种方式讨论。亲爱的朋友，在本章中，我们会把“面授课”带到被告席上。所有人都知道，近年来，面授课这种模式遭到了猛烈抨击：我们会上演一场完整的法庭辩论，控方律师和辩方律师都会出席。起诉书中提出了“此种技法效率极低”这项罪行。如果罪行属实，那被告就要接受严厉惩罚：禁止进入我们的学习方法。当然，亲爱的读者，在本章的最后，你将亲自担任法官，宣布我们这位被告无罪或有罪。快穿上长袍，让我们开始吧！

5.1 如何决定是否去上面授课？

控方发言

现在发言的是控方律师。他首先提出，在过去五十年中，许多实验证据都严厉质疑了传统的面授课模式，同时支持了更加创新的方法。谈到“立法”的时候，控方律师立即打出了“学习方法基本定理”这张牌(参见序言)。他指出，听老师讲课是一种明显的被动行为，处于学习方法层级的最底层。他说，越来越多的老师的确正在努力，在面授课中引入某些互动元素，但是在大多数情况下，这些尝试既无力又笨拙，且适用范围有限。控方律师继续说，我们所掌握的神经科学证据表明，根据众所周知的认知负荷理论（参见第4.3节），面授课的最大问题是超负荷。面授课不允许回退与回放。学生被迫着急忙慌地实时吸收知识。正如我们所知，信息传递要以工作记忆的处理过程为基础，而工作记忆的特点就是容量极其有限（参见第1.2节）：工作记忆就是瓶颈，它限制流向大脑的信息量。如果老师本人能力出众，思路过快且倾吐信息的速度过高，那么，早在之前信息得到处理之前，新的信息就会来到大脑。此时就会出现短路现象，这就是所谓的“认知过载”：在这种情况下，学生难以抓住老师话语的逻辑脉络，导致沟通效率瞬间降为零。另一方面，如果面授课节奏太慢，学生就会感到无聊，继而失去听课兴趣。在这一点上，面授课与阅读一样，授课人的讲授速度必须能与听众此前已经建立起来的知识结构产生共振，此外还需要假设每一位听众的知识结构相似，但这种情况有时可能并不成立！控方律师指出，可惜的是，在实践中，很少有老师能够拥有如此高超的讲演能力，而这种能力缺失的情形无疑来自一种“原罪”：高等教育师资培训几乎从来都不会涉及具体的教学技术。在绝大多数情况下，在世界各地的中小学乃至大学体系中，教学活动靠的是老师自己的感悟力，面授课到底怎么处理，完全凭老师本人的兴趣和即兴发挥。法官先生们，正是出于上述原因，有证据表明，与其他方法相比（尤其是与个人学习相比），面授课不仅在信息传授方面效果不佳，也很难改变学生行为习惯，不利于批判性思维的发展[43,44]。

辩方发言

辩方对控方提供的证据提出了强烈质疑。辩方指出，也有一些研究（虽然数量较少）支持传统方法，此外还有一些研究指出了替代方法在技能和信息传授方面的不足之处[45]。辩方律师说，不要忘了，“学生的智识成长”这一概念涉及面很广，技能传授只是其中的一小部分。就算面授课效果确实不理想，但课堂本身也能产生一种精神上的回响。如果想要实现这种效果，那就必须参与课堂，与授课老师建立直接关系。有些老师的确无法吸引听众，但也有一些老师，即使他们的教学技巧并不完美，但却能让学生“着迷”，他们发自内心地热爱自己的学科，这种热情会感染学生。不要小看这种对话关系。知识的确重要，但也要考虑人性和精神层面，有时，老师能够点燃学生心中追求知识的圣火，从而改变一个又一个生命未来的命运。辩方律师指出，实验证据表明，对于中低水平的学生而言，面授课的效果胜过个人学习，这种情况绝非巧合。对于优秀学生而言，我们可以假设，他们从一开始就拥有很高的积极性，所以，对他们来说，个人学习的效果更好[46]。在新冠病毒流行期间，我们亲眼见证了这一点：当我们必须改用远程教学的时候，学生与老师之间的对话关系遭到破坏。对于平时表现普通的那些学生而言，老师对他们的积极作用原本更多地体现在人性和激励层面上，而不是体现在知识概念层面上，所以远程教学期间，此类学生受到的负面影响更大。辩方律师感叹道，但这还不是全部。对方律师可能会说，听课属于被动活动，但是，聪明的学生也能将听课变成一项主动活动。在这方面，我方提请诸位法官先生注意两份专家报告，这两份报告能够全面阐释面授课这种实践活动的要义。

5.2 如何听课？

大脑里的辩论会

在第一份专家报告中，我们将讨论与听课有关的几个主要技巧。实验表明，这些技巧能够提升我们的课堂学习效率。首先，谈到课堂上应有的心理态度时，我们在“第4.1节”中提出的阅读时的心理态度依然适用，此外还可以再加上几招。第一招，听老师讲解的时候，请在大脑中针对每一个话题开展一场虚拟讨论。你需要在自己的头脑中对老师说的每一句话进行筛选和批判，将这些话语与你已经知道的同主题内容进行比较，主要关注相似之处和不同之处。这种“唱反调”只是一种练习，并没有要求你必须要同意或否定老师的观点，该项练习的作用是让你在听课过程中的记忆更加牢固[47]。

预备原则

第二招与心理学实验中观察到的一种重要现象有关，学界将这一招称为“预备原则”。实验证据表明，如果听众已有初步了解，即使只是极其肤浅的了解，那也能提升多媒体信息的传递效率。试想，你手下有三个班的学生，你计划向他们展示一段动画，介绍某个机械装置（例如汽车刹车或泵）的运作机制：

- A班是预备班。在开始播放动画之前，你先为他们简要介绍该设备各机械元件的名称和基本特征：齿轮、钳、活塞等。请注意，这段介绍真的只涉及最初级的知识，之后将要展示的动画则是非常详细、非常复杂的。

- B班是复盘班。同样有简介环节，但放在动画播放之后开展。

- 最后是C班。只播放动画，没有简介。

在课程之后的测试中，学生们要展现他们对所学知识的应用能力（知识迁移）。其中一个班的得分大约是另外两个班的两倍。请猜一猜，哪个班这么厉害？没错，是A班。有趣的是，在概念记忆（知识保留）方面，各班之间没有差异。这种情况表明，理解力才是预备环节的主要受益对象[48]。每当我们自主快速预习课程的时候，都能提升自己理解信息的能力，在这个环节中，与目标话题有关的逻辑框架已经"扎入"我们的头脑：老师讲课的时候，我们只需利用细节知识来填补这个框架就可以了。在实践中，只需花一点点工夫，甚至从网上找一段与目标话题有关的视频并观看一刻钟都是可以的。实验已经证明，预备环节没必要追求细致：最低限度的熏陶就足以确保获得非凡效果。

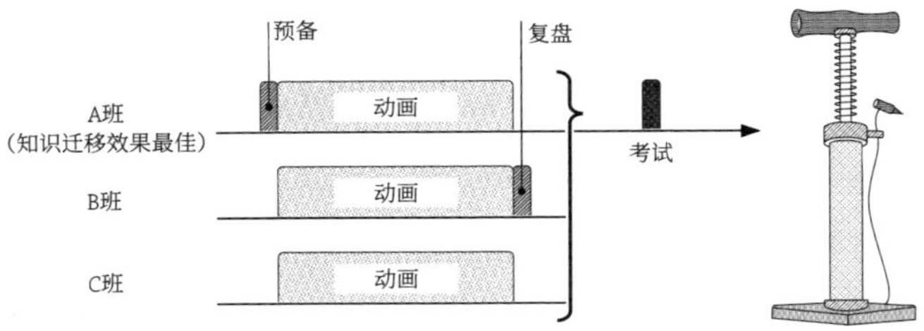

图15　梅耶（Mayer）等人开展的实验（2002年）

一定要做笔记

第三招即最后一招：一有机会就做笔记，即使你确信自己当天晚上就会把这份笔记扔到阁楼里再也不看。再来看一个实验。这一次，你手下有两个班的学生，你给他们各发了一段文字。

◉ 你要求第一个班的学生记笔记。他们需要填写一份预先规划好的表格，该表头已经填好，行列已经划好。学生们的任务是将所有信息填入这个预先编制好的表格里。

◉ 第二个班的学生不用填写，你把全部填满的完美表格直接发给了他们。

在读完这段文字之后（对第一个班的学生而言，在读完并填写完表格之后），你要求所有学生读笔记，然后立刻进行第一次考试，一周后再进行第二次考试。事实上，尽管你发给第二个班的那份表格在信息完整性和准确性方面绝对高于第一个班匆忙填写的那些表格，但是，第一个班的学生在两次考试中都取得了更好的成绩[49]！做笔记时，我们会主动重新加工信息（例如以表格形式重组信息）——通常而言，这是实时记住信息的最佳策略。不过，在采用这种方法的时候，也存在因工作记忆堵塞而导致的认知过载风险。对于不甚了解某话题相关知识的人来说，发生这种风险的可能性更大。此类人未曾在长期记忆中存储过背景知识，无法加以利用，只能临时记忆大量概念，所以会导致其工作记忆饱和。在这种情况下，心理学家推荐了一套神奇公式：上课时，如果“重新加工信息”式的笔记会导致你丢掉老师讲话的逻辑脉络，那你最好还是把主要精力放在听懂上，此时，只要（鹦鹉学舌式地）简要摘抄老师讲话中的词语即可。如果仅仅摘抄词语都会让你丢掉逻辑脉络，那就不要做笔记了，一丝不苟地听课吧。

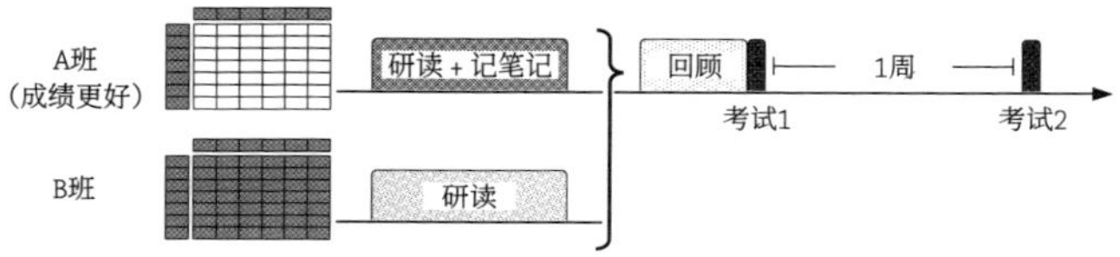

图16　片山（Katayama）和克鲁克斯（Crooks）开展的实验（2003年）

5.3 如何记笔记？

经过加工的笔记

法官先生，我方将继续呈上第二份专家意见，展示面授课时记笔记的最佳做法。之前已经提到过，所有的秘密都在于加工。专家认为，笔记具有双重功能：一方面是记录下信息本身；另一方面则是对信息进行编码，准确地说是对信息进行重新编码，使这些信息对我们的记忆而言更加“易于食用”且更加“美味”。在梳理课堂内容的逻辑结构时，我们使用的方法必须尽可能适宜头脑、符合人体工程学。我们必须根据自己的形象和样式来改造信息，这是神经科学中最普适的原则，甚至可以说这一原则就是最佳学习方法。这种改造就是生成效应，我们将用一整章来讨论它（参见第8章）。在详细介绍生成效应之前，让我们来看看，第二份专家报告还为你准备了哪些业内秘诀。

打印幻灯片

第一招：众所周知，许多教授都有一个习惯，这就是在课堂上“读幻灯片”。说它是通病可能有些言过其实，但它的确是教学活动中的典型烦心事之一。不过，这种现象的确能够帮助我们记笔记。如果你已经知道某位老师喜欢“读幻灯片”，那就狡猾点：上课时带上打印好的幻灯片（即使是上一届留下来的！）。这样，记笔记的时候，你只需要添加额外信息，也就是老师在“读”幻灯片时额外补充（希望他的确会补充！）的那些信息。对于定量科目而言，这种方法的效果尤为明显，它可以省去我们在匆忙抄写公式和证明过程时遇到的麻烦，避免算式之间出现“基因突变”。

隔页记笔记

第二招也广为人知，即隔页笔记法[47]。例如，我们可以只在笔记本右页上记笔记，把左页留出来，专门用于总结右页内容的逻辑结构。一方面，我们可以把这种总结当成练习，迫使自己以原创方式重新加工需要学习的信息，提升生成效应，由此强化记忆效果。另一方面，在之后的课程中，可能会提到属于之前话题的某些细节，可以把它们记在左页留白处。

使用颜色

混乱是笔记的大敌。对此，最佳对策之一就是第三招：颜色。研究表明，使用颜色可以提升材料在记忆中的植根深度[50]。此外，暖色调能够对情绪产生积极的影响，降低我们对笔记本或书本的“敌意”，使我们更愿意接近它，甚至能够提升我们的注意力。所以，让我们无所顾忌地大量使用颜色吧，在书本中填满各种意想不到的颜色！此前针对下划线的所有建议（参见第4.5节）都适用于此处，包括建立一种固定的颜色使用标准。例如，在数学科目中，我习惯于使用下列代码：橙色代表需要熟记的公式，天蓝色代表相关证明过程，正蓝色代表命题，黑色代表理论推导，紫色代表定理的实际应用，绿色代表有代表性的习题，等等。请牢记这一点：也许我们没有足够的空间、无法用箭头来明确表示所有逻辑关系，但至少可以用漂亮的彩色笔来让一切变得更加明显。

画草图

第四招：让我们尽可能多地画图吧！研究表明，图像与文本组合是记忆信息的最佳方式：后面我们会详细讨论这个问题（参见第8.3节）。在这里，我只想说，那些匆忙画出来的，似乎没有任何存在价值的，缀满古怪小符号、微型箭头和有小字穿插其间的草图，其实是我们这套学习方法的坚定基石。

预算

第五招即最后一招：不但要判断哪些信息值得记录，更要判断哪些信息是无关紧要的、可以丢弃的。逐字逐句记下授课内容，这种做法乍看似乎是可取的，但却不一定是首选。心理学研究表明，最优秀的学生拥有一种不可思议的能力，他们能够根据笔记用途正确选择其详细程度。当然，这不是一种常见的能力：普通学生筛选重要信息的能力低得出奇。研究表明，在老师认定的重要信息中，只有15%，至多20%能被学生记下来[51]。有意识地锻炼这一技能至关重要，这是因为，过度关注细枝末节时，学生会更难理解课程内容。高效学习者还有另一个特点：过剩学习。也就是说，他们对课程的掌握程度略高于必要水平[52]，此时，他们记住的信息比“应该知道的”略多。这样，在面对评审委员会时或遇到其他令人焦虑的情况时，就算是因为惊慌失措或环境干扰而忘掉某些信息，他们也总有备胎可用。这种情况一点都不奇怪，过剩学习与信息迁移效率密切相关！

我的方法

你一定会问：这么多招数，到哪里去找时间实施？教授滔滔不绝，时间飞逝而过，而我们则要记录、加工、画草图、制作结构图、涂色以及添加必要细节，这怎么可能呀？显然，我们需要用某种技巧来武装自己，学会用更少的符号来记录同样多的信息。你会问：所以我们必须学习速记？尽管速记的确也是解决方案之一，但该方案有一个严重的缺陷，即它会严重降低文本的可读性。我采用了另一套思路。从学习之初，我就一直在开发、测试并验证属于我自己的一套代码。这套代码的目的恰恰是加快记笔记的速度，在大幅减少（有时甚至能够减少90%）记录量的同时确保笔记易读，甚至令笔记内容

> 更加清晰明显。我最早的一套代码是在初中一年级时设计的，当时只是为了在日程表里记录下当日作业内容。多年来，我一直在开发这套代码，其语法结构完全以语言本身的逻辑结构为基础。设计代码时还要考虑另一个要点：构成代码的那些符号应当以少量规则推导为基础，无需亦步亦趋地学习，只要坚持使用，很快就能记住。规则记住之后，其余部分只是推论。所以，代码的确是一项非凡的武器。

总结

法庭辩论结束。双方律师提出了各自的观点，专家报告也已提交至法庭。现在，亲爱的法官，请你来判断自己到底会以多大的百分比来支持面授课。当然，有时候选择权并不在你手中，因为某些课是要考勤的。无论如何，你已经拥有了各项理论和实践工具，有能力评估面授课是否符合你自己的要求，是否有必要选择其他教学方式。在评估过程中，你可以考虑各个科目的特点以及你对老师本人的智识依赖。听证会休庭，现在，与第一轮学习有关的探讨正式结束。

6

■

神经科学：提取失败

我们即将进入学习方法的核心部分，走入第一轮学习之后每一轮的领土。在这两章中（第6章关于理论，第7章关于实践），我们将探讨一下提取失败这一问题。对于考试而言，它是悬在头顶上方的最为可怕的达摩克利斯之剑，同时也是……一种令人极为着迷的现象，从中可以深刻认识到人类境遇的本质。提取这个概念很容易搞懂：它其实是指记忆的使用，也就是说，有意识地获取存储在我们大脑中的信息。我们为什么如此关心记忆的提取？多项证据表明，当我们记不住某件事的时候，许多情况下并不是因为我们的记忆能力不足。这些数据已经成功存储在我们的硬盘中，但是，我们大脑的“操作系统”没有办法提取它们。写入功能运行完善，但读取功能却发生了灾难性故障。这种现象可恶至极、令人沮丧，它是我们遗忘事故的大部分原因，所以，我们必须去调查其神经科学根源，以便紧急备战（在下一章中），以期一劳永逸地打败这个死敌。亲爱的读者，请准备好，在这一章中，我将带你去发现我们记忆中最耐人寻味、深藏不露的几个特点。

6.1 病理情况下的提取失败

怀尔德·潘菲尔德

我们对记忆科学的大部分信息都来自于麦吉尔大学蒙

特利尔神经医学中心暨医院。正是在那里，布伦达·米尔纳(Brenda Milner)探明了H.M.这位患者的情况(参见第1.3节中的讨论)。该神经医学中心成立于1934年。该中心成立后，在最初二十多年里，一直由神经科学界的传奇人物、神经外科医生怀尔德·潘菲尔德(Wilder Penfield)指导。怀尔德·潘菲尔德是非凡的先驱，他开创了多项创新，如术中大脑电刺激——这种方法至今仍在使用。不过呢，为了向你介绍记忆提取，我必须首先给你讲一点神经外科小知识。

重要神经功能区

对大脑进行手术时，必须极其谨慎，因为此处的神经组织极为脆弱。试想，即使是分开脑回、做出脑沟这样的简单操作，也会导致相关结构承受无法逆转的创伤，所以，在考虑如何触及手术部位时(无论是肿瘤、动脉瘤抑或其他)，我们必须极其谨慎地决定将采用何种路线。对神经外科医生来说，选择时必须考虑该神经功能区的重要性。大脑中某些区域对患者生活而言至关重要，是移动肢体、说话等日常活动所必需的，甚至是活命的基础。外科医生不能碰触重要程度较高的结构，否则可能导致患者失去人类特质。问题是：神经外科医生如何知道他面前的那部分大脑是否“重要”？潘菲尔德提出了一个用途广泛的解决方案：在手术过程中，露出患者的大脑皮质之后，只需要对相关区域进行电刺激，使其正常功能暂停几秒钟，并观看这种失能对患者的“直接”影响就可以了。一个小细节：此时患者必须是清醒的！你可能知道，我们的大脑完全无法感受到疼痛（没有痛觉感受器）：所以，打开颅骨骨窗，露出大脑之后，就可以让患者从全身麻醉中苏醒，此时他不会感到任何疼痛。例如，如果外科医生想知道他面前的那块大脑皮质区域是否与语言能力密切相关，那么，他可以用电极刺激该区域，并现场检查患者是否会在几秒钟里失去说话的能力：如果患者果真失语，那外科医生就不得不选择其他途径。同样的操作方式适用于任何认知技能，从演奏乐器的能力到数学逻辑思维。使用这种方法的时候，人们发现，刺激大脑特定区域的行为会产生特定的结果：刺激运动区域时，患者会出现轻微的肌肉收缩；刺激体感区域（触觉）时，患者会感到刺痛；刺激听觉区域时，患者会听到嗡嗡的声音；刺激视觉区域时，患者会感觉到闪光；等等。

刺激引发的回忆

现在我们就要讲到最令人震惊的事了：当神经外科医生刺激海马区，即记忆巩固功能的执行地点（参见第1.3节）时发生的事——虽然这种情况只发生在5%的患者身上。刺激该区域时，患者产生了某种感觉，似乎在重温过去某些（所谓的）记忆，这种重温非常细致且极为生动，就像电影一样。例如，一位患者报告说，他似乎回到了自己小时候生活过的那座城镇——印第安纳州的南本德，而且他身处雅各布街和华盛顿街的交叉口处，还听到了他年轻时流行的“那部热门音乐剧《红男绿女》（*Guys and Dolls*）中的歌曲”[53]。此类意想不到的结果令整个科学界瞠目结舌。与此同时，我们也不能忽视此类结果的局限性，如回忆现象只会在少数受试者身上发生，而且，在所有发生此类情形的病例中，受试者大脑都存在神经外科病变。此外还存在一个更大的问题，即回忆的可靠性，这是极难验证的：我们的患者是否曾在年轻时在雅各布街和华盛顿街的交叉口处听到了《红男绿女》的音乐？很难说……此外，还有另一件令人惊讶的事：就算这些回忆的确记录在大脑里，但患者在受刺激之前却是无法提取这些内容的。

超忆症

另一方面，生动鲜活、有如真实经历的回忆可能自发出现在许多病症中，如颞叶癫痫、抑郁症、各种情绪障碍、精神性先兆、偏执，以及各种意识改变状态中。此类回忆由病症诱发，与幻觉记忆有相似之处。在极端情况下，它甚至会发展成名副其实的超忆症，也就是说，患者在重温过往事件时，其细致程度远远超过我们通常记忆所能达到的水平。在这些病例中，想要验证回忆是否可靠、想要确认它们是真的回忆还是编造的，也绝非易事[54]。尽管存在疑问，但如今的神经学依然认为，病理性超忆症中至少有一部分回忆是真实存在的。此外，所有权威临床教科书都把超忆症列为上述疾病的可能症状[55]。此处我们不想涉及弗洛伊德所说的潜抑（repression / Verdrängung）：该领域太过复杂，目前尚难获得明确、严格的科学证据。此外，即使潜抑机制的确存在，它似乎也只关涉极少数创伤性记忆。总之，亲爱的朋友，我不知道你是怎么想，但我个人认为，我们的大脑拥有一个潜力惊人的信息库，所有信息都已被正确存储，但埋藏较深，无法由我们自主使用。当出现适当的触发因素时，这些信息就可以被释放出来。上述证据非同寻常，它们表明，我们目前对自己的了解还远远不够。这就又说回了本书开篇时的那句箴言："γνῶθι σεαυτόν"，认识你自己。

6.2 从生理学角度看提取失败

健康主体的记忆恢复

在以上段落中，我们看到，深埋的记忆可能因神经系统疾病而被唤醒。不过，令人惊讶的是，健康个体身上也经常发生类似现象——只不过规模较小。此时可能出现三种类型的现象。让我们从第一种类型开始。在你身上是否发生过这样的情况：在考试或者课堂练习的时候，你突然忘记了某条信息，可过了几个小时或者几天之后，这条信息又自己“回来了”？所有人都遇到过这样的情形，它非常正常，对于我们的学习方法而言根本就不是什么问题……设想以下这个实验。找一组人，递给他们一份材料，让他们记住它。时间结束时，你让他们接受多次测试，每一次测试的内容都一样，没有时间限制，两次测试之间没有任何其他活动。理论上，每次测试的分数会大致保持不变，但事实上，你发现个别问题的答案有出入。在最初几次测试中，某些信息被受试者忘记了，但之后这些信息又会突如其来地“回来”：这就是记忆恢复。反方向也成立。在最初几次测试中，受试者还记得某些信息，但之后这些信息会随机地“从脑海中消失”：这就是记忆消亡[56]。就是这样：完美的记忆提取并不存在！让我们继续往下看。

舌尖现象

来看第二类现象。试想，你想用一个不常用的词：你知道它，但就在即将使用的那一刻，你却突然想不起来了。那种感觉可真难熬，你差一点就能抓住正在想的那个词了。也许你能想起来那个词，但却想不起它的确切含义，或者知道它的确切含义但却想不起来它怎么说。你觉得自己离那个词好近，但却束手无策，它还逍遥自在地藏在你的大脑里。在心理学上，这种令人抓狂地寻找缺失词汇的现象有一个相当大众的名字：舌尖现象（TOT）。大家都知道，往往过几个小时或过几天之后，这个词就会像变魔术一样自动解锁，不费吹灰之力就能想起来了。很长一段时间以来，心理学家一直在研究舌尖现象：大多数时候，心理学家会找来一群志愿者，给后者一个大列表，上面写满了不常见的词及其定义，之后，这些志愿者会接受测试，让他们说出那些词语。在这个过程中，所有参与者迟早都会发生舌尖现象。通过这些实验，我们知道舌尖现象与生理有关，会随着年龄的增长而变得更加频繁，它的出现也与特定单词的罕见水平有关。如果遗忘范围扩大至常见词，那就变成了忘名症，这是阿尔茨海默病等神经系统疾病的非特异性症状[57]。

催眠诱发的超忆症

最后，第三类现象是催眠在健康主体身上引发的超忆症。数十年来的证据表明，在催眠以及各类心理治疗过程中，患者能够重新提取此前无法触及的某些记忆。这种现象的背后是否存在某种特定机制？抑或它的原因很简单，只是因为治疗过程中发生过密集且连续的提取行为？目前我们还无法回答这些问题[58]。

总结

概括一下。在过去两节中，我们提供了许多证据，这些证据都与一个问题有关：我们的大脑中存储了许多信息，其中只有一部分能够被有意识地利用。一段记忆的“可用性”（是否存在于大脑中）与它的“可及性”（能否被提取）是两个概念。此时更为紧迫的问题是：是否有办法限制大脑这种生理缺陷所带来的影响？很幸运，答案是肯定的。我们将看到，一段记忆的可及性明显受到三个重要因素的影响：线索、处境和提取练习。在之后几节中，我们将挥舞这三件强大武器，彻底击败那位可恶对手——提取失败。

6.3 线索的重要性

什么是线索？

线索来自英语单词cues，这个词很难翻译，它的含义是线索、提示、建议、刺激，但在我看来，最合适、绝非字面含义的翻译是“搜索关键词”。还记得在网络搜索引擎中键入某个词时的情景吗？类似的过程也发生在大脑中：可以通过合适的关键词、合适的线索来检索信息。我们的记忆极其依赖线索。你不相信？请设想以下这个实验。找一组志愿者，给他们听一段录音，录音中高声朗读了24对单词，每一对单词都属于某个语义类别。但是，朗读时并没有把这个类别明确告知受试者，只是告诉他们这些词是两两成对的。在选择这两个词的时候，也不会把这一点体现得太过明显。例如：

- （四足动物）牛、老鼠。
- （武器）炸弹、大炮。
- （罪行）谋杀、盗窃。
- （娱乐形式）广播、音乐。
- （香料）肉桂、胡椒。
- （职业）工程师、律师。

听完这段录音之后，继续进行“自由回忆测试”，也就是说，受试者需要在2分钟时间里在一张纸上尽可能多地写下他们记住的单词：他们平均能想起48个单词中的19个。第一次测试结束之后，递给他们一份名单，上面有全部单词的24个类别，之后再次测试，这一次是“线索回忆测试”：他们能想起48个单词中的32个。为了验证这一结果，又找来第二组人再次实验，但直接进行线索回忆测试：他们平均能想起48个单词中的36个（与上述32个非常接近）。请注意：尽管测试过程中从来没有要求回忆类别，而只要求记住单词，但自由回忆与线索回忆之间的效果还是差了数个光年！此次实验发生于1966年（此处介绍时已经大幅简化），是心理学历史上的一个里程碑，它证明了线索对我们记忆效果的巨大影响，尤其是记忆多个单词的时候[59]。

线索过多

之后的调查证实，记忆提取的工作原理与计算机数据库的查询非常相似[60]：首先，大脑来到与线索相对应的那个“节点”上，激发其记忆痕迹；然后，从这一个记忆痕迹出发，尝试激发其他所有连接，并将其调用至意识中（参见第1.4节）。与某一线索相关的元素数量越多，这些元素就越难提取，原因在于“激发作用”被分配到了更多元素上，从而被稀释了。尤其是外向连接较多的情形，此时各连接激发作用水平可能不足，于是导致提取失败。最令人震惊的是，就算是元素数量极低，也可能出现提取水平降低的情形。例如，2个元素与1条线索相关联时（2:1）的记忆水平显著高于3个元素与1条线索关联时（3:1），可能是因为在前例中总体激发作用被除以2，而在后例中则被除以3。

倒摄干扰

这种现象可能会对我们的学习方法产生多种有害影响。试想，我们正在学习一门初级地理课——关于欧洲各国的情况。课程中，我们学到，欧洲最重要的河流有：

线索："欧洲的河流"	多瑙河、莱茵河、卢瓦尔河（3:1）

我们会在头脑中写入"欧洲的河流"这条线索，并将其与3个元素相关联（3:1），当然，我们不费吹灰之力就能记住它们。进入更高等级的课程时，我们会学到泰晤士河（4:1）；之后又学到了易北河（5:1）；后来又出现了维斯瓦河、塔古斯河、萨瓦河、蒂萨河、埃布罗河、默兹河等。在某个节点上，元素/线索比过高，在某一时刻，我们不但忘记了默兹河，甚至连多瑙河也遗失了：请注意，比例只有3:1的时候我们还记得多瑙河，但是比例达到11:1的时候我们可能就记不住它了。

线索："欧洲的河流"	多瑙河、莱茵河、卢瓦尔河、泰晤士河、易北河、维斯瓦河、塔古斯河、萨瓦河、蒂萨河、埃布罗河、默兹河（11:1）

学习新元素时，我们可能会遗忘最初已经有效记住的那些元素，这是因为，当在"欧洲的河流"这个线索中填入

多个元素时，我们干扰了这些元素的提取，于是这个线索本身也失效了。我们把这种令人担忧的现象称为“倒摄干扰”。许多心理学家认为，倒摄干扰是提取失败的主要机制。在这种干扰的影响下，我们会忘记已经学过的信息。那么我们要问：能否避免此类灾难？当然可以。从一开始，我们就要按照更加系统、更有发展前景的方式来规划信息，如按照国家来为河流分类。所以，当我们需要列出河流时，可以在头脑中分两步“扫描”记忆：首先，查询“欧洲国家”；然后，查询每个国家的主要河流。这种方法能够避免11:1这种极为失衡的元素/线索比。此外，这种方法的存储容量更大，所以，如果之后我们决定进入高阶学习，那也能在头脑数据库中继续增加新的河流名称。

线索：“欧洲的国家”	德国、英国、法国、意大利、西班牙、波兰……
➥ 线索：“德国的河流”	多瑙河、莱茵河、易北河（3:1）
➥ 线索：“英国的河流”	泰晤士河（1:1）
➥ 线索：“法国的河流”	卢瓦尔河、默兹河（2:1）
➥ 线索：“西班牙的河流”	塔古斯河、埃布罗河（2:1）
➥ 线索：“波兰的河流”	维斯瓦河（1:1）
……	……

顺摄干扰

完整起见，我们必须指出，倒摄干扰并非唯一一种干扰。除此之外还有“顺摄干扰”。如果与某个线索相关联的元素会随着时间的推进而发生变化，那么就会出现顺摄干扰。例如，谁是西班牙现任政府首脑？有时，我们能记起来前任首相的名字，但却很难“更新”这条信息，虽然前任首相已经卸任，但他的名字依然占据着“西班牙政府首脑”这条线索。不过，对本书所谈论的学习而言，顺摄干扰引发的问题远不及倒摄干扰。上述故事告诉我们：无论是在组织规划需要存储的信息时，还是在提取信息的那一刻，都必须尤为关注线索，管理线索的能力可以帮助我们化腐朽为神奇。

6.4 处境的重要性

外部处境

我们所处的环境，无论是室内还是户外都在不断向我们抛出大量提示。所以，如果我们当下所处的环境恰恰就是记忆存储发生地，那么我们就能获得最佳提取效率。举个经典例子：试着列出你小学同学的名字。想不出来几个？你会惊奇地发现，如果你回到学校，看到人生那个特定阶段的诸多线索，立刻就会有许多名字浮现出来。外部环境与记忆之间的这种无意识关联能够对我们的提取效率产生重大的影响。试想，让一群潜水员在水下学习一串单词：你会发现，如果在水下向他们提问，那他们记得会比在地面上提问时更好；相反，如果让这群潜水员在地面上学习这串单词，那他们记得更好的地方也恰恰是地面（相对于水下提问）[61]。或者，一个班的学生在特定房间里学习一份材料，之后，如果让他们在同一个房间（或者看起来相似的房间）里考试，那么他们会获得更高的分数[62]。难以置信，不是吗？

假装的外部处境

如果你已经拿起电话，准备订购一大套家具来复制考试时的教室，请先等等，我要告诉你一个好消息。研究显示，即使只是“假装”身处最初学习某种材料所在的房间，也能获得提升提取效率的效果[63]。只要利用想象力回忆某个地方就够了。此时，我们的海马体会创造出一份认知地图，该地图与我们实际身处那个地点时产生的那一份一模一样。心理导航能够令那些环境线索浮现出来，帮助我们提取该环境中所学过的信息。

内部处境

如果这些研究结果已经令你感到震惊，那么请坐好。一些心理学家认为，“内部处境”也能发挥类似的提取增强作用。例如，在快乐心态下获得的记忆，快乐时更容易提取；悲伤、愤怒等任何情绪也是如此。有些学者认为，使用大麻和酒精等物质并发生精神异化时也会出现这种现象[5]。所以，使用大麻时学到的信息，在再次使用时能回忆得更加清晰，反之亦然。

策略A

关键在于，要注意到我们周围的环境与我们在该环境中学到的信息其实是完全连为一体的！由此可见，在合理选择学习环境时，我们可以采用两种方式。第一种是充分利用信息和处境之间的联系，在学习环境中尽可能再现与考试相似的环境，即所谓的“模拟考试场景”。如果可能的话，可以在下课之后在学校中类似于考试的教室里学习并出声复述所学内容；或者可以与2到3个朋友结成学习小组，一起组织模拟口试（要打分！），以模拟考试时的心理高压处境。

策略B

或者，我们可以多次改变学习地点，尽量减少所学内容与处境之间的联系。我认为，这种方法更有意义。这是因为，我们的学习不能仅仅以通过考试为目的，在现实生活中，我们需要在各种条件下提取记忆中的内容。最后，我要向一位大学同学致以崇高的敬意。出于上述原因，他每天都会有计划地改变学习地点，我经常看到他像哲学家似的盘腿坐在草地上，书放在膝盖上，有时在公园，有时在圣安娜门前那片著名的草坪上。

6.5 提取练习的重要性

提取练习

让我们来做本章最后一个思维实验。给你2个半小时，要求你学习一份半小时就能读完的笔记。读完第一遍之后，你还有2个小时。此时你必须做出选择：再读4次，直到时间耗尽；或者，再读几次之后，停止阅读，开始出声复述内容，自问自答，有疑问时再去查看文本内容。简单地说，你需要做出选择：在剩下的时间里，将“百分之多少”用于出声复述，当然，复述的时间越多，再次阅读的次数就越少。你可能会想，哪种策略更好？其实，你已经知道答案了。

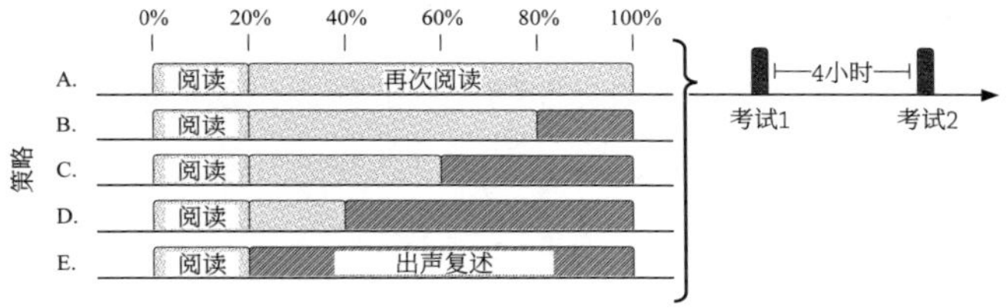

图17　由盖茨（Gates）开展的实验，1917年（第一部分）

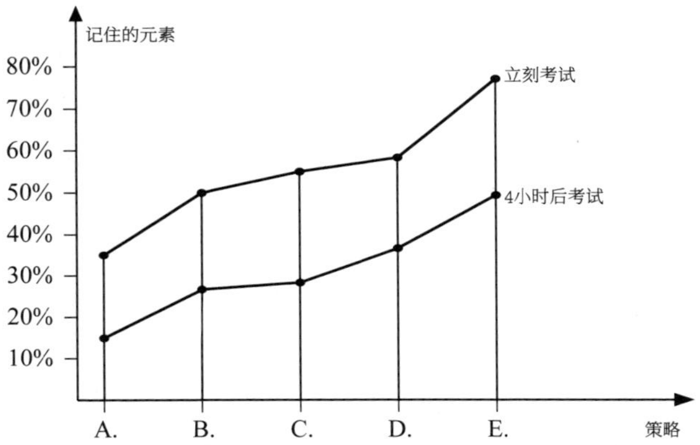

图18　由盖茨开展的实验，1917年（第二部分）

实验得出的曲线令人震惊：出声复述绝对是最佳方案，那些将全部时间用于出声复述的人所记住的信息是将全部时间用于再次阅读的人的2倍以上；无论是学习之后立刻考试还是等4个小时再考试，这个翻倍效果都成立[64]。是的，你没看错，效果翻倍！该实验历史悠久，来自1917年。它无可争议地证明了提取练习的重要性：在自问自答上投入时间的学生并不是在强化数据存储；相反，他是在训练从记忆硬盘中提取此前存储的数据的能力，这种能力——在本章中我们已经看到——无法自动获得。

加工型复述

除此以外还有别的好处：出声复述为我们提供了一个绝佳机会，允许我们积极加工并消化信息。此前我们已经讨论过关联性记忆范式（参见第1.4节），从中可知，在分析与关联所学内容方面越成功，对这些内容的提取也就越容易。这是因为，我们在已经掌握的线索与需要学习的元素之间建立起来的逻辑路径数量更多。自问自答这种回顾方式能够建立新关联：它迫使我们去关注那些原本可能被错过的相似点或差异点，观察我们原有理解中的内部矛盾，创造跨学科类比，等等。对我们来说，每一条关联都是一道额外保险，能够保护我们免受提取失败的威胁。心理学家将上面这种以“对话式”出声复述所学内容的方法称为加工型复述。如果采用这种方法，那信息在重新编码时就能自然而然地获得更多连接，于是也更加容易提取。

总结

亲爱的读者，这一章的内容可不简单，我希望你不会觉得它难以消化：本章的主要用意是让你充分意识到记忆的存储（“可用性”的实现）与意识对记忆的调用（“可及性”的实现）具有完全不同的目的。调用记忆的最佳方式就是加工型复述。每当我们懒洋洋地选择再读一遍，而不是一边加工一边复述的时候，我们就是在故意放弃将该文件存入硬盘可访问部分的黄金机会！那么，现在请你走入下一章，我们将介绍如何根据神圣法则践行出声复述。武器已经准备就绪，现在，我们将向可怕的提取失败宣战。

7

■

如何出声复述

如果要用一句话来总结上一章的内容，那就是：单单把信息从书上转录到头脑里是不够的，我们必须锻炼自己提取该信息的能力，而这样做最有效且最普适的方法之一就是加工型复述，即通过出声复述来积极加工所学内容，使其成为我们自己的东西。在这一章中，我们将去看看复述时应当遵循的实践准则，以便彻底击败我们的大敌——提取失败。如果你想知道散度定理、爱因斯坦的祖母和傻大猫与我们的学习方法有什么关系，那请坐好吧：这将会是激动人心的一章！

7.1 如何出声复述？

规程

让我们切入正题，看看出声复述到底包括哪些步骤。在开始第二轮学习的那一天，我们准备好学习材料，开始以下循环：

1. 快速浏览其中一节材料。在最初几轮复习里，必须这样快速重读；之后，当我们已经看过两三遍、掌握了大部分信息之后，就可以跳过这一步，直接进行下一步，即心理学家所说的“自由回忆”。

2. 出声复述刚刚读过的全部内容，如前所述，我们必须用自己的语言来表达，把这段内容与此前所学连接起来，重点关注其中的新关系、异同、跨学科联系。

3. 再次快速重读这一部分材料，检查刚才的阐述是否忠实，包括每一个细节。如果阐述不完整或质量不高，那就再来一次。

整套学习材料分成多节，每节都遵循这一循环，直到完成，这就是第二轮学习。然后再进行第三轮、第四轮，等等。在每一个循环中，我们把自己当作一张胶片，曝光对象就是那几页书，曝光之后，我们要“在记忆中”重建那些概念，这个重建的过程需要通过我们自己的视角重新阐释而成，就像是梵高通过想象将夜空变成《星空》似的。高效的学生经常会自发使用这种方法，科学文献也曾多次描述并肯定这种方法，产生了许多变种并起了许多名称。

第三个R

其中一个名字就是3R法（阅读、回忆/复述、复习），它是著名SQ3R阅读法（参见4.4节）的精简版[65]。你可能会说：“我不同意！介绍基本定理（参见序言）时，我们已经学过，被动重读材料的效用很低，甚至完全没有用。”所以，复习真的合理吗？其实，复习与简单的重读之间有很大的区别。它的作用是反馈，目的是让我们注意到尚未完全记住的那些特定信息，或者说，发现我们对该主题的错误理解。所以，它是重新记忆，如外科手术般精准针对不小心丢失的某一小块信息。啊，明白了！这样就说得通了。

每隔多长时间停下来一次

现在，让我们快速总结一下出声复述时应当注意的几个关键点。第一点：应该每隔多少页复述一次。尽管很难给出普适指示，但是，设计出3R法和其他类似方法的那些心理学家认为，我们不应该一章一章地复习，而应该把书分成更短的小节[66]。

在我看来，最佳标准非常简单：当我们感觉已经很难将工作记忆中的所有信息整合到一起的时候，当我们觉得已经无法存入其他信息的时候，那就停下来；简而言之，一个小节就是我们能够一口气吞下且能在头脑中复述出所有细节的那个最大片段。这个长度取决于我们的初始水平：我们对该主题的掌握程度越高，必须保留在工作记忆中的新信息就越少，吞下去的这一“口”也就越大。因此，在第二轮学习中，每个片段往往会很短，如2至3页，在之后的几轮中，每个片段会越来越长。的确有道理，你觉得呢？

学习多少轮

第二点：总共学习多少轮。尽管该数字会因材料难度不同而发生很大的变化，但我们还是可以试着制定出几条普适规则。

首先，绝对不要少于三轮：至少也要保证一遍阅读以及两遍出声复述。如果我们当下考试的范围相当广，同一天要考察多个科目，那么，近因效应（参见第1.2节）就完全失效了。此时，无论我们是否愿意，都必须在长期记忆中储存所有细节，包括最恼人、最枯燥的那些。这也意味着，必须多学习几轮。最后，与文字论述类科目相比，满是复杂数学问题的科目需要的学习轮数更多，只有这样我们才能意识到眼前那些抽象公式的所有微小内涵，如鹦鹉学舌般记住傅里叶变换或拉普拉斯变换公式是一回事，完全理解其核心含义、体验到数学的力量、欣赏完美公式的宇宙之美，则是另一回事。

复习的顺序

第三点：复习学习材料时可以随意改变顺序。如果某天我们感到动力十足，特别渴望去复习某个话题，那为什么不呢？但你也不要误会我的意思，千万别哪个容易选哪个……无论如何，必须避免犯懒！

7.2 在哪里出声复述？

语音语调

说完了“如何”，让我们来说“哪里”。房间的选择直接决定了我们的“呼喊声”有多大。经典环境是自己的卧室，以平和的语气复述，或者晚间低声复述。我向你坦白，在最努力的那些日子里，在大考之前，我甚至能够连着复述20个小时：是的，我是个疯子。另一个环境就不那么常见了：找一个隔音效果好的房间，“高声”重复，就像是在座无虚席的听众面前讲课一样。就我个人而言，我非常喜欢这种方法：我发现，高声复述时，自我肯定的心理作用也会更加强大，所以那些概念能够更加生动地刻入我的记忆。此外还有另一个极端环境。我还记得我的一个好朋友，她也是一个成绩优秀的好学生。那时，她经常在图书馆里复述，声音低到就连邻座的学生都听不见。

走动

在复述过程中是否走动取决于个人偏好，当然，我本人非常倾向于走动。学生的生活本来已经是坐得过多，所以，任何走动机会都应受到热烈的欢迎。此外，适度运动有助于保持身体处于激活（唤醒）状态，使大脑活动更加活跃，从而提高我们的记忆力（参见第21章）。在复述某个话题的时候，如果你想保持较高的认知参与度，那没有什么比在房间里来回走动更好的了。亲爱的朋友，我知道，在旁人看来，我们可能像是又疯又傻，但没必要去听别人的评价。此外，我还想说，180度调头通常特别容易让人分心，所以我建议你，如果有可能的话，最好多走几个房间（例如卧室和卫生间），尽量走遍整个可用区域。如果房间足够大，那最好转圈，此时要注意定期换个方向，避免一侧踝关节拉伤。

对大学的呼吁

最后，我要向所有大学发出由衷呼吁。一方面，大学里已经为学生们提供了自习室，在我看来，为学生们提供出声复述的场所也是非常有用的。出声复述是最有效的记忆方法，完胜阅读，关于这一点，科学界已经给出了确凿证据。另一方面，在大学所在的城市里，如果想要为这项活动找到一个合适的场所，那可真不是一件容易的事。不可否认的是，社会对出声复述这种行为仍持有某种偏见，或者，至少人们认为这是一种古怪、奇葩的行为。不是所有的学生都有这样的“厚脸皮”：就算是别人能听见，那我也要继续出声复述！许多人可能会因为害羞而放弃这种方法。如果大学能设立专门的场所，如为出声复述设置隔音室，那不仅会方便成千上万的学生，让他们接触到这种有据可依的学习方法，同时也能帮助公众以正常的目光看待这种行为。看上去是小事，但在社会层面上却是一次伟大的文化胜利。

我的方法

现在轮到我站出来了。我会告诉你一个秘密，那是我学生时代使用过的方法。我之所以给你讲这个故事，是因为那是这个世界上我最珍视的地方，我曾在那里度过了多到难以想象的时光，学到了多到难以计数的知识。我一直热衷于在夜间学习，这一点我之后还会提到（参见第19至20章）。此外我也喜欢出声复述。这两种习惯于大学宿舍来说难以调和——当时我住在心爱的比萨圣安娜高等学校法多宿舍。幸运的是，宿舍地下室里有好多个房间，包括我最喜欢的大会议厅。那里堪称学生的天堂，拥有一个大学生能够想象的所有奢华配备：带投影仪的超大屏幕、就算是《007》中的反派也会羡慕的长桌、五块黑板，以及我最喜欢的要素——安静。我很快就发现，凌晨1点以后，大会议室几乎总是空着的：我也不知道为什么。除此以外，这个房间拥有完美的隔音效果，无论你在里面如何尽情喊叫，都不会干扰到法多宿舍的其他人。对于在下这个夜猫子来说，这个大会议室就是我的最佳伴侣。既然这样，那就只剩一件事了：改变我的昼夜节律，在凌晨1点“早起”（有时正好相反，我会在下午4点起床，以便在早上8点入睡）。当然，对我来说，这样做一点问题都没有。长话短说，2014年至2020年期间，每当考试期来临，如果你于凌晨1点造访法多宿舍，那么你很可能会看到一个发了狂的疯子穿上衬衫离开卧室。他腋下夹着一包书，向地下一层走去，直奔那个设施齐全的房间——大会议室。之后这个疯子会拉上所有帘子，消除任何外部干扰，慢慢地退步走，围着坐在厅里小沙发上的隐身“听众”（并不存在）绕大圈。他出声复述着各种主题的内容——据他说，他是为了说服自己：第一天是普通病理学，第二天是植物分子生理学，之后是模拟电子学。那里的确有他能想到的一切，首先是如修道院般没有任何可以分心的事。必要时，五块黑板能够提供强力支持，如在上面记录难懂的词，或者准备工程学考试时可以在上面写算式。2至3个小时之后，我们这位疯子会回到自己的卧室，做一次营养补充，然后再次出发！又是2至3个小时的大声自我解释，直到黎明破晓，吃“早餐”的时间到了。然后呢，这个疯子会安静地回

> 到自己的卧室。如果是上课时间，那他就会去上课，否则就会在自己的卧室里继续复述。复述很多小时。亲爱的读者，你没有这样的经历，所以你甚至无法想象那个天堂般的房间在我的教育经历中有多重要。最后，我能做的只能是敦促你，去寻找这样的地方，在那里心无旁骛地复述，无需考虑任何音量限制。即使这意味着必须选择最荒唐的时间！相信我，即使那样也是值得的。

7.3 应当使用何种语言复述？

结构和语言

出声复述时，我们应当采用对话方式。我们是在和自己对话！理想情况下，复述就像是在连续提问，自问自答。无论是提问还是回答的时候，我们都要试着给出一些原创推论与跨学科关联：这样做能够对考试和现实生活带来许多帮助！如果是历史类学科，那最好采用叙述方式讲述事实，此时应当把自己当成电影编剧；试着去体验，想象一下这些事就发生在我们眼前，而我们自己就是新闻事件报道者。至于复述时的语言，建议完全使用专业术语，当然也别太过分！

费曼学习法

学习那些错综复杂的概念时，我们必须确保自己已经透彻掌握，必要时甚至能用最简单的语言来表达它们。我心目中的英雄、对我科学生涯影响最大的人之一就是1965年诺贝尔物理学奖得主理查德·费曼（Richard Feynman），一个无懈可击的伟人。他拥有难以匹敌的智慧，这一点不仅体现在他的研究工作上，还体现在他为全人类留下的遗产上。直到今天，还会有许多学生感叹，说费曼的讲座改变了他们的生活，使他们疯狂地爱上了物理学！实话实说，我的名字也在这个长长的名单上。回到我们当下这个话题。作为杰出教授、学者，费曼发展了一套自己的学习技巧[67]。他的座右铭是：如果你想学好某个学科，那就试着用简单的词汇来解释它。在操作上，该学习法包括以下四个步骤：

1. 将那些概念写在一张纸上；

2. 解释它们，就像是在教别人；

3. 检查我们的方法是否正确；

4. 如果某部分用了太多的技术术语，那就把这部分写在另一张纸上。

你一定已经意识到了，当我们用了过多技术术语的时候，那就说明我们失败了！费曼认为，如果想要证明我们已经彻底理解某一主题，那就必须在不使用任何技术术语的情况下把它解释清楚，让没有任何知识背景的人也能理解它！所以，费曼在其讲座中多次提出，如果想说我们已经理解了某个公式，那就必须通过例子和简图来定性地解释它，而且不能使用任何计算！

我的方法

技术术语的人造程度很高，能够掩盖我们对含义本身的理解不足。所以，使用技术术语的时候，就算我们没有完全理解，我们的话语也能“听起来”含义丰富。相反，如果我们必须向不懂得任何技术术语的人解释某个复杂概念，那在表达相同含义的时候就必须换一种说法：此时我们才能确保自己确实搞懂了术语的内在含义。还记得爱因斯坦的故事吗？如果你不能向祖母解释清楚某个概念，那说明你自己也还没有真正搞懂它。有一天我就把自己给绕进去了，那段经历，直到今天我仍然记忆犹新。暑假期间，我去祖母家小住，当然期间也会学习。有一天，我正在出声复述一段相当长的生物电磁学论证，其中包括一些相当抽象的矢量计算，提到了拉普拉斯、转子、散度等。正当我陶醉于复述海量计算的时候，祖母走到我身边，认真地问我，我每隔

> 一会儿就会说出“散度”这个词，它到底是什么意思。对我来说，在那一天，我曾经以为的一切都坍塌了：我该如何向祖母——来自另一个时代、没有接受过高等教育的女人简单解释什么是矢量场散度呢？我能想到的答案就是最常见的那些经典定义，但这些定义借助了大量技术术语，令人生厌，甚至根本说不出口。散度是体积趋近于零时在封闭表面上计算得出的矢量场通量的极限值，在算子代数中，它相当于该矢量场Nabla算子的点积值……诸如此类，有如天书。那天，我意识到，如果这就是我能想出的最佳答案，那么只能说明一件事：我还没有搞清楚什么是散度。

7.4 录制并聆听自己的声音有意义么？

让我们以简短欢快的结尾来为这一章划上句号。许多学生都想问，在阅读或复述时录下自己的声音，以便复习时听，这样做是否有意义。我也思考过这个问题。作为伽利略的好学生，我运用了科学方法：拿自己做了一场实验。不过，熟知我们研究方法基本定理（参见序言）的各位朋友恐怕已经预测到结果了。聆听明显属于被动方法，它比以重新加工形式出声复述的效果要差几个数量级，后者绝对属于创造性方法。更糟糕的是，对于那种内容更多、论述性较强的科目来说，制作出的音频可能长达几十个小时。我向任何人提出挑战：看谁连续听自己朗读15个小时的内脏学内容还能保持理智……

我的方法

为了给无聊的生活添点甜头，有一次考试的时候（我才不会告诉你到底是哪一次呢）我曾经试过在音频中加入许多诙谐的笑话，还将严肃部分与一些卡通插曲混合在一起，以增加一些“令人记忆深刻的讽刺”。所以这里来一段高飞，那里加一个唐老鸭的笑话，在枯燥列举常见病症之后调剂调剂……当然，这样做的娱乐效果非常好！尽管这种杂糅相当怪异，但它所带来的享受也是真诚的、具体的。只不过……在聆听的过程中，我不可避免地将更多注意力放在了笑话和插科打诨上。最后的结论是：不推荐。亲爱的读者，你看，我真的全都试过了！

8

■

神经科学：生成

让我们来玩个游戏：我来说两个句子，你来告诉我，哪个最常见。第一句：我当然记得这个细节，我写论文的时候用到过，那是二十年前的事了。第二句：我对这个细节记忆犹新，因为二十年前我曾在一次讲座上听到过它。我相信，除非来自土星，否则肯定会觉得第一个句子有点可信，第二个句子则会有点可笑。在未来几章中，我们将一起攀上基本定理（参见序言）的巅峰，去看看各类学习方法之王：创造性方法。这最后一步将彻底改变我们的学习范式。我们准备存在记忆中的，不再是由别人创造的材料，而是由我们自己创造的材料。我们不再要求大脑“记住这些信息”，而是向它提出一个更加微妙的问题：“我要如何使用这些信息？”“记住”只是这个问题的附加效果而已。使用创造性方法时，我们的目标是制作出属于我们自己的完美材料：加工并优化这份无与伦比的材料时，我们需要考虑两个不同层面上的问题。首先，它应能帮助我们快速、轻松地完成后续复习。其次，我们必须把它终身留在身边，将它视为永远的忠实侍从，每当我们需要查阅与该主题有关的私藏“圣经”时，就会把它拿出来。这时问题就出现了：你会说，谁能向我保证，创造性使用信息的行为能自动引发该信息的记忆存储？玄机就在本章中。我们将去探索三个神秘且有悖直觉的大脑怪癖，这就是认知神经科学的三大核心公理。亲爱的读者，请准备好，我们将去看看只有潜心修习者才能知晓的奥妙。如果依照这些指令行事，生成过程就一定能使用最不可磨灭、最强大且最持久的墨水将信息刻入你的大脑。现在开始！

8.1 生成效应

亲爱的朋友，让我们来看看第一个奥义：生成效应，又名生成优势。请记住这一点：任何信息、解决方案或步骤流程，如果是由自己的头脑产生的，而不是从外界读到的或听到的，那我们就能记得更牢。在心理学界，五十多年前我们就已经知道这一现象（是的，它根本不是秘密……）。无论针对哪个年龄段做实验，无论考察短期抑或长期记忆，都有大量实验证明这一现象的存在。其神经科学基础相当简单：还记得（参见第1.4节）关联性记忆范式吗？毫无疑问，由我们自己想出来的所有信息都来自我们自己的文化背景，所以这两部分之间的关联更加密集。更多关联也意味着更多的线索（参见第6.3节），也就是更多的获取路径，提取更加有效，生活更加舒心。最好去生成信息，而不是被动地“享用”信息，尤其是需要长期记忆信息时。

实验验证

让我们直接来看几个例子，以验证生成效应为目的的研究工作进行过无数次，每一次的结构基本恒定。假设你拥有两个班级，你给学生们发了一份单词列表。你要求第一个班的学生读几遍列表，尝试记住其内容。而第二个班的学生则根本不需要记住这个列表，只需要根据某种规则来写出其他单词。你可以要求他们想出押韵词、同义词、易位构词，对每个词进行个人判断，甚至可以（如果他们愿意）使用列表中的词造句、写诗、编短故事……做什么都行，只要是某种创造性行为。此时，如果你考问学生，测试他们记住了列表中的多少个单词，那结果估计你也能猜出来：第二个班的成绩明显好于第一个班[68]。在具体环境中（无论是中小学还是大学），采用这一原则都能明显提高学生成绩。例如，设想让四组大学生用以下四套方法学习：(1) 阅读并抄写；(2) 阅读并标记重点；(3) 阅读并做笔记；(4) 阅读并以“课堂作业的方式”提出原创问题，且记录在书页侧边上。哪一组成绩更好？还用说吗？一定是第四组[69]……

8.2 测试效应

奥义入门之旅继续。现在我们来讨论第二种现象。早在心理学诞生之初，这种现象就已经为人所知。在文献中，它的名字多得惊人，如测试效应（testing effect）、测试增强型学习（test-enhanced learning）、低利害测验（low-stakes quizzes）等。这一现象指出：通过预测答案来学习某条信息时，无论我们的答案是否正确，记忆的牢固程度都会超过阅读。这种现象可靠到令人难以置信，也许它才是学习过程中最普遍的那条规律。相信我，学界已经通过各种方式证明了这一点：它不仅适用于各个年龄段、各个时间范围，还适用于各个学科，无论是地理还是外语，无论是大声问答还是书面作答，甚至只是心里想一想都次次有效，能够经得住各种考验。它的神经科学基础主要在于即时反馈：其前提条件是，当学生给出答案后，在有限时间内将正确解决方案及时呈现给他们。如果学生命中了正确答案，那么“凭借自己的力量选择正确答案”本身就是强大的提取行为（参见第6.5节）；此外，反馈再度强化了保存在记忆中的信息，类似于用圆珠笔描了一遍此前用铅笔写下的记忆痕迹。如果学生答错了会怎样？不用怕！有证据表明，错误不仅完全不影响学生学习正确答案，及时纠正甚至还会强化正确答案。这就像是用做了假的筛子去赌博，赢的总是你！你恐怕已经猜到了这种效应对生成的实际影响：当我们制作原创学习材料时，是不是也可以加入互动性这一元素，以便借助这些材料进行自我考察？我们很快就会谈到这个问题。

实验验证

让我们快速看几个具体的例子。试想，和往常一样，有几个班的学生正等着被你折磨。这一次，你让这些“受害者们”读一个段落：

◉ 第一个班的学生有10分钟时间，需要阅读并记忆所有内容；

◉ 面对第二个班的时候，你可残忍了：你强迫他们先“浪费”2分钟的时间来阅读与这段话有关的几个问题，他们显然无法回答（当然了，他们还没有读这一段呢），剩下的8分钟用来阅读并记忆文本。

猜猜哪个班记得更牢固？当然是第二个班[70]。真的是这样：虽然听起来很矛盾，但是，试着用自己的知识来回答问题总是能够获得最佳效果，就算是毫无头绪、完全不知道正确答案也没关系！（此前我曾断言，我们的大脑相当怪异，实际情况与我们的直觉认知不符，现在你明白我的意思了吧。）

8.3 多媒体效应

在奥义入门之旅的最后，让我们来看看第三条指令：多媒体效应（multimedia effect）。它简单明了：文字与图像混合，甚至文字、图像、声音混合，比简单的文字更容易被记住。如果要从神经科学方面解释多媒体效应，那就要用到认知负荷理论（参见第4.3节），尤其是该理论的基本公理之一：双通道假设（dual channel assumption）。如果要用大白话解释，那它的意思就是：如果信息的感受模式不同，那就会在不同的通道中进行处理，而这些通道就像是多条平行的高速公路。此外我们也知道，无论是工作记忆还是长期记忆，都会将语言、视觉和听觉信息分开，进行独立的记忆编码（参见第1.2和1.4节）。通常情况下，语言这条通道就是瓶颈，是高速公路上的“堵车路段”，行到此处不得不减速。所以，当我们把学习材料转化为图像与文本的混合体时，我们也就把一部分记忆存储工作转移到了其他类型的记忆编码通道上（主要是视觉记忆编码）。这样做就像是为高速公路上的堵车路段提供了分流可能，把一部分车辆引到了平行路段上，于是此前拥堵的高速公路也就恢复了畅通[71]。

总结

亲爱的朋友，奥义入门仪式结束。你已经正式知晓创造性学习的神圣奥义。让我们来总结一下从启蒙仪式中学到的秘密。第一，通过原创和加工方式生成属于我们自己的学习材料，这种做法拥有巨大潜力：如果有可能，一定要选择生成法，它是各类学习方法之王，从长远来看更是如此。第二，在进行个人加工的时候，我们可以利用这个机会在我们的学习材料中镶嵌几块宝石，这些宝石以自我测试的形式出现，有助于我们自主完成自我考问。第三，如有可能，将中小学和大学教科书中典型的纯文本结构转换为文本与多媒体混合结构是大有裨益的。此外我还想再加一条，这是秘密中的秘密，我打心底相信它。当我们制作属于自己的作品的时候，当我们以原创、创造性方式表达自己的时候，我们都是在为自己的学生生涯增添色彩，为学习过程的实施增添一种活力内涵——我甚至敢说是艺术内涵。当我们以创造性方式着手学习一个主题的时候，我们就把这项活动变成了一场审美体验，也与知识建立起了一场亲密且深刻的关系。这样做不仅能够最大限度地提高学习效率，更重要的是，它还能在学习乐趣方面引发一场哥白尼式的革命。亲爱的朋友，请不要走开，你会发现，下面的话题更加振奋人心……

9

如何创造属于自己的学习材料

上一章真是让我们着迷，创造性方法的无限乐趣似乎就在手边。现在，是时候采取行动了。我将告诉你如何把有用的东西变成有趣的东西，如何把枯燥的书本变成视频游戏，如何利用Excel对自己进行无情考问，如何通过具有特定形状的卡片来准备考试，当然还要学习如何“洗牌”。在学习流程中，我们将会把这种创造性方法置于创造性环节（参见第3.1节），也就是说，将其置于由笔记和阅读构成的第一轮学习以及从第二轮开始的复习循环之间。在创造性环节中，我们的目标是根据自己的情况制作一套学习材料，其间要考虑到自身水平，去除所有繁文缛节，如果原始学习材料跳跃性较强，有很多复杂推理空洞，那我们就要给出中间步骤，填上这些洞。这将是属于我们自己、由我们自己制作、为我们自己服务的学习材料。拥有它之后，我们就能把原始材料彻底放到一边了，从此以后，所有的复习工作完全在这套新材料上进行。复习时，我们此前在材料制作中投入的时间成本将会得到回报，甚至还能收获利息：记忆存储速度越来越快，快到惊人。这些自制学习材料可能会呈现多种样貌，以达尔文的规则适应各个学科的具体情况。亲爱的朋友，我很荣幸地肩负起这个职责，我将陪你一起对这些材料进行“林奈分类”。从“自然科学”角度来看，这些材料主要分属三界：笔记界、自测界、卡牌界。我会像老道的自然学家似的，为你提供每界中不同物种的准确描述，并与以往一样向你袒露我自己用过的最奇特的方法。

9.1 如何制作属于自己的笔记？

自制笔记

第一类自制学习材料最为基本，同时也最为灵活。我们需要根据原始学习资料编写属于自己的笔记。此处所说的原始学习材料可能是课堂笔记、一本或多本教科书、精心挑选的网站，但最好是多种资料的组合。在这个独一无二的环节，我们对来自各份资料的内容进行批判性比对，按主题划分，尽可能将这些内容浓缩为一份统一的、有远见的概述。此处我将为你提供一些小建议。准确地说，我将为你提供一份“七诫”（参见第1.2节），指引你制作出完美的笔记。

总结

第一条戒律：不要总结。尽管读后总结是目前最成熟、最主流的学习方法之一，尽管实验研究的确为这种方法提供了一定程度的支持，但是，就我个人而言，我认为这种做法是一种弥天大罪，它应当受到谴责。原因很简单：总结会不可避免地导致信息损失，精确记忆细节（是的，即使是那些看起来相当无聊的细节）才是必不可少的学习目标，也是全面且专业地掌握考试科目的关键。我坚持这一点：出现在原始材料上的内容，都要出现在笔记中，一个概念都不能少，在书写的时候要使用更少的字；事实上，要大量缩减字数。如果用计算机术语来表达，那我们必须进行“无损压缩”，就像压缩文件。信息是一样的，一个比特都没有少，但却被压缩成了一种更为干练的语言。笔记的风格应该与通俗读物相反，不应追求轻松愉快，而应追求精妙。它应当是信息的浓缩，如同Twitter般短小。这样，复习就能比重读原书的时间短得多。简洁，而不是综合！否则，我们永远不能把原始资料彻底放到一边。如果不能把它们彻底放到一边，那还不如直接重读……

显而易见的例子

第二条戒律：删除显而易见的例子。但凡是能够借助现有知识、通过其余文本推导或重建的内容，都必须从笔记中剔除干净。多项神经科学证据都能支持这条戒律：研究认知负荷的心理学家提出了外在负荷（extraneous load）这一概念，即占据工作记忆（我们已经知道，此处空间极为有限）但不会带来任何益处的任何信息。所以，你不必惊讶：外在负荷的存在与认知质量成反比[72,73]！

逻辑连接

第三条戒律：增加因果关系连接。亲爱的朋友，现在你已经是关联性记忆范式方面的专家了（参见第1.4节）。还记得莫扎特那个例子吗？你很清楚，我们的记忆偏爱富含良好因果逻辑关系连接的文本。不幸的是，许多学习资料在介绍各种现象或事件时，往往没能说明其中的因果关系，不过，你可以对此做出补救。创造性加工就是补全信息的好方法。每学一个概念，你都可以在网络上搜索原因或最令人难忘的后果。一定要有好奇心！举个例子，它来自哈佛大学，当年曾让我大吃一惊。只要你拥有一点生物学基础知识，你就一定知道，在成年人的身体中，骨髓是造血（即负责血细胞制造）的场所。但你能告诉我为什么吗？最可信的解释是这样的。造血细胞属于干细胞，这类细胞遇到紫外线时极易受到损伤。在进化过程中，最早的动物是水生的，它们的造血细胞位于肾脏上方，将色素上皮细胞当作“遮阳伞”，用来阻挡紫外线。但是，进化之后，动物踏上陆地时，紫外线来自各个方向，而不仅仅是来自上方。一把简单的遮阳伞已经不够用了。造血干细胞必须移动，寻找由厚实矿物质层保护的身体区域，尽可能避免暴露于紫外线。你是否想起了什么？没错，就是骨髓[74]。我还能说什么呢？如果连解剖学这样一个众所周知不符合逻辑的学科都能用因果关系来解释，那理论上其他任何学科都可以如法炮制！

图片

第四条戒律：不要忘记图片。如今的网络搜索引擎可以为我们提供精美的示意图、图表与手绘稿，我们可以利用它们来省去整列的文字。有时，即使只是加了一张令人难忘的照片，也足以为整个页面带来令人难忘的效果。最后，我们绝不能忽视各种符号和草图的用处及其无限优点，如极度简洁、非常直观。当然还有一点也很重要：能够调节情绪。一个简单的例子：既然有表情符号“👍”和“👎”，为什么还要写“赞成”和“反对”呢？（我差点忘了，可能有人不知道如何插入表情符号，但这其实相当简单：在Windows系统上，按下Windows标志键 + .(句号)；在Mac系统上，按下Ctrl + Cmd + 空格。芝麻开门，表情符号键盘出现了！）

表格

第五条戒律：把能做成表格的都做成表格。大多数书（包括这本书）在写作时都主要考虑如何最大限度地提高初读时的乐趣。因此，很多时候，本来能够以表格形式出现的信息（包括这一节！）都被作者以论述形式呈现出来了。但笔记的要求不同：其制作目的恰恰是最大限度地缩短复习时间。当我们意识到一篇长文可以通过A4大小的表格简洁呈现时，那一定不要犹豫：把它全都做成表格吧！

公式

第六条戒律：为公式着色。很久以前我就发现，在一个极为复杂的代数证明过程中寻找前因后果是一件非常头疼的事。自那时起，我就决定在电脑上把它们重新写出来，为各个部分涂上不同颜色，这样，每一次替换与略过都能一目了然：在颜色的帮助下，跟上计算思路变得有多容易，你能想象吗？

助记法

第七条戒律：尊重助记法。我们的笔记应当欢迎任何有助于记忆存储的策略。在第13至18章中，我们将学习其中的几种。不要忘记此前学过的组块记忆法（参见第1.2节）：如果列表中的元素数量超过7，那就要进行重新调整，把它变成7个（与本列表一样），此时可以把多个类似元素放在一起，组成一个复杂的元素。

朋友，如果你明智使用这七条规则，那我可以向你保证，你的笔记将成为你手头有关该主题的一份权威资料，并将在多年内忠诚地伴你左右。

我的方法

现在你已经知道我对创造性的偏好，你也知道，在学习这个问题上，我持有邓南遮主义[1]的观点。你还能想到，笔记法就是我的菜……在学生时代，我曾在电脑上编写大量笔记，一丝不苟地关注文字本身和视觉效果上的愉悦性，做这件事的时候我有多开心啊！这无疑是我最喜欢的方法之一，几乎对于所有的科目，我都是用这种方法来准备的。这些年来，我总共参加过两百多次考试，所有这些个人笔记放在一起，几乎构成了一座图书馆。我把它们放在自己的卧室里，小心翼翼地守护着。每个主题都放在专门的单色封面打孔活页夹里，贴有两字母标签，代表相关主题。每当我在这个“私人图书馆”中查阅资料时都会感到快乐与满足。我坚信，将学习过程与深入、彻底的创造性体验相结合，既能为学习注入宝贵的积极情感，同时也有助于我们深刻领

[1] 加布里埃尔·邓南遮（Gabriele d'Annunzio，1863—1938年），意大利诗人、作家。他提出了“扩散化的审美”观点，即艺术家不应只将其审美局限在艺术品上，而应将其体现在生活中的各个元素上。——译者注

> 悟到知识的完满性；当然，这种行为也有助于我们在这个世界上生活。

9.2 如何创造属于自己的自测题？

自制自测题

让我们继续走入量身定制学习材料的第二界：自测界。这其实说的就是由自己准备、由自己监考的小测试，它所利用的是我们之前提到过的那种极为有效的测试效应（参见第8.2节）。让我们从准备工作说起。幸运的是，计算机测验软件层出不穷。在这许多软件中，我想提一下经典的Hot Potatoes，尽管它问世于1998年，但它仍是数字学习方法领域中一块屹立不倒的里程碑[75]。就测试形式而言，如果所学主题内容庞大且宽泛，那最佳方式当然是“填空题”，即一段文字，其中挖走了几个词或几个短语。不过，你最好还是依着自己的喜好来设计！在设计测试的时候，一定要向“考生”立即提供与其答案正确与否有关的反馈，并在出现错误时及时提供正确答案。如果软件允许，还可以尝试用强烈的视觉甚至听觉刺激来强调每个答案的正确或错误：答对时的心理体验必须难以忘怀，答错时的体验也要惊世骇俗。

自测题的使用

制作完小测验之后，你就要从格里·斯科蒂（Gerry Scotti）[1]的高台上走下，在参赛席就座。此时，新的世界将向你敞开大门：这里采用游戏化（gamification）范式，也就是说，我们要找到令游戏（准确地说是电子游戏）无比诱人的那些元素，并将其用于更有建设性但更加“令人生厌”的那些活动（最经典的当然是学习）。每次考试时，一定要在一份文件中写下总分，不能作弊……要去渴望正确答案，对它们的渴望要高于一切，如此一来，还有什么能比经过几天的练习，最终在测验中获得梦寐以求的100分更让人心满意足的呢？那时你会感觉自己天下无敌！在这样做的同时，你不仅能够收获测试效应的全部好处，还能借助小测验令人欲罢不能的竞技属性把自己粘在屏幕前，就像名副其实的玩家似的。简而言之，放弃先学后玩的陈词滥调，体验边玩边学的快感。

我的方法

从幼时起，我就喜欢那些能够让我任意摆弄的活动。所以，在整个童年和少年期，编程都相当吸引我。无论是创作电子游戏，还是在图片中编入加密信息，我

[1] 意大利著名主持人，经常组织问答类节目。——译者注

太喜欢写代码了。我很快就开始利用计算机来使日常生活变得更方便。当然，考虑到我那时的年龄，我的日常生活主要就是学习。自那以后，我创作了许多用于学习的程序。在初中三年级的那个暑假，我学会了Java编程语言，凭借它那极为强大的语法，眨眼间我就能生成一份自制互动式测验，或者将课堂笔记轻松转换成测验题，那段时光真叫人难忘。我给它起了个名字叫"Device"。在后来几年里，它一直伴我左右，表现出色。

我知道，如果想要使用编程这种方法，就需要一笔不小的初始时间投资。所以，除了编程之外，我们还有另一个强大的盟友，可以利用它来制作自测题，当然，需要运用一点想象力！我说的就是Excel。在我的学习生涯中，我有四分之一的考试都是利用"Excel法"复习的。Excel法效率惊人，超出想象。以下就是秘方。首先，打开Excel并启用页面布局（视图>页面布局）。然后，选中整个电子表格，对所有单元格启用"自动换行"（开始>对齐方式>自动换行）。调整列宽，使页面上只出现两列：第一列的宽度大约是第二列的两倍，这一列用于书写挖了空的文本；第二列用于书写相应的答案。让我们从第一列开始，就像写笔记一样：在每个单元格中输入一句话，尽量简练、干脆，就像发推文似的。每次遇到关键词或者希望牢记的术语的时候，就用符号“***”来代替，然后在第二列相应单元格中输入正确答案。当然，每个单元格可能包含多行文字，每行也可能包含多个关键词：重要的是，要确保第一列中的每个“洞”与第二列中的答案相对应，并且放在同一行上。在Excel单元格中也可以换行：只需要按下“Alt+回车键”就可以了。事实证明，这种方式非常灵活，可以轻松将所有考察内容转化为填空题。

然后就该开始小测验了，可以选择以下两种方式：

◉ 如果我们有心情摆弄电脑，那就可以打开第二个电子表格，对其进行编程，让它以交互方式向我们提问：第一列显示问题，第二列用于作答。如果答案正确，那第三列将变成绿色；如果答案错误，则会以红色显示正确答案。再加上一个简单的积分系统，用于自动计算最终成绩。

◉ 如果我们偏爱纸张的清香，首先，可以把Excel表格打印出来，确保两个单元格之间的边界清晰可见；其次，找一张彩色纸板作为遮盖；然后，把纸板上边缘剪成“台阶”状，左列比右列多留一个单元格；最后，只需将这张纸板盖在打印好的表格上，每读一行填空题，就回忆需要填到空格中的内容（也可以大声回答），把纸板向下移一行，比对正确答案。瞧，这就是完美的自测方式。它把出声复述与测试效应的优点结合到了一起。

历史：解读象形文字

问题列

答案列

◯;1 ***年，拿破仑入侵埃及，次年，在罗塞塔***扩建要塞的时候发现了罗塞塔石碑。	1798 港口
这块石碑上以三种语言写着同一段话，这三种语言分别是：象形文字、***和***。	世俗体， 古希腊文
◯;2 ***年，***大学医学系学生***发现，石碑上的一些象形文字写在长方形里（名为“***”）：他猜测这是法老***的名字。	1797 剑桥 托马斯·杨 象形茧 托勒密
› 绘制托勒密的象形茧：***	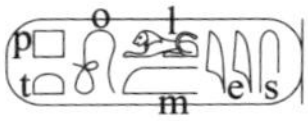
◯;3 ***年，埃及学家***观察菲莱神庙方尖碑抄本时，发现了写有***的象形茧。	1822 让-弗朗索瓦·商博良 克娄巴特拉
可以注意到，在托勒密（ptolmes）和克娄巴特拉（kleopatra）这两个名字中，***和***这两个字母所用的符号是一致的，这表明（至少对于***裔法老来说）象形文字属于***文字。	P O 希腊 表音
› 绘制克娄巴特拉的象形茧：***	
◯;4 ***年，商博良在***又发现了两个新的象形茧，他利用自己对***的了解，确定了***和***的名字。	1822 阿布辛贝勒 科普特语 拉美西斯 图特摩斯
› 绘制拉美西斯的象形茧：***	

裁剪成特定形状的纸板

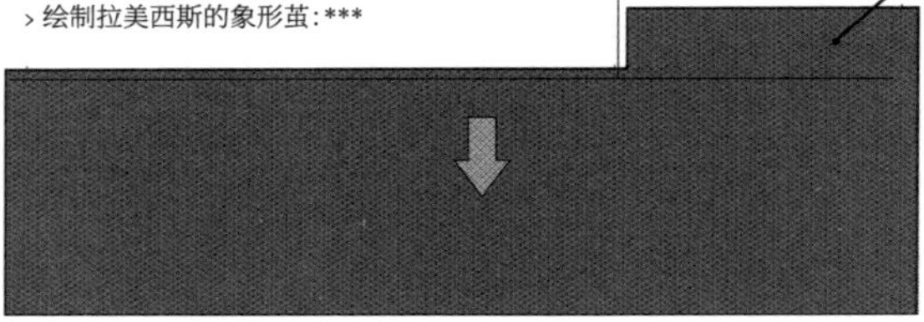

图19　Excel法

9.3 如何通过玩卡牌学习？

自制闪卡

此次冒险的终点是自制学习材料的第三界。坦率地说，这是我最喜欢的方法之一。它们就是可爱的闪卡：这种方法来自英美，那儿的人会制作大量的卡牌，一面是问题，另一面是答案。好好洗洗牌，然后就开始吧！它是一种自我测试。使用这种方法的人非常多，甚至已经形成了一套“算法”，专门为那些最难记住的卡片安排复习周期，由此最大程度地提升闪卡的有效性。其中最著名的是莱特纳系统，它由德国科学专栏记者塞巴斯蒂安·莱特纳（Sebastian Leitner）于1970年设计。简而言之，他这套方法的关键在于将闪卡划分为不同的盒子，每个盒子对应着不同的能力水平，因此所需复习时间的间隔也不一样。至于具体间隔，我们可以酌情处理[76]。例如，我们可以采用五盒系统：

- 第1盒：每天复习一次；
- 第2盒：每2天复习一次；
- 第3盒：每4天复习一次；
- 第4盒：每8天复习一次；
- 第5盒：不再复习。

开始时，所有的牌都在第1盒。每次复习时，我们每答对一张牌，这张牌就会被晋升至下一盒；每答错一张牌（或回答不完整），这张牌就会被退回到上一盒。该系统故意戳中痛处，让我们优先接触到最困难的信息，同时又对其余信息保持一定关注。

我的方法

现在，我再次向你坦白我的疯狂方法。学生时代，我很喜欢闪卡，长期以来我一直在以自己的方式使用闪卡。我将传统闪卡与制作笔记相结合。可以说我的闪卡就是整本笔记的袖珍版！在理想情况下，每张闪卡都应当包含一个小主题，其信息量应当与工作记忆中能够存储的信息量相当，适合在同一次复习中完成。卡片正面写的不是问题，而只是这个小主题的标题。可以将一套牌看成许多“小包装食品”，它们将笔记分为多块碎片，每一块都适合在一次出声复述中“吃掉”。我使用的算法比莱特纳系统更简单。我习惯将其称为“while法”，类比大多数编程语言中的while循环。只有一套闪卡。拿出第一张，阅读小主题的标题，尝试从记忆中调用相关信息并阐述它，此时要注意重新加工信息并建立关联（参见第7章）。然后翻到背面，查看答案：如果我们已经记住了每一个细节，并且对论述感到满意，那么就把这张闪卡放在一边；如果还不行，就把它重新放回去，作为最下面一张。就这样，一张接一张，“直到”（用计算机术语来说就是while）整套闪卡都复习完。是按顺序复习，还是洗牌后复习，这一点由你决定。如果洗牌，那么一方面会增加复习难度，另一方面也能带来此前提到过的交错效应优势（参见第2.3节）。至于卡片的具体制作方式，你也可以自己选择，是用手写，还是在电脑上输入。无论哪种情况，我建议买一盒打印纸，然后把它们裁切成你喜欢的尺寸（我曾经使用7cm×9cm或13cm×9cm）。如果你决定使用电脑输入，那么，以这种非正常尺寸进行双面打印会非常困难：所以，我的建议是将标题和内容打印在纸张的同一面上，标题在顶部。复习的时候，只读小主题的标题，用手遮住下面的解释。最重要的是，我建议你尝试不同的闪卡用法，开发出属于你自己的版本，以及最意想不到的算法。我还记得，在一次力学考试前，我乘火车旅行，自娱自乐中，我把手上唯一的纸——某个意大利知名威化饼干品牌包装里的纸板剪成了一堆小卡片，用于快速复习。

亲爱的朋友，你一定能想象其他乘客惊讶的表情，他们很可能把我当成了疯子。不过没关系，我考得很棒。

10

如何做练习题

百辟撒旦，百辟撒旦，阿勒辟[1]……在这可怕的一章中，我们将去谈论“数学”，尤其是一直以来如噩梦般困扰学生灵魂的那些练习题。在给出实际建议之前，你能说说数学一词的起源吗？恐怕没有几个人能说出来。其实，拉丁语中数学（mathematicae）一词源自古希腊文动词μανθάνω（学习）。作为科学之首，数学的含义就是“你所学到的内容”。所以要怎么学呢？当然是练习，即拉丁文的exercitium。此前我们已经谈到过测试效应（参见第8.2节），所以我们很清楚，不能低估做练习在学习过程中的重要性。幸运的是，大多数老师的确相当偏好练习题，认为它高贵，重要无比。所以我不会过多展开，只强调几个要点：首先是三条实用建议，关于如何做出精明理智的选择；然后是三条个人建议，相当偏离传统。让我们开始吧！

10.1 如何以传统方式更好地做练习？

交错练习法

第一条建议也是最重要的一条，但它恰恰是教科书中最常见的错误：书中每章末都有练习题，做题时只需（或几乎

[1] 但丁《神曲·地狱篇》第七歌第一行。因含义不明、难以解释而闻名。——译者注

只需）使用本章中涉及的少量公式，这一点想必你已经再熟悉不过。神经科学界说，这种行为令人难以接受。在第2.3节中，我们已经在脑海中刻下了交错效应这条指令：混合学习多个主题往往比分块学习的效率更高。而且，在做练习题的时候，这种效应尤为明显。如果想要充分掌握知识技能，那最有效的方式就是做三五道题，其中要用到来自整个课程的多个公式和算法。你不相信？来看以下这个实验。和此前实验一样，你手下依然有两个班的学生，你要向他们分发4份教程，内容是如何计算某些固体物体的体积，此外你还要向他们分发4套练习题：

◉ 对于第一个班，你按顺序向他们逐一分发教程，每发一份教程，就做一套练习题。

◉ 相反，对于第二个班，你一次性把4份教程全都发给他们，然后把练习题也欢快地混在一起发给他们。

当下来看，哪个班做对的题数更多？当然是第一个班，正确率89%，而第二个班的正确率则是60%。不过，一周后，再次考察学生的时候，结果令人震惊！第二个班的成绩是第一个班的3倍，即63%与20%。请注意：两个班所花学习时间是相同的，练习总量也是相同的，区别只在混合练习题，但却让考试成绩提升了3倍[28]，不费吹灰之力！

总之，如果老师要求你学习物理课本上第1章、第3章和第5章，那千万不要犯错：不要先做第1章的所有章末练习，然后再做第3章的，最后做第5章的。相反，你应该把这些练习复印下来，把它们混合在一起，看不出到底是哪一章的内容，然后再做练习。你会发现混合题目以获得交错效应是相当值得的。

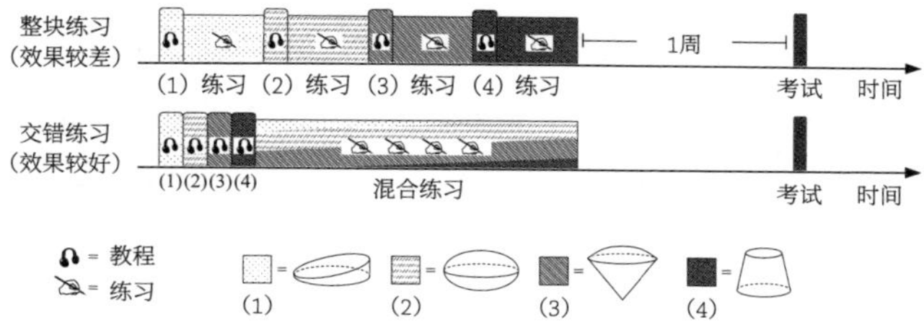

图20　由罗勒（Rohrer）和泰勒（Taylor）开展的实验（2007年）

非常规练习

我想给出的第二条建议是寻找涵盖面更广的练习题，此类练习题不仅要求你用上三五条公式，还要求你展现自己的创造力。举个例子，某些练习题需要你利用你能找到的最佳估算来获取确切结果。对于此类问题，可行策略有多条，但其中某几条尤为巧妙。此类练习题注重培养原创性与发散思维，这种能力与职业成功关系密切，因此非常符合当下需求。世界上最杰出的大学以及最有远见的跨国公司都会通过此类非常规问题（即“费米问题”）来筛选学生或雇员。我们面前的这摞纸有多少张？我们所在的房间里能塞进多少个1分硬币？在欧洲，每天大约消耗多少平方米的比萨饼？将我们城市的所有窗户从头到尾洗一遍需要多少钱？重要的不是答案正确与否，而是如何在回答时揉入一个合理且尽可能原创的论证方法。我至今还清晰地记得比萨圣安娜高等学校第一次入学口试时的情景，我被问到的第一个问题是：谈谈芳香化合物发射光谱的典型波长。我一下就愣住了。对于一个高中生来说，这个问题可不简单。但评审委员会期望的可不是背诵答案，他们希望我能够利用合理的物理化学论据以及有根据的猜测来化繁为简。而我也正是这样做的。还能怎么说呢？停下那些预先准备好、只要匆忙甩下几个公式就能脱身的练习题吧！换成那些涉及面广泛的题目。此类题目可以用多种方式作答，能够让你的创造力得到自由发挥。

希腊字母表

我给出的第三条建议（我不敢相信这一建议竟然应由我来提出）是学会那个该死的希腊字母表！没错，阁下，即使你没有上过古典高中，也没有将翻译《荷马史诗》当作你的毕生追求，但你也需要彻底掌握希腊字母表（准确地说，还要掌握希伯来文的第一个字母א），在数学公式中每天都要与它们打交道。亲爱的朋友，你是否知道在大学工程学图书馆里打开任何一本书时看到的恐怖景象。从第一个含有希腊字母的公式起，就能看到有人用铅笔标注其字母名称……而且，有的时候还标记错了……与经验丰富的优秀工程系学生交谈时，你也会发现，他们经常把ζ误认为ξ，把θ误认为φ。当他们遇到同时含有两个上述字母的公式时，那真是乱成一锅粥了——比如在球坐标系(r, θ, ϕ)中求体积积分时！但我想说，一劳永逸地学会如何读写那20个字母真的需要很长时间吗？显然，不愿意做出这种“超人”努力的工程师数量多得惊人，他们总是将那些希腊字母称为“那个怪字母”，于是就更难理解论述内容了。亲爱的朋友，你一定不要当那个工程师！

10.2 如何以非传统方式更好地做练习？

我的方法

与之前一样，现在我来谈谈自己对本章主题的处理方式，也就是说，我是如何做练习的。我必须坦白：虽然我充分认识到了练习题的核心重要性，但我一直对它抱有一种发自内心的厌恶感，在我看来，练习题本身成为目的，已经偏离了真实世界的具体实践。简单地说，它很无聊，非常非常无聊。为了解决这个问题，我想出了三条实践原则，从情绪入手，激励我自己坚持做练习。

第一招：给自己打分！在准备工程学考试的时候，我曾经在A4打印纸上用可擦除彩笔做练习。完成后，我会对照答案进行检查，然后画上以下标志，作为分数。

- 如果答对了，就是√。
- 如果答案比教授给出的还要好，那就是√+。有时的确会出现这种情况，比如某个题目的解决步骤比教授给出的更少，或者某个计算机程序所需使用的计算资源更少。
- 如果总体正确但有一个错误，那就是√–，有两个错误则为√––，以此类推。
- 如果答错了，那就是×。实话说，每次我给自己打×的时候都会来一段自嘲，用几乎能够与最甜美的清新体韵律相媲美的优美白话文写成[1]，只写给自己看，每次读到都能让我笑一整周。

[1] 指意大利13世纪末、14世纪初的诗歌。——译者注

给自己打分的行为极为有效，这种半官方认可能够强化正误反馈的效果。如果你想更极端一些，那么也可以像我某个大学同学那样：他每做一道练习题或者每一次出声复述之后都会以30分为满分给自己打分。更可怕的是：他还会在分数旁边签名，和真的老师一模一样。

从情绪入手应对无聊感、提升满意度的第二招是以视觉方式展现我在一天（或一夜，对我来说这种情况更常见）中成功完成的练习量：把所有已经完成的练习题郑重地摆放在卧室中央的地板上。在努力了一整夜之后，看到房间地板上铺了一块“计算题地毯”，还有什么能比这一幕更有成就感的呢？

最后一招则是我特有的：开始工程专业的学习之后，我就决定要留下每一次考试前做的练习题，毕业时，我会用秤称称它们有多重。工程学学士学位的重量是3千克整，仅供参考。这一顿巴拉巴拉之后，我又要闭嘴了。让我们再次严肃起来，进入下一章吧。

11

神经科学：动机

“如同明日将死那样生活，如同永远不死那样求知。”来自甘地的这句格言非常美，怎能不叫人动容？之后这几章也许是整本书中最重要的一组章节，我们将去研究我们的基本动力——动机的奥秘，去看看推动我们投身学习的那种燃料。我们会从理论开始，去看看现代心理学在解码学习动机起源及机制这一宏伟目标时的几个主要里程碑。亲爱的读者，在开始之前，我想请你回顾一下自己：你为什么要阅读一本与学习方法有关的书？你到底为什么学习？如果你没有注册大学课程，没有安排妥善的学习与考试计划，没有老师与同学陪伴，没有分数的督促（这也是一个非常重要的因素），你觉得你每天还会投入同样多的精力来学习吗？请始终牢记这个问题，因为你在本章中会遇到一些材料，为你提供深思的可能。

11.1 过度理由效应

优秀品行积分

现代动机心理学起源于20世纪70年代初的美国，其主要目标之一是了解儿童忤逆行为的起源。当时流行着这样一种思路：如果想要让孩子向优秀品行靠近，那就应当把这些优秀品行当成“可以计量的资本”。也就是说，每次儿童表现出优秀品行的时候，就通过某一种表彰方式来嘉奖他，甚至可以使用代币系统，并由儿童自行决定消费代币的方式。斯坦福大学教授马克·莱珀（Mark Lepper）是动机心理学创始人之一。相传在一次讲座后，一对父母愁容满面地靠了上来[77]。自从他们两个开始使用计分系统之后，儿子一直表现得像个天使，堪称奇迹。可是，有一天，一家人正在某家知名餐厅享用午餐的时候，那个小可爱突然举起水晶玻璃杯，威胁父母："如果杯子没有掉在地上，我能得到多少分？"

内在动机或外在动机

有一点如今已越来越清晰，此类基于积分和贴纸的行为诱导方式虽然在短期内有效，但从长期来看却可能是徒劳甚至有害的。当孩子长大之后，当他不再相信"兑换积分的圣诞老人"的故事的时候，当刚刚成年的他需要对自己的行为完全负责的时候，会发生什么？一些行为将被保留下来，而另一些（通常都是优秀品行）则会被他开心地搁置起来，当然了，父母兼警察已经不在那里检查品行了。于是，动机心理学的先驱们发现了两种明显对立的动机。一方面，一些行为完全出于个人动机，如一个学生出于发自内心的好奇而去钻研某一特定学科，了解并掌握这一学科能够为他带来由衷的满足感，促使他继续进行下去的也正是这种满足感。这第一类动机被称为“内在动机”。另一方面，一些行为则完全相反，它们出于对某种奖励的预期：此类学生之所以勤奋学习，只是为了获得分数、文凭或学位。这第二类动机被称为“外在动机”。这两类动机的根本区别在于：出于内在动机而行动时，主体从根本上认为该行为是愉悦的；相反，出于外在动机而行动时，主体认为该行为是不可取的，是为了获得之后的奖励而不得不支付的违心费用。我们一定能够想到，此后的实验研究认可了内在动机的巨大优势[78]。无论是在记忆存储方面，还是在创造性利用所学信息的能力方面，内在动机的效果都更为持久。除此之外，内在动机在学习过程中也能为我们带来愉悦感和成就感[79]：此类学生更愿意付出，他们觉得自己是在为自己而努力，他们正被自己的好奇心之风推动着，掌控船舶驶向新的海岸。我想说，到目前为止，一切尽在意料之中。

实验证据

但是，当心理学家们继续调查学习环境与动机类型之间的关系时，惊喜很快接踵而至。马克·莱珀本人和其他同事进行了一系列缜密研究，发现了一个惊人的结果。他们发现，在我们的大脑中，同一种（完全相同！）行为可能与一种或另一种动机（二选一！）挂钩，具体与哪一种挂钩，完全取决于外界向我们呈现这种行为的方式。试想下列实验。你手下有两个班的小学生，他们每天早上到校之后有一个小时的娱乐时间。在几周里，老师都要让两个班的学生们去完成一些数学谜题，学生们只有投入一定注意力才能做出这些题目。你们这些实验者藏在教室里的假镜子后面，记录孩子们平均花费多少时间玩这些谜题。

头两周是第一阶段，之后进入实验的第二阶段：A班的老师承诺，那些花费时间完成数学谜题的孩子将会得到一系列奖品，但B班老师不这么做。请注意，这里的关键点是花费了多少时间，而不是取得了何种结果！你会发现：A班的学生努力投入到数学谜题中，而B班学生的做题情况仍在延续一直以来的、自发的节奏。几周之后，进入实验的第三个即最后一个阶段：A班老师宣布，从现在开始，花时间完成数学谜题的人将不会得到任何奖励。你会说：那一切都恢复到起初的状态了？不，先生。A班的孩子们突然不再花任何时间去做数学谜题，而B班的学生们则不受影响，在未来数月里，继续按照适度的、自发的节奏不管不顾地做题。发生了什么？很简单，在两个班，实验研究的行为是完全一样的——即完成数学谜题。在B班，孩子们将它与内在动机挂钩：为自己而做题，只需要这项活动能让自己感到满足、满意。但在A班，孩子们则将它与外在动机挂钩：这项活动代表了一种不愉快的责任，因此必须得到相应的奖励。如果没有奖励的话，谁会愚蠢到免费工作且不求回报？请注意，数学谜题本身有着一定程度的吸引力，正如B班情况所示。如果你试图增加额外刺激（即“过度理由”），由此来过度刺激孩子们努力，那你只能暂时成功改变行为，但从长远来看，你却会获得截然相反的效果。游戏最后变成了一项工作。令人惊讶，是吧？该实验曾由马克·莱珀及同事[80, 81]完成。他们尝试过各种搭配，修改过时间尺度、受试者年龄、活动类型（逻辑题、在黑板上画画、做运动等）。但事实证明，无论如何改变，结果几乎总是一样的。于是，这种有违直觉的现象成为学习心理学的支柱之一，名为“过度理由效应”（overjustification effect）。

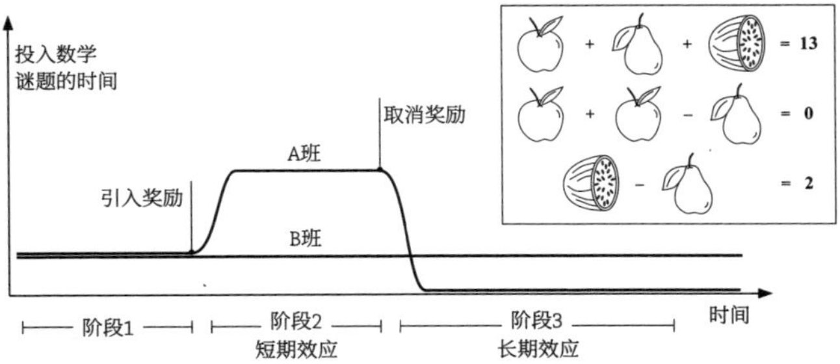

图21　由莱珀等人开展的实验（1975—1976年）

一本书换一个比萨饼

1984年发生了一件事，令过度理由效应名声大作。当时，美国最主要的比萨饼连锁品牌之一为了鼓励儿童阅读，发起了一项活动（至今仍在继续）。组织者解释说，书籍的最大问题是“很容易被人们放下”。该计划针对11岁以下的儿童（学前班至六年级），并与学校老师合作开展。老师设定每月的阅读目标，以页数或书籍数为单位。如果孩子达成了目标，那么老师会签署一份特殊的“比萨饼奖励证书”，孩子可以将其交给比萨饼店，免费获得一张比萨饼。毫无疑问，该意图本身是值得称道的，在我看来，它也表明了该比萨饼连锁品牌关注文化话题的典范力量，但该计划却遭到了学习心理学家的严厉批评。他们说，将阅读视为一种不愉快的劳动付出，认为需要以适当的报酬进行补偿，这种行为相当危险。看到孩子花时间读书，父母们可能会受到鼓舞。但与此同时，当被问及“你为什么读书”时，孩子们坦率地回答“为了得到比萨饼”[5]，这一点相当令人不安，它暗示了地平线上隐约可见的黑云，预兆了不那么光明的长期影响。

逆火效应

让我们简单回顾一下过度理由效应带给我们的启示。某一种可被称为“优秀品行”的活动，如学习，它本身是能够带来一定程度的自发动机的。如果我们突然加入来自外部的补偿，用以奖励我们在该项活动上花费的时间，那就会随之产生两个后果。一方面，在短期内，我们会在该活动中投入更多时间；另一方面，一旦奖励不复存在，那我们对该活动的动机水平就会急剧下降，甚至归零。发生这种情况的原因在于，在我们的头脑中，执行该项活动的理由发生了变化：我们不再是心甘情愿地为自己而做，而是把它当成了一个障碍，这障碍令人不悦，并将我们与理想回报分开。最终，奖励对它所鼓励的那种行为产生了破坏作用，而不是强化作用。这种情况被称为逆火效应(backfire)。该词来自内燃机逆火：内燃机偶尔会出现外部着火现象，即燃烧地点错误，发生在排气管里，而没有按照计划发生在燃烧室中。由此可以推知自我知觉理论(self-perception theory)：在人们头脑中，游戏可以变成工作，工作可以变成游戏，这一点完全取决于大脑对这种行为的定位，也就是说，大脑将这种行为与内在或外在动机相关联。同理，当且仅当我们能够将快乐(而非责任)概念与学习关联在一起的时候，学习才能是持久的，而且在学习的时候我们也会感觉毫不费力：此时，我们之所以学习，完全是为了自己，而不是为了获得“老师的奖励”。

11.2 分数

打分不会引发“逆火”

那这个时候问题就来了：打分的话又会发生什么呢？

我们是否应该废除分数（学生们可要乐坏了）？还记得我在本章开篇时提的那个问题吗：如果果真取消了分数，还有多少人会继续认真学习？冷静点！在分数这个问题上，实验证据清晰表明，原则上，分数不会引发逆火！原因很微妙：在马克·莱珀及其同事开展的实验中，学生们获得的奖励来自于他们在练习上花费的时间，而不是他们获得的能力水平。分数与此相反，它是我们考试成绩的客观衡量，而不是“老师对我们所作努力的奖励”。看起来区别不大，但这一点点细微差别就足以让天平倾斜。多年实验表明，当奖励与成绩相称而不是与练习时间相称时，引发逆火的可能性较小。事实上，分数的存在有时甚至可以长期提升我们对某个学科的兴趣[82]。毕竟，“为自己而学习”和“为获得满意分数而学习”绝对不是互相排斥的关系。许多学习心理学家认为，最有效的方法恰恰在于一箭双雕：既为自己，也为好分数。

11.3 终身学习者

终身学习

如果你成功实现了纯粹因渴求知识而学习，如果你心中燃烧着一团圣火，外部回报与其相比只能起到辅助作用，那么，亲爱的朋友，你已经成为我们在本章开头引用的那句甘地格言的化身，在学生生涯结束之后，在很长时间里，你仍然会对学习感兴趣。你将成为终身学习者（life-long learners），你会不知疲倦地积累关于自己、关于世界的知识。毕竟，神经生物学中最普适的规律之一就是用进废退：在大学毕业之后，我们越是能每日使用我们的认知功能，保持智力的巅峰状态，我们就越能在未来的日子里确保该功能不会退步[83]。

实验证据

想想笼子里的宠物仓鼠，把它当成实验室里的老鼠。如果你往笼子里添了一些“玩具”，如梯子、轮子、小格栅、镜子、罐子、木偶、动物用按钮等，那么这个笼子就可以被称为丰富的环境，而这只仓鼠也是在丰富环境中生活的动物。有一点已经得到证实：在丰富环境中生活的动物明显比在普通笼子中生活的动物更聪明，也更健康。在丰富环境中生活的动物拥有更大的海马体，大脑突触和血管密度也更大，所有这些都是“大脑对刺激的反应更加活跃”这一想法的佐证。在头脑活跃的人类身上也存在相同的特征。先进的文化教育能够令我们获得复杂且强大的能力，活跃勤勉的生活能够令我们在运用这些能力时获得满足感，这两者结合就构成了人类的“玩具”，让我们活得更加充实、更有意义，也更能充分发挥自己的潜力。

12

如何激励自己学习

那现在，先不说那些宏愿了。学习的欲望，它究竟藏在哪里？如何才能得到它？如何才能不让它逃走？朋友，关键时刻到了，我们将利用上一章中学到的一般原则，为这些更接地气的问题提几条实用建议。我将分四幅图景来描绘学习动机的不同侧面：心理态度、人际交流、自我“奖励”、学生道具。真的，什么都不会落下。总而言之，如果你的座右铭是“急求：学习的欲望”，那这一章就是为你准备的！

12.1 如何通过心理态度来激励自己？

学习是一个缓慢的过程

我的第一幅图景恐怕有些令人扫兴，但必须坚定说清这一点：学习从来都不是一蹴而就的，对任何人来说都是如此。就是这样。掌握一门学科需要大量时间，对每个人来说都是如此，没有例外。不要相信那许多瞎话，不要相信那些不费吹灰之力就能顺利通过考试的吹嘘！事实上，心理调查显示，大多数学生都倾向于大幅低估学习过程所需的时间[84]。于是，当现实与过于乐观的预期相左时，学生总是会习惯性地将这种令人失望的结果归结于“先天能力不足”：唉，你看，我不适合学这门课。然后他就会陷入不满的漩涡，缺乏天赋这一自我诊断结论导致他离学习越来越远：还能怎样呢？我不适合学这门课啊……这样一来，他的成绩越来越差，而由此产生的典型确认偏误又让他更加确信自己不适合那门课：你看到了，我之前没说假话吧，这门课我的确不行。

多元智能理论

不过，也不要误会我的意思：每个人对各个主题的适合程度都与另一个人略有不同，这一点毋庸置疑。经典观点将“智商”当作衡量智力水平的唯一标准，但该观点如今基本已被更现代的“加德纳多元智力理论”取代[85]。根据该理论，人类智能体现在多个范畴上，每个范畴之间相互独立，在比例分配上也会相当不同。这些范畴包括数理逻辑、语言、音乐、空间、肢体动觉、人际等。也就是说，的确存在多种“类型”的智能，但这并不意味着我们的能力倾向是一成不变的，也不意味着我们无法提升自己在特定学习领域的技能水平，更不意味着我们会因这种多元性而永远无法进入或无法征服某些学科。请注意，我们说的一直都是略有不同！就人类大脑的“标配”认知功能而言，每个人之间有多相似，说出来真是难以置信。更重要的是，多元智能并不意味着最适合某一学科的人占尽先机，也不意味着他们拥有某种神奇力量不费吹灰之力就能学得出类拔萃。让我们把话说清楚：学习这项活动与自然进化的方向毫不相干，所以总是要相当地努力。所以，请把“我不行”“我不是那块料”“我不合适”这种话从你的词汇表里剔除，它们只是借口。或者，用高级神经科学词汇来表达，这些话都是：胡扯八道。我们必须接受这样一个事实：学习这件事，一小部分与与生俱来的能力有关，一大部分与在学习上花费的时间和精力有关。

站在巨人肩膀上的矮人

学习是认知活动的典范，它是“我思故我在”的直接推论，是任何创造性活动的基础。如果想让我们离开时的那个世界比我们到来时的那个世界更美好，那基本前提就是把前人辛苦得来的知识变成我们自己的东西，应用这些知识，甚至通过自己的探索去扩充这些知识。我想起了艾萨克·牛顿（Isaac Newton）的名言：如果说我比别人看得更远些，那是因为我站在巨人的肩上。通过学习这种行为，我们继承了此前所有世代的智慧浓缩——这是几个世纪以来科学和人文传统认为值得传承的丰盛“甘露”。从这个角度来看，学习绝对是我们生命中成效最为显著的活动，是强大的经验放大器。人们经常说，学习是一场马拉松，而不是一场百米赛跑。如此说来，在跑步时，你要始终牢记，终有一天，你会渴望“学习”胜过一切，并渴望以最认真、最专注的态度投入其中。在成为卓越专业人士、为社会做出原创贡献、为自己的生命赋予意义的路上，你所获得的每一条信息都将为你助力。在我们投身学习时，必须秉持这样的心理态度，正如爱因斯坦对学习的定义：“一个令人羡慕的机会，通过它，我们有机会了解精神之美的解放作用。”

我的方法

亲爱的读者，我已经可以听到你们中的一些人在埋怨……我们如何才能自然而然地让自己从长远着眼看待学习，而不是把它当作当下痛苦的源泉？当然，对于这个问题，恐怕难以给出一个普适答案，我能做的只是讲讲自己的个人做法。首先，简单地说，我认为你不会爱上一本书，而会爱上一个学科。在那堆积如山的教学、规则和概念的背后，如果你突然直接体验到了“生命的存在”，那么这一刻就会发生。有这样一伙人，他们呼吸着同样的空气，实践着同样的基础原则，甚至为推进它而献出自己的生命。所以，如果想要获得继续学习某一主题的动力，秘诀不是阅读枯燥的书本，而是与为它而活的人一起玩耍。具体而言，如何做到这一点？非常简单：参加实习，也就是说，在某个研究机构、医院、法院或任何你感兴趣的专业环境中参与短期实践活动。英美将这种实习称为“影子工作”（job shadowing）：像影子一样跟随你感兴趣的那个领域的某位工作者。在那里，你可以亲眼看到，你原本以为书本中那些概念主义指令似乎只是些无用的“哲思”，但实际上，对于在该领域工作的人而言，这些规则每天都会发挥重要作用。我曾经多次担任志愿者，帮助年轻人选择大学专业。我知道，学生们天真地认为，如果想要进入大学研究机构实习，那一定要有什么高不可攀的秘密关系。他们根本没有意识到自己错得有多离谱：事实上，绝大多数的大学讲师都期待学生渴望深入自己的研究领域、加入自己的学院。因此，年轻的朋友，立刻去实习吧，如果可以的话，在读大学之前就尝试实习。我第一次自主参与实验室工作是在高中三年级[1]，天哪，那经历真是太有用了！这些经验将打开你的思维，使你对学习充满渴望。

第二个秘诀在于尽可能自学多个领域！当一个人

[1] 在意大利，小学5年，初中3年，高中5年，本科大多3年，研究型硕士研究生大多2年。——译者注

独自走入一个新的学科时，你会有一种不可思议的感觉。你会觉得自己强大无比，是自己命运的设计师，有点像文艺复兴时期那种“人，自身命运的塑造者”（homo faber ipsius fortunae）。我上高中的时候，有一些科目完全被跳了过去（是否应当这样做是值得讨论的），老师们让我们自学，其中就有神经科学。当时的经历给我留下了深刻印象。当我们因受知识吸引而学习，不再追求成绩，当我们出于纯粹的内在驱动力而学习，那种感受能让我们铭记一生。

总之，亲爱的读者，请多接触几个学科。当你首次接触某个新学科、走入未经开发的处女地时，你往往会意识到两件事：第一，该学科有多宏大；第二，它是多么有用。有那么一瞬间，你会觉得自己很渺小，一种巨大的、罪恶感十足的无知折磨着你，同时也点燃了你的智识骄傲[1]。在你和你对该主题的“充分”认识之间存在着一道鸿沟。当你意识到这一点时，你就再也无法忍受这道鸿沟。你将开始为自己而学习。你之所以学习，不是因为教育部学习计划上有此安排，不是因为三个月后即将考试，而是因为你想填补你——首先是我——巨大的知识鸿沟。

[1] 指因拥有知识或能力产生的或自大傲慢、或自豪骄傲的态度。——编者注

12.2 如何通过正确的圈子来激励自己?

“学究”，一笔资源

探寻“学习的欲望”的第二幅图景与我们的人际交流有关。告诉我你的身边都有谁，我就知道……你会有多大的动力去学习！我想起了我认识的所有学生中最杰出的那位，他在决定与谁一起建立学习小组时使用了以下标准：他总是偏爱让他仰望的人、比他聪明的人、若他的论述存在不足之处时能坦率且细心地纠正他的人、在他胡说八道时有胆量“当面告诉他”的人。在一些人眼中，与班里的佼佼者交往可能既不愉快又有卑微感（莎士比亚所说的“绿眼怪物”探出头来了），但事实恰恰相反。如果这些“学究”愿意耐心帮你克服困难（最英勇、最值得敬重的那些人通常都具备这一美德），那么，与这些深深渴望钻研某一领域的同学们接触，将不可避免地在你心中燃起同样的火花。此外：与“学究”交往时，你能学着模仿他们的时间安排，于是，与以前相比，你处理同等数量的学习材料时需要的时间将会大幅减少。你不相信？来看看这个故事。

帕金森定律

在项目管理界（参见第3.2节）有一个有趣的悖论：帕金森定

律。首先要澄清一点，该定律与伦敦医生詹姆斯·帕金森(James Parkinson)在19世纪初描述的那种神经退行性疾病没有任何关系。此处所说的“帕金森”是指英国历史学家西里尔·诺斯科特·帕金森(Cyril Northcote Parkinson)。这位“帕金森”读到了1955年《经济学人》[86](*Economist*)上的一篇文章，同时从英式幽默中汲取了大量灵感，然后在自己的一篇文章中就人性阐述了以下论点：我们会不断扩大自己的工作，直到填满我们可以支配的所有时间。如果我们为自己所要完成的任务设定一个最大时间“投入”，但实际上该任务可以在短得多的时间里完成，那么，我们一定会吊儿郎当，将执行时间拉长，直到完全填满设定的时间预算。该定律明显是在说，如果设定一个更加严苛的时间限制，让我们总觉得不能掉以轻心，那我们就能以更少的时间获得相同的效果。我在哈佛上学时，一位教授曾在课堂上传授这句哈佛座右铭：钻石是在压力下形成的。这句话令我感慨良多。这就是英美人所说的时间压力(time pressure)，即迫在眉睫的最后期限所施加的压力，它促使我们全力以赴，并能带来前所未有的效果。

我的方法

在学生生涯中，我已经亲身体验过帕金森定律的强大力量，以及它到底有多违背直觉。作为比萨圣安娜高等学校这样的精英院校的学生，我能够得到的最大好处之一，就是每天与一群非凡的、雄心勃勃的人面对面。在接触一门新课程时，看到那亟待学习的大量教科书、面目狰狞的方程式时，我们一定会感到害怕；或者，更糟糕的是，那些不那么专注、不那么积极的学生往往还会用世界末日般的口吻来描述自己的学习经历，把它说得有如托尔克马达[1]的酷刑。相反，如果身处一个良好的智识环境，周围所有人都认为自己能够在短短几天里啃完那本大部头，甚至认为阅读过程无比享受、引人入胜，那这样的经历一定能彻底颠覆我们的世界。这就是帕金森定律！就在这时，我们才会意识到，当我们付出巨大努力、驱逐所有懒惰、暂时将身体里每一根纤维全都投入学习时，就有可能在少到令人抓狂的时间里记住相同数量的信息！圣安娜高等学校与比萨高等师范学校的学生们经常会说这样一句话：准备一门考试时，你必须计算总计需要多少时间来准备教学大纲中要求的内容，然后再把它减半。这无疑是我见过的最豪放的学生口号：给自己设定一个野心十足的疯狂

[1] 托马斯·德·托尔克马达（Tomás de Torquemada）：15世纪西班牙宗教裁判所首任大法官，他在位期间，被判处火刑、遭受刑罚、抄家或终身监禁者数以万计。——译者注

> 计划，然后让自己完全沉浸在学习中——也许你会觉得这是“工作狂”行径——最后，在满足感的巅峰中，你会意识到这是真的，真的有可能只用一小部分时间就能读完整本巨著！我发现，在卓越学术环境和最大智识活力的激励下，这“鲜血、辛劳、眼泪和汗水”的计划会变得自然而然，而且能给人带来难以置信的愉悦。

12.3 如何通过条件奖励来激励自己？

同伴压力

第三幅图景：1974年曾有过一个著名的实验。一支竞技游泳队，由9至16岁的男孩组成。这些男孩能力很强，但却不努力：之所以这么说，是因为教练们总是在抱怨孩子们旷课、迟到、提前离队，而后者也普遍对训练投入不足。实验简单至极：设立一个公共记分牌，记录这32名队员的出勤和缺勤情况，看看会发生什么变化。在该实验结束后，又进行了另一次实验：选出8名选手，其中4人是队伍中成绩最好的，另外4人是队伍中成绩最差的，让他们在公共记分牌上记下每次训练时游的来回数。再熟悉不过的同伴压力制造了奇迹！大家都能看到你的出勤率或游泳来回数比队友少得多，这种情况是不是让你觉得心里不舒服？大家会说，你偷懒，你是团队中的那个薄弱环节。你就会想，最好还是每天都去训练，努力多游几个来回，保住面子。试验进行了11个月，观察到缺勤率减少了45%，迟到率减少了63%，游泳的来回数增加了27.1%。你怎么想？男孩们恨死这块记分牌了？让人惊讶的是，他们由衷地欢迎这块记分牌，至少他们对实验设计者是这样说的[87]。

条件奖励制度

我们刚刚读到的是条件奖励制度（contingent reward system）的一个典型案例。该学说认为，象征性奖励机制的建立有助于提高动机。此处的“条件”（contingencies）可能来自外界，也可能由自己设定，每次完成既定任务时都会触发。当然，我们已经讨论过逆火现象（参见第11.2节），所以不要被迷惑，从长远来看，外部奖励永远不可能成为我们学习的主干。尽管如此，从短期角度看，条件奖励并非完全无用：它能给我们一点额外的推动力，帮助我们迅速克服某个障碍。有的障碍，无论我们多么竭力“让自己喜欢上它”，但它总是那样令人不快，如背诵某个特别困难或无聊的章节。在奖励形式方面，可能性有很多：分成“完结”和“待办”的记分牌（尤其是与朋友分享时）、短时娱乐奖励、偶尔美食奖励（例如某个小甜点或最喜欢的某道菜）等。关键在于，这些“学习后才能获得的”奖励数量要少，而且必须用在值得嘉奖的地方：我们要为自己设定艰巨而崇高的目标，达成该目标之后获得奖励是我们对自己的庄重认可；我们要制订学习计划，与自己签订不可小觑的契约，而奖励就是我们对履约的庆祝。因此，关键在于如何只在克服最艰巨困难的时候才明智地给予奖励。如果能将奖励与另一个重要学说——游戏化（参见第9.1节）结合在一起，那就更好了。

我的方法

又到这个环节了，我会告诉你，我常用哪些方式来肯定自己的学习。一方面，我并不觉得哪个学科过于恶心或过于困难，以至于不得不用具体奖励来激励我学习它。另一方面，在面对任意一个学科的时候，我已经形成了一套自己的做法：我会在卧室挂上一块A4大小的记分板，上面画着许多彩色的格子，一个格子代表一个章节。每当我学完一个新章节（或写完一个新章节）时，我就会走到记分板边上，用笔大力划掉一个格子。看着自己离目标越来越近，真是成就感十足。总之，看起来微不足道，但多年来，这个大学版的降临节日历一直伴我左右。嘿，顺便说一句！我刚刚写完了这本

> 书的一个章节，等一下，我去记分板上做个标记，马上就回来。

12.4 如何通过道具来激励自己?

让我们来看最后一幅图景。我们将进入更加私人的层面，该层面已经深深凿入我们过去的生活与基本成长过程，这就是玩具。坦率地说，如果我们的研究对象以实体状态呈现，是一个可以任由我们摆弄、操纵、实验的对象，那么我们对它的喜爱将与日俱增。我们毕竟是哺乳动物，会本能地好奇与探索！给一条冷静的建议，尽可能多地使用可以上手的教学工具，也就是我借用戏剧语言所说的“道具”。小时候，我们玩积木或机械玩具的时候会对数学产生热情；成为大学生之后，我们仍然可以在所学科目中利用“玩具”。此类道具通常可以在图书馆中找到，或者花很少的钱在网上买到。最适合这种方法的学科当然是解剖学，玩具有器官和骨骼模型。大多数大学的医学图书馆都备有此类工具，绝对要经常使用。此外还要提及越来越出色的三维虚拟图，其中一些可以在网上免费获得。此外，由于近期虚拟现实（VR）与混合现实（MR）的发展速度空前，可以预见，此类三维图的前景无限。解剖学是通过道具学习的典型，但同样的道理也可以用在任何一个学科上。

你想要一些例子？这就来！

我的方法

你一定想到了，本人在学习过程中愉快地使用了大量道具。有机化学和生物化学中的那些塑料分子模型真是令人难忘！虽然这听起来很幼稚，但是，花时间摆弄那盒彩球和小棒对掌握某些立体化学概念（例如手性和非对映异构体）而言绝对是至关重要的。实话实说，在集中精力学习了多个小时之后，我也会拿这些球棒去搭小狗小鸡，但这种糗事还是不说了吧……那些从早到晚搭建电路、用Arduino和Raspberry等微控制器编程的经历也同样难忘。如果没有这些道具，那我对电子学基础概念的领悟恐怕永远都不会像现在这样深刻！更不用说光学了。我们很容易就能找到一台废弃的老旧相机：把里面的镜头取下来又能费多少力？等到研究光物理学的那一天，亲手摆弄镜头的经历将会显得非常宝贵，可以帮助你迅速领悟各种现象。此外，我甚至还在书架上造过一个微型的记忆宫殿。我费了点心思，将一些塑料包装DIY成了许多个小木偶。请不要有太多顾忌，无论这些学习活动看起来有多奇怪、有多违背传统，都不要觉得不好意思。据说，在20世纪50年代那种朴素严苛的学术环境中，詹姆斯·沃森（James Watson）和弗朗西斯·克里克（Francis Crick）之所以能够率先发现DNA的分子结构，原因就在于只有他们“不羞于”使用纸板模型。如果连这些最杰出的科学巨匠都能允许自己自由地进行“学术DIY”，那么我，作为一名普通的学生，也应该允许自己这样做，不是吗？总之，道具能够带来无穷无尽的可能性。我们需要意识到，如果我们能够与所学领域建立起一种直接的、本能的、“触觉性的”关系，那么，在原始好奇心的推动下（与儿童游戏的原理相同），我们就能加深自己与相关学科之间的关系。既然玩具能够帮助我们点燃动力之火、润滑我们的记忆力齿轮，那就抛开一切顾虑，赞美玩具，赞美DIY吧！

13

如何避免分心

在离开动机的领土并驶向其他海岸之前，让我们稍微讨论一下注意力（分散）。多少次，我们本想努力阅读，但却发现自己总在分心，稍有一点外部刺激我们就会被干扰。我们会发现，同一个句子，我们已经读了N遍。我们会发现，同一个句子，我们已经读了N遍。我们会发现，同一个句子，我们已经读了N遍。在这一快闪章节中，我们将去应对数字世界的诅咒。在一个多世纪的历史中，神经科学曾多次谴责这种可怕的行事方式：我说的是多次遭受神经科学所恐惧和不同程度谴责的做法——多任务处理（multitasking）。这个“大骗子”利用了我们大脑的直觉漏洞，让我们陷入误区，以为自己在节约时间。在开始之前，你知道多任务处理的定义吗？在这短短一章中，我们将针对这种经常影响学生注意力的“罪行”展开法律“构成要件”分析。先给出总体概述，再深入狼窝（社交网络与音乐）搜寻它的踪迹。请把智能手机设为静音，祝你阅读愉快！

13.1 多任务处理

什么是多任务处理

顾名思义，多任务处理即同时执行多项任务。许多人认为，只有在同一时间发生多项活动才构成多任务处理。实际上这样的想法是错误的，情况并非完全如此：心理学家已经划分了两种不同类型。第一种类型是最经典的，即同时性多任务处理，只要同时进行两种活动就属于这种类型，如边走边嚼口香糖，边看电视边学习。第二种类型是间歇性或接续性多任务处理，即丧失理智般地在两项活动之间不停切换，此时，虽然表面上一次仅执行一项活动，但却总是在两项活动之间转移注意力。经典例子包括阅读时经常停下来写与该主题无关的旁注、学习时每隔15分钟就停下来刷新电子邮件或社交媒体以及做出其他类似分心行为（几乎总是与高科技有关）。经常有人会产生误解，认为间歇性多任务处理的危害低于同时性多任务处理，根本不是这样！在本节中我会向你证明这一点。

多任务处理的缺点

在过去半个世纪中，我们的生活越来越被能够发声、振动的高科技产品所左右，它们就像许多条拴在牵引绳上的小狗，努力吸引我们的注意力。在这样的背景下，实验心理学的一个重点目标就是了解多任务处理对我们大脑产生的影响。简而言之，实验观察到的结果可以归纳为以下几点。如果多任务处理中涉及的活动是全自动的，而且涉及大脑中完全独立的多个区域，如走路和嚼口香糖，那么，同时进行两项活动并不会减损其品质；相反，这种方式一定能够节约时间。可是，如果这些活动都需要认知和注意力资源，即使用量很少，那也要像躲避瘟疫似的躲避多任务处理。多任务处理之所以存在，恰恰是因为我们对自身效率的认知极为不可靠，我们错以为可以利用这种方式节约时间。许多人认为自己是优秀的多任务处理者，认为自己凭借这种方式成为高效率者、时间管理大师……但这样的自我感觉真是错到家了[88]。首先，实验证据告诉我们，每当我们同时进行多个任务，且每个任务都构成认知负荷时，那么任务完成质量就会明显下降，错误会增加，我们的智商也会暂时下降，最多的会降低15%。更糟糕的是，这种方式绝对不会节约时间：事实证明，如果同样是执行那几项工作，但按顺序一个一个来，那么，我们最多可以节约75%的时间[89]！还有一点更糟糕：多任务处理对记忆力的破坏尤为显著。训练之后，人们有可能以多任务处理的方式有效结合机械活动和自动活动，但对于需要用到记忆力的活动来说，这却是不可能的。无论从短期还是从长期角度看，记忆力都会受到多任务处理的影响。

神经科学基础

记忆力会受影响，这情形很可能让你惊讶万分。此外，在间歇性多任务处理中，考虑到两项活动在时间上并没有重叠，于是这种情形就更加令人难以置信了。其实，原因可能在于注意力暂盲(attentional blink)现象，也就是说，注意力上出现了“一道白光”。关键在于，我们无法瞬间调动注意力。如果我们想让注意力完全集中在某个话题上(可以通过脑电图来确认)，那不仅需要花费一些时间，精神上也需要做出相当大的努力[90]。如果我们毫无逻辑地从一个话题跳到另一个话题，在两项活动间游走，那就不得不付出代价——每次跳转都要重新集中注意力。就像一架飞机，从起飞到全速，必须花费时间、消耗燃料来爬升。仔细想想看，来自航空领域的这个类比相当贴切。如果要从罗马飞往悉尼，那么合理的路线是从罗马起飞，约13小时后降落在新加坡，然后再从新加坡起飞，约9小时后降落在悉尼。间歇性多任务处理就像是进行数百次小规模飞行，每次飞几分钟，于是总是在起飞和降落，总是要浪费时间和燃料来爬升。总之:“稍微分心”这种说法是自相矛盾的!任何分心都不是稍微，它都会让我们至少损失几分钟的注意力，我们的大脑需要几分钟的时间才能将注意力重新投入到一项工作上。对我们的大脑来说，这是一种“税”：注意力税。

13.2 我可以在学习时使用社交媒体吗?

减少分心

这是一条超级原创、超级独家的提示：避免分心。也就是说，要像躲避黑死病、通缉犯（死活都要）、恶魔行径似的躲避电视、电子邮件、消息、短消息，尤其是躲避社交媒体。一些作者甚至建议关闭整栋住宅的互联网连接，由此从根本上切断问题。这有些夸大其词了，你觉得呢？也许的确如此，不过，事实是，网络成瘾凭借它对学习造成的各种破坏性影响，已经成为我们社会所面临的重大紧急情况。2013年，世界上最著名且使用最广泛的精神疾病分类体系DSM引入了网络成瘾症（IAD）。观察性研究表明，如今全球人口中约有6%的人明显患有这种疾病[91]。要知道，全球人口中大约只有40%的人可以使用互联网。其实，面对这项数据的时候，我们并不会太吃惊。我们很清楚，社交媒体最明确的目标就是带来满足感，由此常年吸引我们的注意力。很抱歉地说，它的这一目标与你那“受保护的学习时间”完全不相容。

使用某些应用程序，避免沉迷于互联网

值得注意的是，最近出现了大量应用程序，其目的是限制我们对互联网的访问，或者至少让我们意识到自己可能有沉迷情形。有一些会使用强硬策略：你设定一个计划学习的小时数，在倒计时结束之前，该应用程序会阻止你访问社交网络。此类应用程序会定期向你报告，汇总你每

天在社交媒体上花费的时间，并将其与公认的健康时间进行比较。另一种类型数量更多，也更加狡猾，它们不会关闭互联网连接，而是利用你的内疚感。在学习时段开始时，你要“种下”一棵虚拟幼苗（或养一只小动物），然后决定你打算学习多长时间。你可千万别想提前逛逛社交网络或玩玩游戏，否则，幼苗就会因你而过早“死亡”。

13.3 我可以在学习时听音乐吗？

有多少人习惯在学习时听音乐，以避免过度无聊？我想，亲爱的读者，你也许正在为即将到来的指责而颤抖吧，你会想，也许我会夺走你这最后一点点禁忌之乐。但是这一次你可以松一口气了。就音乐而言，情况要比其他类型的多任务处理更加复杂，而且这种做法能够带来多个好处。音乐不仅可以在情绪回路的幕后发挥作用，振奋心情[92]，还可以掩盖我们不得不承受的各种背景噪音（即邻居交谈、狗叫、手机振动、儿童喊叫、电视声等令人讨厌的噪音）。我们可以“选择”合适的音乐，替换原有背景噪音。不过，我们当然也不能去听那些太过摄人心魄的歌曲，此外有些歌曲的歌词会萦绕耳畔，导致我们无法跟上所学内容的思路。在这种情况下，听音乐就会变成多任务处理。所以，毫无疑问，学习时，器乐明显比声乐更有利，如果真的想选择后者，那么因为语言障碍等原因无法听懂歌词当然也是可以的。

哪些作曲家

众所周知，音乐教育与认知和记忆能力关联很大，这一现象在聆听古典乐时尤为突出。多项研究证明了著名的莫扎特效应[93]（当然也引发了激烈的争论）。该效应认为，接触过古典乐的新生儿、儿童和少年能够发展出卓越的认知能力。有趣的是，一些证据表明，之所以会出现这种现象，是因为古典乐拥有严格的复调结构、显著的对称性（想想奏鸣曲的曲式：呈示、发展、再现）以及组织上的高度复杂性。凭借这些特质，古典乐能激发并强化用于空间推理的顶叶回路。这一部分顶叶回路也是此后将要介绍的多种高级助记法（参见第14至第18章）的根基，所以，对学习而言，古典乐的这种提升作用也许能够给我们带来益处。古典作曲家，如第一维也纳乐派（海顿、莫扎特、贝多芬）、所有巴洛克作曲家乃至亨德尔、巴赫和维瓦尔第等，他们的作品既丰富复杂，又讲求“有古典节制感”的严谨几何架构，所以，在记忆提升方面，这些作曲家似乎是最佳人选。最后，我要提一句我最喜欢的作曲家古斯塔夫·马勒。相传，他在临终前说的最后一句话是：“莫扎特，莫扎特。”

我的方法

在我眼里，音乐一直都是一笔不容小觑的财富，在某些学习场景下，音乐具有调和作用。尽管音乐也会导致注意力分散，但不可否认的是，一边听音乐一边学习的确可以带来愉悦感以及情感上的满足。这种效果能够让我们更愿意长时间学习。你是喜欢在1小时内超强度学习，然后休息3小时来恢复精力？还是喜欢连续4小时的边听音乐边读书？在我们以上介绍过的几个学习阶段中，最适合听音乐的无疑是在电脑上亲手准备学习材料（参见第9章）：在进行这一项活动的时候，大脑无需全力以赴，我们可以愉快且随意地将部分认知资源用于处理音乐，不用担心注意力过于分散。作为古典乐迷（兼纯粹主义者），我在学生时代不仅大量使用音乐，而且试着在每一科目与特定曲目之间建立起深刻亲密的情感联系。对我而言，这种方法几乎成了一种工具性条件反射，它作用于情感层面，令我的备考工作如虎添翼。它不仅效果惊人，还帮助我在学习中度过了无数个难忘且令人陶醉的时刻。尼古拉·里姆斯基–科萨科夫（Nikolai Rimsky-Korsakov）的歌剧《透明之城基特师与少女费罗尼佳》（*The Legend of the*

Invisible City of Kitezh and the Maiden Fevroniya）中费罗尼佳的甜蜜歌喉伴我度过了许多个解剖学之夜。瓦格纳（Richard Wagner）的歌剧《漂泊的荷兰人》（*Der fliegende Holländer*）也与我共同经历了许多个既神奇又恐怖的夜晚，我从黄昏到黎明都在做数学分析题，几乎可以说是听一遍《漂泊的荷兰人》，做一道题。伴着罗西尼（Gioachino Antonio Rossini）那首伟大的《小庄严弥撒曲》（*Petite messe solennelle*）的节拍，我完成了生物化学的学习。考试期间，这首曲子一直在我耳边回响，似乎是罗西尼本人推着我的手在试卷上移动，答案也浑然天成地出现在了纸面上。曾几何时，每天晚上到楼下会议室出声复述生理学之前，我都会用耳机满格音量播放《唐怀瑟》（*Tannhäuser*）中的朝圣者合唱选段，我尤其喜欢这一段，它能让我精神焕发、充满动力。获得第一个学位的时候，我听的是博伊托（Arrigo Boito）的《梅菲斯特费勒》（*Mefistofele*）中浮士德救赎选段。而写这本书的时候，我一直沉迷在维瓦尔第（Antonio Lucio Vivaldi）的《胜利的友第德》（*Juditha triumphans*）中。所有这些都将成为我心中最美好的回忆，值得永远珍惜。说真心话，如果没有亲身尝试过这种方法，那就无从窥视音乐的力量以及它那压倒一切的情感调动能力。

14

神经科学：助记法

“就是如此”型数据

让我们先来回顾一下有关记忆的几件事。首先，记忆的运作采用关联性记忆范式（参见第1.4节）。其次，从长期角度看，在学习过程中，大脑需要在幕后进行非常精细的切割与逻辑重组工作（参见第1.3节）：这是一个智识“消化”的过程，需要找到数据之间的原因、结果、互相关系，这个概念与那个概念类似，这里有个例外且其原因在于……，可以留意到该规则在那里再次出现……不过，我们有时也会遇到这样一些材料：就算我们已经非常努力、试图找到各元素之间的联系，但却发现其中不存在任何逻辑关联。你想让我举一些例子？

◉ 因人得名的名字：也就是以发现者命名的那些发现与发明。无论如何努力，都无法找到严格的逻辑联系，如谁也无法解释线性粘性流体方程与纳维尔–斯托克斯定律这个词之间的逻辑关系。

◉ 数字：关于日期能说什么呢？试着给我找一个数学逻辑理由，解释一下哥伦布为什么必须在1492年登陆美洲吧。更不用说法律条例及其条款的编号了。

◉ 列表：该死的列表。学医的时候，经常要去记忆无穷无尽的症状清单，而且这些症状之间完全没有任何联系，因为我们对病理生理学的认识还不足以证明这些症状之间的因果关系。

总之，你已经明白我的意思了：我们无法从理性角度处理这些数据。它们纯粹要靠死记硬背，对此无需赘言。我们可以将它们称为“就是如此”型数据，这是因为，如果提出“为什么”这个问题，那唯一能够给出的答案则是“就是如此”。想要记忆它们是非常困难的，而且需要花费大量的时间。此外，当我们好不容易把它们的“照片”保存在头脑中之后，还会发现，它们就像阳光下的积雪一样容易消解，似乎从根本上说它们与我们的大脑根本不相容。其实的确如此，我们关联性记忆范式无法适应毫无逻辑感的情形，而我们的学习方法堡垒遇到这种情况也会坍塌。完蛋了，怎样才能逃脱？

助记法简介

我们的救星就是助记法（mnemonics），它由一系列方法组成，其目的是随心所欲、毫无顾忌地在这些数据之间“创立”实际上根本不存在的关联。其最终目的是编织出一条红线，以便我们在头脑中重新组织所有数据。是的，我们不惜一切代价，甚至愿意去编造本不存在的关系，就是为了让我们大脑中的智识“消化系统”能够“食用”这些数据，最终记住它们。助记法依靠我们的想象力，以完全虚构的理由来填补“就是这样型数据”中原本缺乏的因果逻辑空白。本章是“热身”板块，将总结助记法的优缺点，为接下来的四章做准备。到时候，我们会逐一介绍各种高效方法。我们可以根据不同方法所适用的信息类型将它们分成以下几类：

1. 概念类：图像记忆法（参见第15章）；

2. 数字类：语音转换法、多米尼克系统、钉子技法、规律法（参见第16章）；

3. 短名单类：缩写技法、关键词技法（参见第17章）；

4. 长列表和文本类：经典轨迹记忆法、新式轨迹记忆法（参见第18章）。

14.1 助记法的有用之处

潜力

关于助记法，首先要知道的是它们非常有效。尤其是助记法中的“公主”——著名的轨迹记忆法（我们很快就会谈到这种方法）。助记法人工痕迹重、违背直觉，因此只有很少的学生在使用它们。事实上，即使在精英院校的学生中，使用此类方法的人也少之又少，但它们的潜力却大到令人难以置信。此外，严格实验证据表明，若能细致入微、有条不紊地教习此类方法，同时清晰展现其局限性（在下一节中我们将谈到这个问题），则能观察到此类教习与高中和大学成绩提升之间的正相关关系[94]。

古代的记忆冠军

谈及这些工具的可靠性时，必须说，它们非常古老。语音转换法起源于17至18世纪的欧洲数学论文。经典轨迹记忆法则至少可以追溯到古典时代：在流传至今的古代拉丁文作品中，至少有四部提到过这种方法，如来自佚名作者的《写给赫伦尼乌斯的修辞学》（*Rhetorica ad Herennium*，公元前90—前82年），老普林尼（Plinius Maior）的《自然史》（*Naturalis historia*，公元77—78年）间接提及过，昆体良（Quintilianus）的《雄辩术原理》（*Institutio oratoria*，公元90—96年），尤其是西塞罗（Cicerone）的《论演说家》（*De oratore*，公元前55—前54年）。上述作品都曾在多个段落中明确表示，早在古希腊演说传统中，经典轨迹记忆法已经拥有了稳固的地位。从文学诞生的那天起，人类就已经知道助记法的可怕力量。毕竟，古人没有印刷机，不得不将记忆力视为一种美德，并依靠它来传递信息。他们比我们这些懒惰的现代人更懂记忆之术！

现代的记忆冠军

如今，助记法已经是各位记忆冠军（从第一代到最近一代）不可或缺的工具，也是每一次世界纪录背后的关键。让我们来举一个例子：你知道吗？圆周率π背诵领域也有世界冠军。你能记得小数点后多少位？2位？3位？或许是4位？前10位是3.1415926535……一起来做个游戏：合上书，猜一下世界纪录是多少。

好了吗？好，我来告诉你答案。在写这本书的时候（2021年），世界纪录保持者是印度的苏雷什·库马尔·夏尔马（Suresh Kumar Sharma）。2015年，年仅20岁的他用了17小时14分钟，成功背出了小数点后70030位，获得了由吉尼斯世界纪录盖章的证书。你也许会说：记忆冠军之所以拥有如此卓越的表现，一定是有遗传基因的支持！在某种程度上，你说的没错。但你也要知道，在助记法的帮助下，即使是记忆力相当普通的人也能达成令人震惊的目标，如在不到30分钟的时间里记住一整副洗好的牌。在接下来的章节中，你会发现，大脑中藏着你做梦都不敢想的能力！

14.2 助记法的无用之处

适用领域少

在这许多赞美之后，关于助记法，你要知道的第二件事是，它们有着极大的局限性！现在就来戳破幻想：无论如何，助记法都不能取代传统学习。助记法的应用领域相当有限：只能用来记忆“就是这样型信息”！所以，它能解决学习中的一小块空白：当所有其他方法都败下阵来时，就需要用助记法来记忆存储这种特定类型的信息了。事实上，助记法的成功关键在于创造现实中并不存在的虚构联系。反过来想，如果各个概念之间存在真实的而不是虚构的逻辑关系，那就总能找到比助记法更好的办法。真实的逻辑关系更加有利于信息迁移，也就是说，有利于提升我们在现实生活中运用知识解决问题的能力。如果我们依赖助记法来背诵所有内容，那我们终将忽略该学科的真正主题，并生活在一个纸板构成的世界里。学习过程远比鹦鹉学舌复杂得多，助记法其实只是一种技巧、一个权宜之计。既然是权宜之计，那就不要滥用。

不够节约时间

助记法的第二个严重局限性在于时间消耗。再来戳破一个幻象：无论使用得有多熟练，你都无法利用助记法“海量”节约时间。突然有一天，你从圆顶高帽里掏出几种助记法，神奇地令学习效率提高了10倍，与往常相比节约了许多时间就通过了考试——这种事情根本不会发生。在时间消耗上，有相当一部分用于助记法的生成，该阶段必须原创。你需要编一个故事、一幅画或一个句子，以你自己的生活经历及文化背景为支撑，让它们在你的脑海中显得既“合理”又“难忘”。说到这里，亲爱的读者，我可以想象，你们中的某些人已经在下断言，认为自己“不善于”编故事，所以助记法不适合自己。我想强调一点：所有人，真的是所有人，都要花许多时间来编写助记口诀。当然，练习肯定是多多益善，但总的来说，编写口诀的确耗时较长，这种情况很正常，必须考虑到这一点。它是必经之路！关键在于：尽管在编写口诀的过程中我们需要投入大量时间，但助记法依然优势显著；但应该将它们限制在有限应用领域里，即用于“就是这样型信息”。

对教科书的呼吁

鉴于生产时间过长是助记法的“限量反应物”，所以我认为，中小学和大学教科书中也应提供一些助记口诀。在每个列表、每个日期、每个因人得名的名字、每个需要记忆的技术术语旁边，最好都能给出一个助记口诀，节约学生自行设计的时间。可悲的是，在意大利，没有人想过这样做，但其实这种方式在英美相当盛行。助记口诀蓬勃发展的领域之一是美国医师执照考试（USMLE）备考手册。由于该考试对记忆力要求极高，且其内容经过了严格标准化、适用范围广，所以各类助记口诀如雨后春笋般出现，可以依靠它们来记住人类已知的任何疾病的每一个症状列表、鉴别诊断或临床指南。此类备考手册中的一些助记口诀非常成功，具有普遍有效性，已经流行全世界。在我看来，每个学科的教学法都应该从这最佳实践中汲取经验。

我的方法

在学生生涯中，我曾多次使用各种助记法，在之后专门讨论那些方法的章节中，我还会向你讲述与此相关的小故事。不过，在结束这个简短的介绍性章节之前，我觉得有必要澄清一个重要事实。经过上面这一番批判性的仔细审查，现在我们已经明白了，助记法是用于极端情况的工具，它可以将无法与现实世界关联的事物与童话世界关联。不过，当你彻底放弃并宣布某个列表或技术术语属于“就是这样型信息”之前，还是要尝试一下，看看能不能找到真实关联。技术术语方面经常会出现此类误解：许多学生都会选择死记硬背，没有任何仪式感。但我个人感觉，有必要想办法查查这些词的词源，去了解一下为什么这个词要这样说，它与我所知道的语言之间是否存在某种关联。在这方面，必须感谢词源学知识带来的宝贵贡献——在高中期间（我读的是科学类高中[1]）我决定自学古希腊语，以便补充词源学知识。拉丁语和古希腊语为我提供了两把钥匙，于是我就拥

[1] 意大利高中分为多类。在古典类高中，古希腊语为必修课，但科学类高中并不教授古希腊语。——译者注

有了一项无与伦比的工具：词源学词典（参见第24.3节）。词源学是一种神奇的学习方法，有了它，词汇就不再是“就是这样型信息”。在记忆词汇的时候，词源学能够为我们提供非常精确的逻辑理由，说明某个词为什么会呈现为特定形态。许多学科都用到了大量古典词语，例如解剖学，但是，相关大学课程却不会给出适当的纯词义介绍，权威作者们写的书也不会系统提供词源信息。学生时代，作为狂热的词源学爱好者，每遇到一个词，我都会去查《词源学词典》。我很高兴能将这些语义与梵语甚至原始印欧语（PIE）词根联系起来。原始印欧语是极为古老的原初语言，拉丁语系和日耳曼语系的各种语言都发源于此。在一次解剖学考试中，我曾被问到关于脐周静脉曲张（caput medusae）的问题，即肝硬化时出现的脐周静脉的放射状扩张。期间，我提到了这个词与“肚脐”词源之间令人难忘的平行关系。肚脐一词的拉丁语是umbilicus，从中可以看出原始印欧语词根h3nebh-，这个词也有车轮轮轴的意思，即辐条“辐射”的中心支点。车轮的这种构造与患有毛细血管瘤的肝硬化病人身上观察到的脐周静脉从脐部向外辐射的排列方式极为相似。老师们听到此处都惊呆了。在这个例子中，我依靠的是真实存在的逻辑关联，而不是空想得出的助记口诀。

15

如何记忆概念

图像记忆法能够将复杂概念转化为视觉上令人难忘的绝美图像。关键在于，在头脑中回溯图像的各个部分，利用它们来获取线索（参见第6.3节），回忆起该概念的各个关键要素，并由此想到概念本身。记忆列表时，该方法有用至极，可以将列表中的每一个元素都转化为图像中的一件物体。用它记忆诗歌时，效果也很好，它可以为每一节描绘出一个生动的画面，其中包含诗句的所有元素；它同样用于记忆外语词汇；一些记忆冠军甚至用它记忆数字（参见第16章）；最后，有证据显示，它对记忆单词之间的关联规则特别有用，能够将记忆由20对单词组成的列表的效果从45%转化为75%[95]。让人不禁想起阿尔伯特·爱因斯坦。他在发展相对论时曾广泛使用思想实验（Gedankenexperimente），即“想象”自己坐在一束光上，或追着一束光跑，以及其他此类图景。总之，这种技法极具潜力，因其与生俱来的多功能性而无比闪耀。

15.1 图像记忆法的使用方法

图像的特征

让我们思考一下，这些想象中图景的迷人之处到底在哪里？我试着将各种原因简单总结为以下几点：

◉ 生动，色彩丰富，具有强烈的情感内涵（无论是喜悦、忧郁、悲伤，甚至暴力）。这种生动性也是文学杰作之所以超凡的关键所在。如果画面是灰蒙蒙的、沉闷的，那谁又会记住它呢？

◉ 最常见的错误是把自己限制在静态二维图像上。其实，我们应该努力使用三维空间，还要试着将运动纳入其中，令事物更加生动有趣，并尽可能包含联觉类信息，不仅调用视觉，还要运用多种感官。我们可以加上声音、气味、味道、温度、体感，并尝试在头脑中让自己沉入该画面的整体感官体验中：只有这样，它才会令人难忘！

◉ 抽象概念需要通过象征符号来呈现：箭头、手势、红绿灯、各种路标。

◉ 欢迎任何喜剧元素，所有关键特征都应以夸张或故意变形的方式呈现，由此来吸引我们的注意力，并令图景中的人物更能打动人心。

◉ 为了分清不同的心理图像系列，可以将它们放在不同的城市、历史时代或某个虚构世界里。此外还应该让图像具有个人特质，从我们自己的爱好、最熟悉的语义范畴中提取隐喻关系。

◉ 人们普遍认为，含有怪异、性或暴力元素的图像更加容易被人记住（尽管承认起来不是那么令人愉快）。这种说法在很大程度上是正确的，但也要特别注意：如果我们制作出的所有图像全都包含此类元素，那这个规律就会失效。奇特的图像能够从普通图像的汪洋大海中脱颖而出，加速记忆：这被称为莱斯托夫效应或隔离效应。反之，如果例外成为惯例，我们制作出的所有图像都包含大量此类元素，那我们无论如何都无法从中获得任何好处[96]。

关联

视觉线索与基础词汇之间可以建立不同类型的关联。该关联通常可以分为：语义类、语音类、偶发类。举个例子，我们正在学习庞加莱猜想，想要努力记住亨利·庞加莱（Henri Poincaré）这个名字。我们应该用哪一类关联来制作图像助记呢？

◉ 语义法：我们可以小心谨慎地依靠词语基础字面含义构建图像。这里有一个小诀窍：在网络图片搜索引擎上搜索该词片段，或故意写错这个词，有时我们能够从中找到此前没有发现的平行关系。另一个诀窍在于研究该词的词源，并忠实呈现它。在本例中，通过网络搜索，我们知道庞加莱（Poincaré）这个姓氏来自“方形拳头”（poing carré），意指“强势的男人”。

◉ 语音法：有时很难将某些词与具体的“视觉”含义

联系起来。我们可以选择更接地气的方法：语音法，即选择发音类似的词语。我们可以利用某些查词网站，在词典中寻找包含所搜词语的词首、词尾、词中任何部分（包括其变位形式）的词条。在我们这个案例中，Poincaré和pancarré之间在语音上明显相似，而pancarré又是意大利特有的一种表达方式（在法语中不存在这个词），字面意思是“方形面包”，意指吐司面包。

◉ 偶发法：词语经常能够唤醒我们对过往生活的回忆，对于产生更加亲切、生动的形象而言，这些回忆是非常宝贵的。在我们这个例子中，如果（假设）你曾经路过巴黎庞加莱研究所（Institut Henri Poincaré），或者曾住在法国某座城市的亨利·庞加莱街上，那这些完全属于个人的闪回时刻将在头脑中勾勒出你与这位杰出法国数学家之间的强大关联。

尽管上述三种方法最为常见，但我们也可以去开发更加奇思妙想的方法，利用最不相干的不同元素之间的平行关系，如字母数、音节数、某些字母的存在或不存在、单词的常见程度等。举个著名的例子：如果你经常混淆经纬度，那可以想象以下罗盘的图片，你会注意到代表北方的N出现在经度（longitude）中，但没有出现在纬度（latitude）中。这样就能记住，longitude是从北到南的，而latitude则是从东到西的。到底哪种方法最适合提取这些隐喻性线索，这完全取决于你。

神经科学基础

图像记忆法之所以效果非凡，原因在于它能海量调动我们大脑的视觉回路。你已经知道（参见第1.4节），长期记忆并不归属于大脑的某个特定区域，而是分布在整个大脑皮质上，与各个区域的处理功能相结合。经过进化，灵长类动物对视觉信号高度敏感，因此视觉处理占据了我们大脑皮质的很大一块区域。该区域甚至横跨三部分脑叶：枕叶、颞叶、顶叶。它就像是我们大脑中的一块巨大内置显卡，而且，它的确与显卡一样，拥有高度并行化的架构，能够针对同一条信息同时执行大量处理进程[97]。

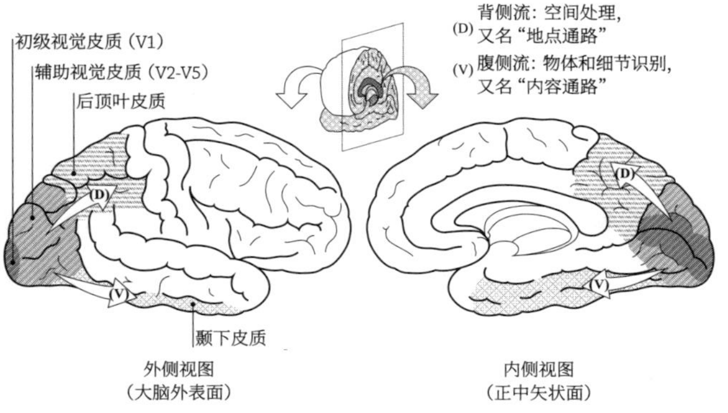

图22　视觉皮质的组织结构

凭借这一性质，我们的视觉回路在计算能力上比语言回路强大得多。后者由于具有明显的串行结构，一次只能处理一条信息。因此，图像记忆法的底层逻辑在于减少必须通过语言皮质处理的信息量。此时，语言皮质将一部分本该由自己处理的记忆工作交给了视觉皮质，利用后者广阔的分布区域与强大的并行处理能力来提升记忆效率。

我的方法

就我个人而言，我不仅广泛使用图像记忆法，有时还喜欢走极端。举个例子：在准备几门考试的时候，我曾满心欢喜地把课程全部内容（包括每一个细节）画成了漫画，也就是说，尽可能将所有信息都画成了彩色小画。最典型的当属组织学笔记本，里面画着许多现实中不可能存在的长腿巨眼的细胞，以多格漫画的形式介绍细胞的内部结构。还在读高中的时候，在现代史这门课上，我最喜欢做的事就是将历史事件转换成漫画，各个国家、各位历史人物都变成了长着胳膊腿的圆圈，然后再涂上该国标志色或画上特色服饰。这些卡通人物的面部表情能够直观反映国家或个人的情绪状态。例如，涉及宣战时，可以让交战国手中持剑、面有愠色。涉及结盟时，则可以让人物手拉手、抛媚眼等。你只需要最基本的绘画能力，只要30秒就能勾画出这些小画，包括用

> 马克笔快速上色。以漫画方式画出全部课程内容，这种方法似乎可笑至极，只有孩子才干得出来，但我发现，这种方法的记忆效果着实惊人：我可以利用图画直观追踪来龙去脉，无需重新阅读任何内容。即使你觉得画出全部课程内容实在是太多，但你仍然可以用几个《乐一通》（*Looney Tunes*）风格的人物来点缀每一份笔记。我敢保证：当你拿起笔记本复习的时候，一看到那几个卡通人物，你就能立刻自动想起大部分信息，根本不需要阅读，此外你还能偷笑两声，何乐而不为呢？

15.2 举例

语言

魔杖的法语是baguette magique，与法棍baguette一模一样。想象一下，哈利·波特（Harry Potter）挥舞着一根神奇的法棍：这景象谁又能忘得了呢？

解剖学（之一）

记住腹主动脉和下腔静脉之间的对应关系绝非易事，更不用说那些非常重要的血管旁支的排列顺序了。有一条助记法很有名：把这两条血管想象成一对跳舞的人，把主动脉旁支想象成其中一个舞者的身体各部位。

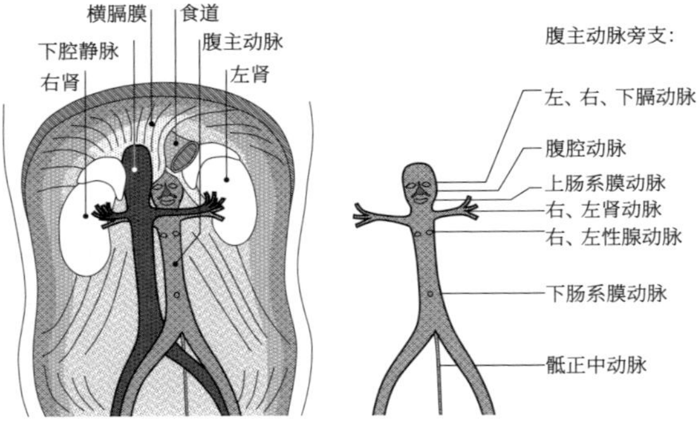

图23　下腔动静脉图

解剖学（之二）

脑神经运动核团包括：

- 动眼神经核，III、IV、VI号神经（三个眼睛）；
- 咀嚼神经核，V号神经（萨尔瓦多·达利式的嘴）；

- 运动神经核，VII号神经（飞机的发动机）；
- 疑核，IX-X号神经（两个未连接的箭头）；
- 副神经核，XI号（嘿，手表就是一种配件[1]）；
- XII号神经（时钟指向12点）。

图24 脑神经运动核团图

[1] 在意大利语中，“副”与“配件”是同一个词accessorio。——译者注

16

如何记忆数字

一般原则：记住一个词或一个图像比记住一个数字要容易得多。但我们如何才能将任何数字转换为单词再转换回来？为了设计出这样一套普适且强大的系统，人们投入了许多努力。近四百年来，欧洲各国的思想家们付出良多，开发出了一套“完美的数字助记法”，而亲爱的读者，你就是这套著名语音转换法的继承人。语音转换法有很多个名字，最正确的名字当属艾梅·帕里斯（Aimé Paris）技法，但也有人不恰当地将其称为埃里贡内（Hérigone）技法或莱布尼茨（Leibniz）代码表。在英语中，它被称为主要系统（Major System）：也不知道它的意思到底是“与其他系统相比适用范围更广的系统”呢，还是“马约尔·贝尼沃斯基（Major Beniowski）系统”。后者是一位波兰裔英国学者，曾经发明了一种语音转换法，但很快就被弃用了。不过，我们还是切入正题，去看看语音转换法到底是怎么一回事吧！

16.1 语音转换法的使用方法

该技法的基础是准备一张表格，将每个数字加密为几种辅音；然后我们可以自由添加需要的元音，以便形成一个具有确定含义的单词。请注意：见到该词之后，只需要通过辅音发音就能唯一对应至某个数字，无需考虑具体拼写。用户可以“自由”决定下列要素，以便找到具有确定含义的单词：

◉ 所有元音；

◉ 所有半元音，例如 /j/（ieri /' jE:ri/, you /ju:/）和 /w/（questo /' kwesto/, weep /wi:p/）；

◉ H，虽然是一个名副其实的辅音，但在该表中属于例外；

◉ 所有的双辅音，例如，fratto和forati都指向同一个数字上。但是，两个辅音分开发音的情形（如 midday /mɪd' deɪ/）不属于该情形。

	国际音标	意大利语字母	英语字母
1	齿音 /t/, /d/, /θ/, /ð/	T D	T D TH，例如：thing /θɪŋ/
2	鼻音 /n/, /ŋ/	N GN，例如：gnocchi /'ɲɔkki/	N
3	双唇鼻音 /m/	M	M
4	颤音 /r/	R	R L，例如：colonel /'kɝnəl/

续表

	国际音标	意大利语字母	英语字母
5	流音 /l/	L, GL	L
6	腭龈音 /tʃ/, /dʒ/, /ʒ/ 英语中还要加上/ʃ/	软C 软G	CH J 软G S，例如vision /ˈvɪ.ʒ(ə)n/ Z，例如seizure /ˈsiʒɚ/ SH T，例如inflation /ɪnˈfleɪʃən/
7	软腭音 /k/, /g/	硬C 硬G K Q	硬C 硬G K Q
8	唇齿音 /f/, /v/	F V	F V PH GH，例如laugh /lɑ:f/
9	唇音 /p/, /b/	P B	P B
0	咝音 /s/, /z/ 意大利语中还要加上/ʃ/	S Z SC，例如sciocco /ˈʃɔkko/	S Z 软C，例如pace /peɪs/ x，例如xenophobia /zɛnəˈfəʊbɪə/

元助记法

有些人可能已经在想：单单是记住前面那张可怕的表格，恐怕就会痛苦得让人想要头撞墙吧……你说的没错，但也不要害怕！令人开心的是，已有一套“为学习助记法而准备的助记法”，或者说，一套元助记法。其实，在很大程度上，这套元助记法展现了上表真正的历史起源。一定要知道它，因为它的确能够帮你记住上述语音转换法：

1. T长得像罗马数字I；

2. N长得像罗马数字II；

3. M长得像罗马数字III；

4. R是4（four）的最后一个字母；

5. L代表罗马数字中50；

6. J长得像水平摆放的6；

7. K长得像两个水平摆放、叠在一起的7；

8. 斜体的F（*f*）长得像8；

9. P在镜子里看起来像9；

0. Z是0（zero）的第一个字母。

使用说明

为清楚起见，让我们试着总结一下到底如何使用该技法。假设我们想记住这个数字：

9484959445941

➥ 可以把它划分为：948495-944-5-941

首先，根据前面的表格表将数字转换成音素：

B/P R F/V R B/P L/GL-B/P R R-L/GL-B/P R T/D

然后，我们的任务是随意添加元音，直到构成一个单词或一个句子。由于我们这串数字非常长，所以必须构成一个句子。最好能找到一个有确定含义的句子，即使意思有些诡异也没关系。幸运的是，已经出现了一些软件和在线服务（其中许多是免费的），在这个综合整理阶段，它们能帮上大忙。在网上搜索“语音转换法”或“主要系统”，可以找到大量意大利语和英语版本的网站。我们可以试着在某个网站上输入该数字的第一部分，如948495，我们会得到以下结果：perforabile（可穿孔）、preferibile（最好）、preverbale（未有语言的）、proferibile（可以说出的）、proverbiale（谚语的）。输入944则可以得到aprire（打开）。最后，941对应的是porta（门），剩下的5则对应定冠词la。综合来看，è preferibile aprire la porta（最好还是开门），虽然从语义角度看属于毫无意义，但是从句法角度看却是完美连贯的：不要抱怨，这肯定比记忆9484959445941要容易得多。对于语音转换法的死忠粉来说，甚至可以使用某些高级服务来自动完成此类结构的划分与搜索工作。

预记忆技法

如果应用得好，上述方法能够帮助我们记住十几位的数字，如一串电话号码。但是，参加记忆比赛的那些专业人士能够记住成千上万位数字，这中间的差距在哪里呢？诀窍就在于以两位数或三位数为单位，记住一套图像“字典”。这套图像字典有些像塔罗牌，只不过一套中所有元素的数量更大，而且关联标准更加严格。在操作上，必须一次性记住1000个名词以及它们与从000到999的每个自然数之间的关联（通过语音转换表）。然后，假设我们必须记住一串390位的数字，那就要先将它转换成130个名词，然后再创作出一个小故事，将这些名词按顺序连接起来。此前学到的适用于图像记忆法的所有技巧（参见第15.1节），如联觉、运动、怪异等，将同样适用于语音转换法。

16.2 多米尼克系统的使用方法

曾经八次获得世界记忆锦标赛冠军的英国人多米尼克·奥布赖恩（Dominic O’Brien）发明了一种新式语音转换法。如今，这种方法已经名震全球，它基于人物行为，也就是说，每一对数字都要与一个人物关联起来。在这里，我将简要介绍这种方法（关于具体细节，请参见奥布莱恩自己写的书）[98]。让我们选一个数字，如27776822。首先，我们要把它分成多个单元，每个单元最多4位数。在本例中，这个数字被分成了2777和6822。我们要为每个4位数单元设计一幅画面，画中会用到两个人物：

- 前两个数字 = 第一个人物，他是主角；
- 后两个数字 = 第二个人物，他做过主角所做的事。

那么，如何将两个数字与一个人物形象的身份联系起来呢？很简单，使用下面的转换表（与语音转换法所用的表格不一样）。这里依然要说明，面对某对首字母的时候，即使我们自己想不出来相对应的名人，也可以利用网络上提供的许多免费检索工具，其中许多都是专门针对多米尼克系统制作的。确定下这两个人物之后，为了构成画面，只需将第二个人物的特征动作赋予第一个人物。这其中定会有相当强的反差，会形成一幅矛盾的画面。在这个例子中，2777意味着B. G.和G. G.，所以可能是比尔·盖茨（Bill Gates）和灰袍甘道夫（Gandalf the Grey）。现在，当我们想到甘道夫的时候，脑海中浮现出的第一个动作是什么？也许是那句“你……不能……通过！”也就是说，想象一下比尔·盖茨喊出这一句话的样子，这样我们就有了第一出令人难忘的短剧。继续来看6822，转换为S. H.和B. B.，如夏洛克·福尔摩斯（Sherlock Holmes）和兔八哥（Bugs Bunny）。兔八哥喜欢做什么？当然是吃胡萝卜。想象一下，夏洛克·福尔摩斯一边准备嚼卡通胡萝卜，一边大喊：“嗯……出什么事了，伙计？”还有比这更严肃、更冷静的方式来为这个例子画上句号吗？

1	2	3	4	5	6	7	8	9	0
A	B	C	D	E	S	G	H	N	O

元助记法

对于多米尼克系统而言，也有一套简单的方法来帮助我们轻松记住上面这个表格：

1-5. 字母A到E是该表的前5个字母；

6. S是6（six）的首字母；

7. G是字母表的第7个字母，此外，该字母中间有一条小横线，就像手写的数字7似的；

8. H在英语中的读音是/eɪtʃ/，类似于数字8的读音/eɪt/；

9. N是9（nine）的首字母；

0. O在外表上类似于0。

16.3 挂钩记忆法的使用方法

以上这两种方法能够帮助我们记住一串任意长度的数字。有时，我们不得不处理比数字更加难缠的数据类型：有序列表，即特定元素与列表中特定位置的对应关系。给出数字n时，我们必须能够答出列表中第n个元素的名称，反之亦然。最典型的例子就是元素周期表，比如我问你：第74种化学元素是什么？即使你对整个元素周期表了如指掌，你也不一定能直接回答出“钨”。为了满足这一特殊需要，被《时代》(*Time*)称为“记忆训练界的尤达”的美国魔术师哈里·洛雷恩(Harry Lorayne)在此前技法基础上开发了一套新系统：挂钩记忆法(mnemonic peg system)[99]。该技法基于两组单词列表之间的结合：

◉ 第一组是“元素列表”，即需要结合位置记住的那些单词，如化学元素；

◉ 第二组是“挂钩列表”，这是一些固定的图像，我们必须预先记下它们，而且还要能把它们与数字轻松关联起来，此时可以使用“正统”语音转换法，也可以使用更加简单的办法、利用数字和词语之间的“近音”，如下表所示。

	意大利语中近音		英语中近音	
1	Uno	Bruno	One /wʌn/	Sun /sʌn/
2	Due	Bue	Two /tu:/	Due /dju:/
3	Tre	Tè	Three /θɹi:/	Tree /tɹi:/
4	Quattro	Gatto	Four /fɔ:/	Floor /flɔ:/
5	Cinque	Lingue	Five /faɪv/	Hive /haɪv/

续表

	意大利语中近音		英语中近音	
6	Sei	Dei	Six /sɪks/	Stick /stɪk/
7	Sette	Fette	Seven /ˈsɛvən/	Heaven /ˈhɛvən/
8	Otto	Motto	Eight /eɪt/	Fate /feɪt/
9	Nove	Giove	Nine /naɪn/	Pine /paɪn/
10	Dieci	Feci	Ten /tɛn/	Hen /hɛn/ [1]
11	Undici	Giudici		
12	Dodici	Codici		
13	Tredici	Orefici		
14	Quattordici	Nordici[2]		

建立好这两个列表之后，就要在它们之间建立平行关系了：首先，取“元素列表”中第n个词，以及“挂钩列表”中对应的第n个词；然后，想象出一个奇异的画面，让两个词之间发生互动。完成所有配对之后，确定每个元素的序号就是一件很容易的事，只要想想：“我们用那个元素做了什么？”就可以了。例如，钨（=元素）的序号是74，该数字在语音转换法中对应着/k/ /r/，可以是acquario（鱼缸）（=挂钩）。在

[1] 本列单词含义依次为：太阳、到期、树、地板、巢、树枝、天堂、命运、松树、母鸡。——译者注

[2] 本列单词含义依次为：棕色、牛、茶、猫、语言/舌头、神、切块、箴言、宙斯、粪便、法官、准则、金匠、北欧。——译者注

鱼缸中可以用钨丝做什么呢？比如说照明用的灯泡里面要用到钨。那就可以记住以下画面：一条可爱的小鱼在钨丝灯照亮的鱼缸里游动。所以，当别人问我们，钨的原子序数是多少，我们所要做的就是想想：我们用钨做了什么？很明显，鱼缸里的灯泡，那是我们的挂钩！我们将“鱼缸”的C和R转换为7和4，然后就得到了答案，74。为周期表中的每一个元素都安排这样一幅画面就可以了。还不错！

16.4 如何寻找规律

本章所描述的助记法无疑是一个奇迹，正是有了这些助记法，无数惊人的记忆记录才成为可能。不过，我必须指出，在现实生活中，作为一名学生，很少会出现需要记忆大量数字、不得不求助于这种繁琐费事算法的学科。法学中倒是的确会有这种情形，必须去记忆铺天盖地的（美妙）法条、法规、判决书及其颁布日期。除此以外，在大多数情况下，需要记住的数字永远不会超过我们的“通常”记忆容量，不需要助记法的帮助。有些学生（我承认，我自己也是）的确觉得自己似乎很容易就能记住适量的数字。那我们有什么技巧呢？一句话，寻找规律。考虑到关联性记忆范式（参见第1.4节），我们很容易就能明白，对于我们的大脑来说，记忆一条“规则”明显比记录一串数字更加符合人体工程学。例如，在1357这个数字中，如果我们注意到每个数字都比前一个数字大2，那么记住它就变成了一件轻而易举的事。不过，数字规律并不总是以代数方式呈现，有时规律可能隐藏在意想不到的地方。正如英美人所说的，魔鬼就在细节中（the devil is in the details）。我们必须发挥创意才能找到它！

我的方法

现在又轮到我了，我来讲讲我最喜欢的三种方法。我设计了这三种方法，在学习过程中曾多次用它们来寻找数字之间的规律。

第一个方法：你能想起电脑（或ATM）上的数字键盘吗？我们生活在一个日益数字化的社会，所以手指对小键盘的了解可能超过了对衣服口袋的了解。这个诀窍就在于，记忆数字的时候，不要把它当成一串数字，而是记住打字时的指法。这样一来，你就把原本应由陈述性记忆承担的部分负担转移到了另一个脑区的程序性记忆上（参见第1章）。例如，1831年这个日期对应的是划出一个完美的三角形。很优雅，不是吗？

第二个方法没有那么古怪：让大脑以图形方式想象数字。比如，如果要记住1975年这个日期，你可以想象一下20

世纪，然后标出它的四分之三。在脑海中想象时间轴的样子，或者，最好把它画在纸上，这样可以避免在数值上出现令人尴尬的宏观错误：有多少次，你记住了一个日期的最后一位数字，却不小心搞错了十年，甚至搞错了世纪？如果在时间轴上多添加几个日期，那就还能通过比较不同事件的位置去发现时间方面的有趣巧合与相互关系了。

最后一个方法也是我用得最多的，其中结合了我对飞机的喜爱。从4岁起，我就在玩模拟飞行类游戏：飞机模型就像我的好朋友，而它们的名字几乎总是由两到三个数字组成的。我几乎可以为从0到1000之间的任何数字想出一个飞机或引擎型号。所以，每当我看到某个日期的时候（除了千禧年，这个数字太显而易见了），我就能立刻联想起某个飞机型号。如果需要的话，也可以发明一个不存在的型号！你大概知道，在航空命名法中，第三位数字（称为系列）大多反映了机身长度。例如，空客A340家族中最长的型号是A340−600（即346），它比A340−500（即345）更长。所以，记忆黑死病爆发于1347年时，我立刻联想到了A340−700（实际上并不存在），它比A340−600更长，装载着受感染的啮齿动物从蒙古大草原起飞来到了地中海机场。疯了吗？可能吧，但正如伍迪·艾伦（Woody Allen）所说：Whatever works。管他呢，好用就行。

17

如何记忆短列表

多少次，我们不得不记住一组元素，它们互相之间完全没有任何逻辑关联。所以必须找到某种方法来虚构它们之间的关系。其中最典型的做法是利用列表中每个元素的首字母。由此产生的助记法分为两类：

- 一个缩写，如果运气好，那么，将该元素每个单词的首字母放在一起（也许需要做一些微小调整），就可以得到一个能够读出来的单词。是否有意义是另一回事……
- 或者可以找到一个关键词口诀。

事不宜迟，让我们来仔细看看这些业内技巧，充分掌握这些极为常用的方法。

17.1 首字母缩写法的使用方法

让我们从最幸运的情况开始，即能够找到首字母缩写的情形。首先，我们注意到，如果单独一个字母给出的线索不够强（参见第6.3节），那我们当然也可以从每个词中选出多个字母。举一个著名的例子：懂德语的人一定知道tekamolo，它提醒我们，在德语中，补语应当严格遵循下列预定排列顺序：时间（tempo）、原因（causa）、方式（modo）、地点（luogo）。在构建首字母缩写的时候，每个元素提供不同数量的字母也是可以的。此外，通常而言，任何干扰、变形、削减操作都是允许的，只要我们无需帮助即可从该缩写中重新构建出原词组即可。另一个需要说明的是，缩写本身不需要具有实际意义：我们不挑食，只要朗朗上口就可以了。在某些情况下，甚至应当首选无意义关键词：一个纯粹的抽象缩写具有一个巨大的优势，此时，在提取经过编码的信息时，抽象缩写不会强迫我们的大脑暂时离开当下学习领域的语义范畴，所以，与具有实际意义的缩写相比，抽象缩写的提取过程更加干净、精简。

我的方法

我想讲一个发生在我身上的故事。高中时，我第一次开始自学神经科学。当时，我发现自己很难记住12条脑神经（非常重要）：嗅神经（olfattivo）、视神经（ottico）、动眼神经（oculomotore）、滑车神经（trocleare）、三叉神经（trigemino）、外展神经（abducente）、面神经（faciale）、前庭耳蜗神经（vestibolococleare）、舌咽神经（glossofaringeo）、迷走神经（vago）、副神经（accessorio）、舌下神经（ipoglosso）。后来，有一天我突然顿悟：我意识到，前两条神经无需特定记忆，而后10条神经，如果按照古典拉丁语读音规则将V读成U，那就可以获得一个很好听的首字母缩写。是什么呢？Ottafuguai。好不好听？它的声音如

> 此悦耳，不可能不在记忆中留下痕迹。每次记不住脑神经的时候，只需要ottafuguai这个词，你就能找到答案。首字母缩写法轻便、精妙，如交响乐般既纯粹精简又适用广泛。

17.2 关键词口诀法的使用方法

不过，在其他许多时候，运气并没有站在我们这一边：列表中那些元素的首字母无法以任何方式组合成一个能读得出来的词。此时还有另一个巧妙的解决方案，即将列表转化为一句话，甚至组成一个简短的小故事，其关键元素（人物、动作、物品等）的首字母与列表中元素的首字母相同，甚至能够实现第一个音节的相同。如果我们更追求创意，那也可以用末字母来代替首字母。有点像那句著名的化学助记法“il moroso è partito, l’amico è tornato”（男朋友离开了，朋友回来了），它提醒我们，传统命名法中阴离子的词尾与它所处对应的酸的词尾有关：-oso要变成-ito，-ico要变成-ato。你觉得怎么样？既然口诀中的字数与列表本身的元素数相同，那么这种方法的优势又在哪里呢？很明显：当一个句子具有实际含义时，各词语之间也就有了逻辑和句法关系，不再像“就是这样型列表”那样散乱。句子所讲故事的视觉和情感影响力越强，助记法就越有效。

我的方法

最适合用讲故事方法来记忆的领域当然是元素周期表中的那些化学元素。亲爱的读者，如果你打算走上科研道路，那在此我要向你提出一个衷心的建议：牺牲几个小时，一劳永逸地记住这张重要的元素周期表。我知道这件事不简单。不过，一代代的学生（包括我自己）曾经发明过许多助记法，有的极为大胆、出色，其用意都是让背诵元素周期表这件事更加快速、轻松。有一些使用了短故事的形式，有一些则是短句，句中的字母大略构成了元素周期表中每族或每周期元素的符号。不过，这些小故事都是由学生们自己编写并一代代传下去的，它们虽然能够最大程度地实现“难忘”，但从语义角度说却并不适合公开写在这本书里，请大家理解。不过，我还是选了其他领域的一些例子，它们可能没有那么形象风趣，但仍然相当有效，而且适合任何年龄段的读者。

17.3 举例

天文学	
My very educated mother just served us nine pizzas（我那很有教养的母亲刚刚为我们端上了九张比萨饼）	太阳系行星，距太阳由近及远：Mercury、Venus、Earth、Mars、Jupiter、Saturn、Uranus、Neptune、Pluto（水星、金星、地球、火星、木星、土星、天王星、海王星、冥王星，不过，冥王星如今已被视为是矮行星）
生物学	
Kings play cards on fairly good soft velvet（国王们在绝佳柔软天鹅绒上打牌）	林奈分类法：kingdom、phylum、class、order、family、genus、species、variety（界、门、类、目、科、属、种、亚种）
化学	
Purga（清洗）	核酸的含氮碱基：含有嘌呤碱基（purine bases）的是鸟嘌呤（guanine）和腺嘌呤（adenine），含有嘧啶碱基的是胞嘧啶、尿嘧啶和鸟嘌呤
Pvt Tim Hall（二等兵蒂姆·豪尔）	必需氨基酸：Phenylalanine、Valine、Threonine、Tryptophan、Isoleucine、Methionine、Histidine、Arginine、Leucine、Lysine（苯丙氨酸、缬氨酸、苏氨酸、色氨酸、异亮氨酸、蛋氨酸、组氨酸、精氨酸、亮氨酸、赖氨酸）
Sabato pane, domenica focaccia（周六面包，周日佛卡夏）	原子轨道种类，按照角量子数l递增排序：s、p、d、f轨道

续表

物理学	
Richard of York gave battle in vain （约克的理查败下阵来）	彩虹的颜色：red、orange、yellow、green、blue、indigo、violet（红、橙、黄、绿、蓝、靛、紫）
地理学	
Homes （家园）	五大湖：Huron、Ontario、Michigan、Erie，Superior（休伦湖、安大略湖、密歇根湖、伊利湖和苏必利尔湖）
Piacque （喜欢）	罗马七丘：Palatinus、Ianiculum、Aventinus、Caelius、Quirinalis、Viminalis、Esquilinus（帕拉蒂诺山、贾尼科洛山、阿文提诺山、西里欧山、奎利那雷山、维米那雷山、埃斯奎利诺山）；可以注意到，此处的V按照古典拉丁语读音法发U的音
三角学	
Soh-cah-toa	角的正弦（Sine）等于对边（Opposite）比斜边（Hypotenuse）；余弦（Cosine）等于邻边（Adjacent）比斜边（Hypotenuse）；正切（Tangent）等于对边（Opposite）比邻边（Adjacent）

续表

药学	
Facts （事实）	流感症状：fever、aches、chills、tiredness、sudden onset（发烧、疼痛、发冷、疲倦和突然发病）
Never let monkeys eat bananas （永远不要让猴子吃香蕉）	在白细胞分类计数中，不同的白细胞类型，按照其在血液中的含量由多至少排列：Neutrophils、Lymphocytes、Monocytes、Eosinophils、Basophils（中性粒细胞、淋巴细胞、单核细胞、嗜酸性粒细胞）
Se sei Peter Pan, trova tu Capitan Uncino! （如果你是彼得潘，那就去找虎克船长！）	腕骨：近端有scafoide、semilunare、piramidale、pisiforme（手舟骨、月骨、三角骨、豌豆骨），远端有trapezio、trapezoide、capitato、uncinato（大多角骨、小多角骨、头状骨、钩骨）
音乐	
Every good boy does fine （每个好男孩都干得不错） FACE （脸）	五线谱五条线分别对应：mi (E)、sol (G)、si (B)、re (D)、fa (F)； 四个间分别对应：fa (F)、la (A)、do (C)、mi (E)

18

如何记忆长列表或整本书

在食堂与同学聊天或浏览学生们常去的网站的时候，你一定听说过某些虚幻飘渺的超级记忆法，它号称能把我们金鱼般的卑微记忆力转变为大象般的惊人摄影记忆。好吧，这些具有无限潜力的“秘密方法”其实大多是那些自古以来就在使用的方法，也就是早在古希腊时期便已经被发明出来的那些助记法。从那没有印刷技术的时代开始，许多世纪以来，人们都曾依靠这些方法来记住整部史诗或整本书。我说的就是轨迹记忆法（method of loci）。千年来，人们给它起了无数个名字，如西塞罗记忆法、记忆宫殿、记忆城市、罗马房间记忆法、旅行记忆法、记忆之道等。首先要澄清一件事：之所以有人夸奖这种助记法的超级能力，肯定与事实有关，但其中也掺杂了不少刻意营销。我们很快就会看到，谈及这种方法的适用性时，问题相当复杂，值得仔细考察。不过，我们还是按照顺序来：我先会向你展示其经典版本，然后再去看看新版本。

18.1 经典轨迹记忆法的使用方法

步骤1

首先找到一个我们非常熟悉、了如指掌的地方。典型的例子有：我们现在或以前的家、我们经常走过的某条街道、我们所在的城市。所选地点在哪里不重要，重要的是我们能够清楚记得它的细节，在大脑中能够回忆起它的所有特征元素，即所谓的地标。这些地标可以是家具（靠垫、床、椅子、书桌、各种架子等），可以是建筑物（市政厅、医院、超市、银行、法院等），也可以是某些较小的元素（路标、破石块、矮墙、灌木丛等）。就我个人而言，我用的是比萨市。

步骤2

然后，我们要想象自己在这样一个地方散步，想一想我们看到的每一个地标的确切顺序。在拉丁语中，智者西塞罗曾将我们停下来的这些特殊点位称为loci。我们必须确保该路线长度与打算学习的那个学科规模相当：需要记住的内容越多，在学习之前必须在心中准备的特殊点位的数量就要越多。如果该学科涵盖内容非常广，那也许需要将多段路线结合起来，这样就能拥有上百个互相连接的点位了。也可以乘坐交通工具完成全部或部分路线。举我自己的一个例子：从比萨市到我父母家的那条路，我对它了如指掌。我可以回忆起全部细节。首先，从圣安娜高等学校法多宿舍走到比萨火车站，在这个过程中，我会为一路上遇到的每一栋建筑安排一个特殊点位。其次，乘火车去佛罗伦萨，其间我会为从车窗处观察到的每一个值得注意的风景安排一个特殊点位。抵达新圣母车站之后，我会穿过车站，在每一个建筑元素都安排一个点位。然后，登上开往博洛尼亚的火车，我会继续沿途安排点位，直到到家。你明白了吧：首先，要找到一条路，知道这条路上大大小小的每一个细节；然后，找到吸引我们注意力的每一个点，把它们当作点位。这样一系列特殊点位就像是阿里阿德涅之线，或者，也许说这是小拇指悄悄留下的那道石子更合适。不管使用什么比喻，总之，这是一条路，沿途有一定数量、一定顺序的固定点位，我们很容易就能在头脑中扫视一遍，想起它的点滴细节。

步骤3

从这里开始，真正的学习阶段就开始了。我们收集想要记住的列表，对于其中的每个元素，继续应用图像记忆法（参见第15章）。我们必须安排一些“物品”，或者说一些线索（参见第6.3节），这些线索必须足够强大，能够让我们回想起需要记住的那个元素。然后，我们要做的就是在脑海中重新走一遍上述路线，并将这件物品放在相应的点位上。列表中的第一个元素应该放在该路线的第一个点位上，第二个元素放在第二个点位上，以此类推。请注意，亲爱的读者，我们可以轻松地将这种方法推而广之，不仅可以用它来记忆列表，还可以记忆整本书。我们要做的只是阅读需要背诵的文章，每遇到一个关键词，就安排一个视觉线索，并把它放在上述路线的下一个空点位上。有时，在安排线索的时候，你也可以对该地标进行宏观修改，而不是在其中加入某个物品。例如，你可以想象自己所在城市的市政厅外墙上有一幅巨大的涂鸦，或者你可以改变广场中央那座喷泉的形状，等等。让我们回到刚才那个从比萨回家的例子。想象一下，用它来记忆内分泌学。我已经走到了比萨火车站，一路上填满了各个点位。登上火车之后，下一个空点位是出站后的托斯卡纳乡村风光，远处是壮丽的皮萨诺山。与此同时，在内分泌学教科书中，我也来到了有关库欣氏综合征的篇章，其中就有水牛肩和满月脸。所以，我必须在田间地头放某件物品，让我能回想起库欣氏综合征的特殊临床症状。会是什么呢？例如，一头巨大的水牛，脖子上挂着一个月亮奖章。太棒了，我把这头水牛放在田野间，想象它身后的褐色野山。明信片般的场景！在这段铁路之旅的下一个点位是一个巨大的公路环岛，可以透过车窗望见它。内分泌学教科书告诉我，除了水牛背之外，库欣氏综合征还有另一个影响，即臀部和腹部的皮肤扩张纹（红色或紫色的纹路）。那我可以用什么物品来提醒自己？例如，一面红白条纹旗（红色和白色也是比萨城的官方色），耸立在环岛中央。又是一个明信片般的场景。就是这样！我在脑海中把那面大旗插在想象之旅中。一步步地，在翻阅内分泌学书的同时，我用视觉记忆法设计相关线索，并将它们放在下一个空点位上，必要时还要试着让这些线索适应相关点位的地理特征。

步骤4

现在一切准备就绪！我们已经安排好了想象世界的漫步之旅。无论我们是在家里走来走去，还是乘坐火车旅行；无论是在街区散步，还是在整座城市里探索，这段想象都可以被称为（广义上的）“记忆宫殿”。每当我们需要回忆列表或书中内容时，只要在心里过一遍这段旅程，在每个点位上停一下，重新照亮每个线索物品中隐藏的概念就可以了。复习的时候也需要进行同样的操作。亲爱的朋友，你会发现，拥有一个记忆宫殿就像拥有一套租来的公寓：你必须定期“支付租金”，不是花钱，而是花时间、花认知资源来更新记忆，否则可就要被轰出去了。

线索物品的特征

你一定已经注意到了，轨迹记忆法其实只是图像记忆法（参见第15章）的加强版，我们只是在其中加入了“地理”层面。在实践中，我们利用自己对某些真实地点的详尽了解（都是我们在生活中偶然积累起来的），以特定的顺序走过每一个线索物品。如果需要记住每一个点位的序号，那就需要每隔一段事件加入一个用来提醒序号的线索物品，就像书签似的。例如，我们可以每隔10个连续点位留下一个特殊标记：这样，如果我们必须回忆第126个点位，那只需要从第120个点位开始走即可，很快就能找到答案。背诵长短诗篇的时候经常会出现这种需求：在背诵《神曲》（意大利语为Divina Commedia）的时候，如果我们为每组3行诗分配一个点位，那就有可能回答他人关于“第几组诗句是什么”的提问了。

“点位”的选择

至于点位的选择，一般来说，我们总是会遇到这样的问题：与需要在头脑中储存的无限概念宇宙相比，我们已经了如指掌的地方少得可怜。这样一来，就必须在每个点位内尽可能多地记录一些信息。首先，我们必须巧动脑筋、擅于识别点位。并非只有占据一定空间的实体场所才能被用作点位：只要能够看到这个地点，而且能够与某个地标相关联，就可以了。所以，我们可以玩点花招！例如，选择书房作为背景环境时，那里有一张写字台，我通常把电脑和手机都放在那里，所以，一个点位是桌子上方的空间，另一个点位是电脑屏幕上显示的图像，第三个是手机屏幕上显示的图像，就这样，看似一个点位，实际上安排了三个！当就连这种技巧也无法解决问题时，许多记忆大师就会使用视觉堆栈法，也就是说，每个点位上放置多个而不是一个线索物品。通常可以放置2到5个线索物品，具体数量由你决定，但千万不要超过此前在组块记忆法中谈到的著名神奇数字7(参见第1.2节)。最后一条建议：不要将同一背景环境用于过多学科。举个例子，如果我们以自己的家为背景环境，建立了10座记忆宫殿，那么，在试图探索与社会学有关的那座宫殿时，我们就会发现，自己可能记不清在桌子上、枕头上、马桶上到底留下了哪些线索！为什么会这样？原因很简单：每个家具上都摆满了线索，所以我们的老熟人——恼人的倒摄干扰现象（参见第6.3节）就会登场了。就是这样！

神经科学基础

为了寻找完美的解决方案，我们必须知道，轨迹记忆法为何能够大幅提升我们记住的元素数量，这一强大机制背后的秘密是什么。当然，答案依然来自我们那位吹毛求疵博士[1]——神经科学。而且，仔细观察就会发现，其秘密与图像记忆法非常相似。空间探索与图像处理一样，都是灵长类动物最优先进化的功能。毕竟，在远古时代，狩猎之后，如果走错了路，那就会找不到回洞穴的路，到了晚上，等待他的，恐怕就是丛林大猫的獠牙。所以，灵长类动物的大脑配有强大的“指南针”，该回路位于顶叶，负责空间定位任务。而且，它就像视觉回路一样，横跨一大块皮质，平行处理能力极强，在信息处理和存储方面都具有超高效率。毕竟，在日常生活中，我们恐怕已经发现了，在记忆地点的时候自己的效率有多超凡。亲爱的读者，在考试的时候，你是否遇到过这样的时刻：虽然你记不清某个细节了，但却能以一种不可思议（同时也令人费解）的准确度说出该细节位于笔记本的哪一页，甚至哪一行上？你已经明白了其中的诀窍：轨迹记忆法只是将存储信息所需的一些计算负荷从负担过重的语言编码区转移到了顶叶区；后者的进化优势更加明显，所以处理效率明显更高；是的，找到我们的山洞多半还是比记住小狗福菲的名字更重要。

---

[1] 吹毛求疵博士（dottor Azzecca-garbugli）是亚历山德罗·曼佐尼（Alessandro Manzoni）于1842年出版的小说《约婚夫妇》（*I promessi sposi*）中的一个次要人物。他是一个饱读诗书的律师，经常帮人解决棘手的法律问题。——译者注

神经影像学

为了证实这一理论，多项研究曾评估使用轨迹记忆法时大脑皮质中哪些区域被激活。当研究对象使用轨迹记忆法记忆某份材料时，功能性磁共振成像（fMRI）观察到，脑部三个区域被激活得尤为明显[100]：

◉ 顶叶：尤其是靠近正中矢状面的部分，该部分主要负责空间定位；

◉ 压后皮质：该区域位于上述皮质和视觉区域之间，它说明轨迹记忆法与图像记忆法之间的关系有多密切；

◉ 海马体：该区域激活一点也不奇怪，此时依然是陈述性记忆，不过，不知为何，右海马体后侧参与得更多。

你已经看到了，上述证据进一步证实了我们最初的理论：轨迹记忆法主要运用空间处理回路，该区域拥有超高记忆效率，但却被传统学习方法搁置不用。

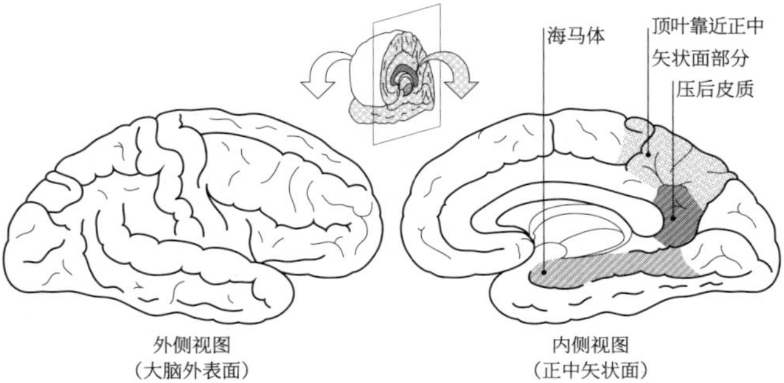

图25　使用轨迹记忆法时激活的大脑区域

18.2 新式轨迹记忆法的使用方法

记忆宫殿

我们已经明白了，如果想要驱动轨迹记忆法这台引擎，就要给它输送燃料，而这燃料（不可再生）正是我们对路线上各个地点的深入了解。但是，当熟知地点储备耗尽后，或者，更糟糕的是，当所学科目的规模实在太大时，应该怎么做呢？只要从头开始虚构新的背景环境就可以了。我们可以将路线设定在真实舞台上，同时添加一些零星的虚构元素。除此以外，我们也可以选择一个纯虚构的地点，该地点只存在于我们的头脑中。如果我们身上流淌着室内设计师的血脉，那它可以是狭义上的“记忆宫殿”；如果我们更像是户外建筑师、偏好恢弘感，那它也可以是“记忆城市”。

优缺点

这一步对想象力的要求更高。这是因为，每当我们探索“私人宫殿”中的某个房间，在虚构之城某条街道上漫步时，我们将不得不仅凭大脑从无到有地构建一切。此时，生活中的情节记忆帮不上忙。但另一方面，新式轨迹记忆法允许我们全权设计该背景环境的美学元素，我们中最具创造力的那些人可能从中获得极大的满足感。想象一下那种喜悦：大厅中摆放着以大理石雕刻而成的线素物品，天花板上有巴洛克湿壁画，墙壁上铺着法兰西织锦，四处是精美的古董家具，还有一个小火苗烧得噼里啪啦、为我们带来温暖的壁炉。或者，数学或几何这种干巴巴的学科可能更加适合粗野主义建筑[1]的风格，鲜活的混凝土、嘈杂的机器和齿轮，就算是马里内蒂[2]（Marinetti）也会羡慕不已。记忆宫殿完全属于我们，它能代表我们的内心世界，由我们随意塑造。不过，请等一等，一会儿我还会向你展示我自己的轨迹记忆法改良版。

18.3 在学习时是否应该使用轨迹记忆法?

一个矛盾的问题

在关于轨迹记忆法这一章节的最后，我们要讨论一个重要的元认知问题。

一方面，轨迹记忆法是人工记忆领域最耀眼的明星，从古至今得到了各个时代的拥戴与欢呼，在如今更是出现

[1] 粗野主义建筑（brutalism）流行于20世纪五六十年代，特点在于大量使用毫无装饰的钢筋混凝土及预制板。——译者注

[2] 菲利波·马里内蒂（Filippo Marinetti，1876—1944年），意大利未来主义作家，文中夹杂着不符合语法的词句、拟声词、数学符号。——译者注

在各种号称能够“彻底改善”记忆的广告海报上，堪称学习界的特效药。但另一方面，亲爱的读者，我必须向你坦白，我个人对这种方法的使用极其有限，而且，在精英院校上学这6年来，我有幸结识了许多极为优秀的学生，没有一个人会把轨迹记忆法当成自己的学习方法。没有一个人。为什么会这样？你会说：谢谢，这是典型的冰山效应，那些优秀的学生可能拥有不同寻常的智力和能力（非常正确），所以，如果他们想在大学里获得一个好成绩，根本不需要使用某种费时费力的方法，这一点和普通人不一样。这个论点可能有一定道理，但在我看来，它掩盖了一个更加接近真相的答案，而那个答案可以推动我们对轨迹记忆法的使用目的进行一番哲学反思。

哲学反思

毋庸置疑，在记忆电话号码本或字典方面，轨迹记忆法非常了不起。用它来应对演说、演讲、集会发言、学校要求的诗歌背诵也最为有效。它是背出70030位圆周率的良方，也是像雷·布拉德伯里（Ray Bradbury）笔下小说《华氏451》（*Fahrenheit 451*）中描写的那样背下《神曲》的途径。但是，用它来学习？有些老师认为，学习的目的就是像训练有素的鹦鹉一样能够把信息背诵得滚瓜烂熟。但事实并非如此。学习并不意味着逐行熟记迷宫，而意味着拥有足够的认知来找到出口。学习的目的是了解这个世界的运行机制，进而获得全面认知，由此看破身边现象，找到自己的方向，并填满心中那块令人焦虑痛苦的巨大空白。听到翁贝托·埃科（Umberto Eco）这句名言："有学识并不意味着记住所有的概念，而意味着知道到哪里去寻找这些概念。"我简直陷入了狂喜。最后，我还要提醒你，亲爱的朋友，轨迹记忆法确实是一笔伟大的财富，但它的用途只是单纯记住表单和文本，这是学习过程中的一个附属问题，而不是核心问题。理解、生成智识关联、个人再创作，这些才是学习的关键，这些工作能够为智识留下不可磨灭的印记，让你获得更高的眼界。在我个人看来，这也说明了为什么超级记忆力并非成为超级学生的基本要素。

我的方法

"汉尼拔·莱克特（Hannibal Lecter）医生与此前其他学者一样，在数千个房间里储存了海量信息。不过，与古人不同的是，莱克特医生的记忆宫殿还有第二个用途：有时他会住在里面……汉尼拔·莱克特迈动思想的拖鞋，很快就能从门厅走到四季大厅。尽管如此，这座记忆宫殿对他而言仍然很大……它采光极佳，天花板高高在上，四处摆放着生动稀奇的器物与绘画，它们有时惊世骇俗，有时怪异无比，但通常都美丽至极。各件展品互相之间相隔甚远，设有独立的打光，就像大型博物馆似的。”

这段话来自“沉默的羔羊四部曲”的作者托马斯·哈里斯（Thomas Harris）[101]。忠实的朋友，尽管在大部分学习中我并没有使用轨迹记忆法，但必须承认，过去我曾对该方法进行改动，设计过一套属于自己的方法。我很喜欢在学习中揉入创意与美感。与汉尼拔·莱克特一样，我也拥有一栋记忆宫殿，准确地说，这是一座由多栋可进入楼宇组成的完整城市。不过，我的记忆城市不仅存在于我的脑海中，还存在于《我的世界》（*Minecraft*）上。没错：这是史上最怪的电子游戏。在创造模式下，我们可以根据自己的喜好用方块搭建起整个世界。上大学之前，学习某些科目的时候，我喜欢在《我的世界》里修建记忆“博物馆”，它们既实用又美观。《我的世界》图形引擎的巨大魅力就在于它的简洁直观：只需要点几下就能创建出新的房间，将设置背景环境所需的时间降到最低。我会在墙壁上大量使用告示牌，这样就能为博物馆中的各个雕像添加文字。最好把一切都写下来，以防忘记各种符号背后的含义。亲爱的读者，我敦促你尝试一下这个疯狂的方法。一方面，你可以体验轨迹记忆法带来的非凡记忆效果；另一方面，宫殿的纯粹美感能够在你心中奏响一首优美的歌曲。无论何时，只要你愿意，你都可以遁入你创造出的殿宇中，边饮茶边漫步——真的在游戏里漫步——在你的记忆里。这真是激动人心。

19

神经科学：睡眠

在一生中，我们每个人平均有26年的时间在睡觉，7年的时间在尝试入睡，也就是总计33年的时间闭着眼睛躺在床上[102]。你怎么看这个情况？这与学习有什么关系？亲爱的读者，我们很快就会发现，不眠不休、一天24小时都坐在书桌前背书这种陈词滥调与现实之间的差距到底有多大。我之所以这样说，并不是因为我盲信健康主义，而是因为，正如我们已经谈过的，我们的大脑有无数奇怪之处，其中一个就是：重要的、不可替代的记忆存储过程完全是在我们睡觉时完成的（参见第1.3节）。这项工作是我们安然打鼾时大脑偷偷完成的，它构成了任何记忆存储的先决条件。任何学习方法都不能缺少相应的睡眠方法。不过，正如本书中的一贯做法，为了在综合考虑的基础上推导出适用于学生和学者生活的准则，我们必须首先深入了解大脑的齿轮，在“侦探故事”中追踪每一条线索，以接近睡眠及其运行机制这一未解之谜。请准备就绪，一起踏上自我认识之旅，途中我们还将遇到有关生命起源的几个最深层拷问。

19.1 睡眠的作用

进化留下的神秘包袱

此次探案将从“动机”开始：我们为什么要睡觉？你

肯定在很小的时候就想过这个问题。我先向你透露谜底：关于为什么要睡觉，我们还没有确切的答案。睡眠的功能仍是一个谜，但似乎有一点是相当确定的：无论睡眠到底有何作用，它都重要至极。站在达尔文的视角看，在进化的过程中，我们曾为睡眠付出了不可估量的代价。我们的祖先当然知道，一个人每天花三分之一的时间一动不动、几乎毫无警觉，肯定不是远离捕食者獠牙的好办法。著名神经科学家阿兰·雷希特沙芬（Allan Rechtschaffen）说，如果睡眠对生命来说并不是绝对必要的，那它就会是进化史上的最大错误[103]。

当然，上帝可不会靠骰子来作决定，睡眠确实是生物学中最古老的创造之一：想想看，现存几乎所有物种都保留了睡觉这一行为！不只是灵长类动物，无脊椎动物也是如此，甚至连昆虫也要睡觉。例如黑腹果蝇，它每晚也要睡足7个小时，与人类睡眠惊人的相似。近期科学家研究正在尝试证明低等生物（如线虫动物门，甚至单细胞生物）也会睡觉。总之，在进化中，睡觉是个巨大的“缺陷”，但在地球上有生命存活的35亿年里，自然界中从来没有谁成功抛弃了睡眠。无论睡眠到底有什么用，但它能够如此古老，又能保存至今，说明它一定是生命存在的基础。

限制睡眠的策略

关于睡眠不可或缺的最突出的例子来自候鸟。它们有时会连续飞行十多天。你可能会想，鸟在飞行时不能睡觉。令人惊讶的是，它们可以睡！2016年，一个研究小组设法对一群黑腹军舰鸟做了脑电图。这种鸟翼展超过2米，栖息在太平洋和印度洋的岛屿上。研究小组找到了这种鸟会在飞行中睡觉的证据。实际上，它们在空中睡觉的时间比在地面上睡觉的时间要多得多——地面上的环境要危险得多。许多候鸟会使用单半球睡眠法：飞行时，它们排列成人字形。位于人字形顶端的那个个体，其两个大脑半球都是清醒的；位于人字形左侧的鸟，其负责右视觉的半球是清醒的，以便能够保持队形；位于人字形右侧的鸟则恰好相反；它们会定期换边[104]。同样的现象也在海豚身上得到了证明。海豚也会一边游泳，一边使用单半球法睡觉，以便继续扫描海洋环境[105]。不止如此。有些候鸟甚至可以在两个半球都处于睡眠状态的情况下飞行，使用的是一种更不可思议的方法：部分睡眠[106]。简单来说，只有飞行所必需的大脑回路还在运行，很像是自动驾驶仪。很方便，不是吗？进化从未做到完全避免睡眠，所以发明了各种不可思议的权宜之计。它最多只能让不同的大脑区域轮流休息，由此来限制睡眠。总之，睡眠在生物中一定具有不可替代的作用。

五种作用

但睡眠具体有什么用呢？神经科学已经研究了数十年，仍未能在这个问题上达成共识。关于睡眠的作用，人们已经提出过许多假说，每一种都有大量实验证据的支持。事实上，所有这些不同解释很可能并存，很可能都是"真"的，只不过在不同物种中具有或大或小的重要性[107]。在下文中，我将尝试为你总结已经为大多数神经科学家所接受的睡眠的五大作用。

第一个假说：两阶段学习

第一个假说涉及我们的老朋友——海马体，即记忆巩固的地点（参见第1.3节）。亲爱的朋友，你还记得吗，记忆巩固过程的关键部分是在睡眠中发生的，尤其是慢波睡眠（关于这一点，很快就会有更多介绍）。学界认为，睡眠的目的是令大脑进入离线状态：这种条件类似于电静默，此时，大脑暂时放下了来自感觉器官的听筒，中断了感觉信息的"野蛮入侵"（参见第1.1节），其用意是确保记忆巩固过程能够不受干扰地持续进行[15]。睡眠有一个特点，即丘脑的大量抑制。这种情形并非巧合，丘脑位于大脑几何中心，作为“控制单元”，在我们清醒时它负责将感觉信息从神经传递至大脑皮质。睡觉的时候，住在我们大脑里的那位“小学生”似乎关上了门，在几个小时里单独待在屋子里，把白天匆匆记下的东西誊写清楚。

第二个假说：稳态可塑性

第二个假说涉及突触，即两个神经元之间的电连接，尤其是其强度（参见第1.4节）。神经组织最迷人的现象之一是稳态可塑性原则[108]。我们可以用以下语句来粗略解释该原则：在大脑的每个区域或回路中，所有现存突触的总强度不会因时间推移而发生变化，不会发生过强现象。在学习过程中，特定突触会得到强化，所以必定有其他突触被减弱：为了遵守稳态可塑性原则，特定突触的强化必定意味着其余突触会受到抑制，甚至会遭受破坏。这种“修剪”过程很有可能只能在睡眠的呵护下以及在类似于电静默的最佳背景下完成。

第三个假说：排毒

第三个假说更加基本。在清醒状态下，由于电活动水平较高，神经元在新陈代谢中会产生一系列具有神经发炎作用和神经毒性的废弃物，如臭名昭著的β淀粉样蛋白：这种蛋白质与阿尔茨海默病密切相关。在睡眠中，大脑会自我清洗，排出这些大坏蛋：长期睡眠不足会导致阿尔茨海默病的患病风险增加，这并非巧合。虽然排毒是最早提出的假说之一，但其机制却一直不甚明朗，直到2010年后学界才通过一系列出色实验揭示了大脑中的一套系统。这就是胶状淋巴系统，此前一直无人知晓它的存在[109]。请把排毒功能想象为大脑的污水处理系统，神经胶质细胞（=厕所）将废弃物排入动脉侧的微细空隙网中（=下水管道），这些网路结构汇入大脑中的四大空腔——脑室（=大海），从那里，这些废弃物经过过滤，进入血液。事实上，研究表明，与清醒时相比，睡觉[110]时胶状淋巴系统的活跃程度高出了60%。这是因为，该系统对能量的需求非常高，只有当神经元电静默（且新陈代谢放缓时）才能维持其能量消耗。

第四个假说：资源再分配

第四个假说与进化有关，涉及食物获取。一些研究人员认为，定期睡眠也许有助于我们将能量资源集中部署在白天，因为此时狩猎可能性最高，被捕食风险最低。以小棕蝠（Myotis lucifugus）为例，这种动物以蠓虫、飞蛾和其他昆虫为食，它会在黄昏时醒来，因为这是它的猎物大量出现的时刻。如果它提前醒来，就会有被鸟类攻击的危险，鸟类与它不同，拥有绝佳的白天视力。同样，人类之所以在晚上睡觉，原因很可能是来自祖先的遗传编码，进化过程阻止了我们的祖先过度热衷于夜间活动。夜间行走时，我们的祖先有可能会与某些饥饿猫科动物的獠牙来次亲密地接触，而猫科动物的夜视能力要比灵长类动物高出几个数量级。同样的原则也适用于啮齿类动物，但正好相反：它们视力很差，主要依靠感觉毛来导航，所以夜间移动、白天留在原地对它们而言具有选择性优势。

第五个假说：肌肉微创的修复

第五个假说与大脑无关。该假说认为，睡眠为肌肉系统提供了修复的机会。几十年中，学界做过许多睡眠剥夺实验，从中我们可以确知，睡眠对大脑的重要性远远超过对肌肉的重要性；不过，睡眠也的确为肌肉提供了至关重要的机会，用以修复白天遭受的机械微创。长期睡眠质量差经常与肌肉病变等情形共同出现，这一事实就是本假说的明证[111]。

19.2 睡眠的运行原理

宏观结构

我们的侦探故事继续，现在我们来看看“犯罪现场”，也就是我们的床。学习如何睡觉可不是一件容易的事。大考就是多导睡眠图，包括测量大脑电活动的脑电图（EEG），此外还要结合监测其他多个渠道，如监测肌肉活动的肌电图（EMG）、监测心脏活动的心电图（ECG）、监测眼球运动的眼电图（EOG）、监测呼吸运动的体积描记图，以及对肢体和躯干位置、口鼻气流、血氧饱和度等方面的记录。这种分多环节测量的方法能够帮助我们掌握睡眠的宏观结构。我们从中能够发现，每晚睡眠都是由多个周期接续构成的，每个周期又分为睡眠深度各不相同的多个阶段：快速动眼期（rapid eye movement, REM）、N1、N2和N3，其中N代表"非REM"期。顺便提一下：一些分类法提出还有N4期，但对于N4期是否存在，学界目前并未达成清晰共识。睡眠越深，与清醒时相比的大脑活动就越少，性质也越不相同。每个睡眠周期都呈现出U型山谷状。它总是从浅表睡眠N1开始；之后迅速加深，稳定在N3或N2深度上，并停留一段时间；最后，突然从该平台上升，进入REM，该睡眠状态与清醒状态最为相似；如此往复。睡眠周期在夜间的变化情况颇具特色。在阅读下一段之前，请仔细查看下图，它显示了年轻健康受试者睡眠的典型宏观结构。请试着告诉我，你发现了什么。

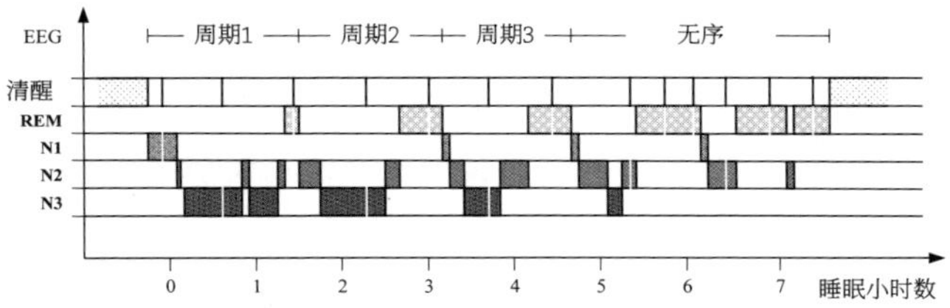

图26 睡眠的宏观结构

睡眠周期

首先，你一定已经注意到了，睡眠周期会逐渐变短，而且会越来越不规则：通常而言，在年轻人中，前三个周期非常明显，持续时间在90至110分钟。之后，直到早晨到来，睡眠变得支离破碎，支离破碎的程度越来越高，几乎无法分辨出任何周期。其次，你可能已经注意到了，睡眠周期在内容上也发生了巨大变化，睡眠深度逐渐变浅。根本的区别在于：最初2个周期以N3期为主（第一阶段），几乎没有REM，而在第二阶段那4个小时里[15]，情况颠倒过来，主要以REM为主，几乎没有N3期。你一定要留意这个细节，因为它将对你的学习和记忆产生深远的影响。现在，我将伴你度过睡眠的各个阶段，就按照它们在夜间出现的顺序来介绍，放心，我不会让你睡着的！

(1) 入眠期

准备好了吗？那好，现在我们已经躺好了，关上灯，闭上眼睛。入睡所需的这段时间被称为入眠期，通常在15至20分钟。如果低于15分钟，那说明存在某种疾病，如嗜睡症或严重有损睡眠质量的某种疾病，阻塞性睡眠呼吸暂停/窒息综合征（OSAS/OSAHS）。需要数分钟才能入睡，这件事是否曾令你担心？好消息来了：这种情况完全是正常的！

(2) N1期

闭眼之后，我们还会清醒几分钟，之后，大脑就会切换到N1期，但此时我们仍然没有真正睡着。事实上，我们还没有睡觉的“感觉”。N1期是令人愉悦，如梦似幻的时刻，思绪在空中翱翔，经历最离奇的时刻……如果有人在这个阶段叫醒我们，我们会说自己根本没有睡觉。但是，在脑电图上，可以看到电活动频率逐渐降低，同时肌肉张力也逐渐下降。N1期持续时间极短，通常不到10分钟。在N2期短暂停留之后（这段时间可以忽略不计），我们很快就会进入N3期，投入摩耳甫斯[1]的怀抱，这才是真正的睡眠。就这样，我们睡着了。

---

[1] 摩耳甫斯（Morpheus）是古希腊罗马神话中的睡梦之神。——译者注

(3) N3期，又称慢波睡眠

在N3期，摩耳甫斯光芒四射。该期也称慢波睡眠期(SWS)或δ波睡眠期。该期为深睡眠期，此时，如果我们受到刺激醒来，则会反应较慢。此时脑电图上主要为慢波(SW)，即频率约为1赫兹的波。不过，从运动角度来看，该期特点则是肌肉张力适中，没有或略有缓慢的眼球运动，生殖器无活动，这一点与REM期不同。我们很快就会谈到这个问题。

慢波睡眠的作用

慢波睡眠中，此前描述过的有关睡眠作用的所有假说(对肌肉的作用除外)几乎都成立。这种类型的睡眠具有最佳恢复能力，能够为我们的电池“充电”，令我们在白天感到精力充沛。甚至连古人都知道这一点，所以才会有这样一句英语谚语：“Every hour of sleep before midnight is worth two after.”(午夜前每1小时的睡眠都抵得上午夜后的2小时)。我们之前讲到，在睡眠的前4个小时里，慢波睡眠占主导地位，这种情况与该谚语所说相符。更重要的是，记忆巩固(参见第1.3节)恰恰发生在慢波睡眠阶段。你想知道如何证明这一点？下一次，当你想捉弄某个朋友(选个不那么容易发火的)的时候，你可以这样做：某天晚上，在他睡觉前，你让他背一个单词表，然后等他睡着。4小时后，你叫醒他，确保他完全清醒。然后（假设他仍是你的朋友），你考问他之前背过的那些单词，之后再强迫他背诵第二个单词表。最后，你让他再睡4个小时。早上，他一醒来，你就考问他第二个单词表的内容。你会发现，他对第一个单词表的记忆效率远高于第二个单词表。为什么会这样？原因很简单：在前4个小时的睡眠中，朋友经历的慢波睡眠次数更多，所以对单词的记忆巩固更好[112]。

慢波睡眠异睡症

最后我们要指出睡眠中可能发生的一些奇怪现象，名为“异睡症”。在某些情况下，此类异睡症与精神疾病有关，但通常没有显著临床意义。其起源大多是遗传性的，但也可能因压力增大、睡眠不足、服用药物及酒精等因素的出现而加剧。慢波睡眠时人可能会说梦话、梦游，1%的人还会出现睡眠性交症。

(4) N2期

让我们继续向前，离开N3期深睡眠，转向N2期。该阶段占比最高，同时（相当具有讽刺意味）也最为神秘且难以捉摸。尽管该阶段的作用远不如慢波睡眠那样特征明显，但也有证据表明，该阶段在记忆巩固中扮演着一定角色：例如，现已证明，慢波睡眠中发生的海马体记忆巩固会对N2期的某种脑电图波形（名为“睡眠纺锤波”）产生影响[15]。

(5) REM期

继续前进，离开N2期，去REM期看一看。梦就在该睡眠阶段发生。当然，在任何睡眠阶段都有可能出现转瞬即逝的意识叙事，但所有长度较大、情节较复杂的梦都发生在REM期。事实上，REM期的脑电图与清醒状态时的惊人地相似，存在生动的高频波，且伴有较高的呼吸和心脏频率。相反，肌肉张力完全丧失（在其他阶段肌肉是适度张紧的）：身体从上到下完全瘫痪。为什么会这样？很简单！学界认为，这种阻断的作用是让我们无法做出与正在经历的梦境有关的动作。如果我们造个新词，那可以说，这是一种“梦境保护”式的阻断。这种阻断非常有用：想象一下，你梦见自己正在踢球，如果没有这种宝贵的阻断功能，那你的床伴可要不开心了。唯一的例外是眼睛，其肌肉组织不受阻断的影响；眼球仍然可以自由地在各个方向进行快速运动。所以该阶段就有了“REM”这个名字。通常情况下，第一个REM期（以及随之而来的第一个梦）发生在入睡后90分钟左右，持续时间为10~20分钟。此时，第一个睡眠周期结束。

REM期的作用

REM期有什么用，这个谜题比之前任何阶段的作用问题都更加难解。是的，因为我们在本章开始时讲述的有关睡眠作用的各种假说（除对肌肉的作用之外），在N2和N3期的确都能找到明显证据。那REM期又有什么用呢？长话短说，学界认为，该期的主要目的是情绪处理，这是心理稳定所必须的，所以我们会在REM期做梦。此外，我们知道，选择性的剥夺REM期睡眠（与剥夺非REM睡眠不同）对身体健康造成的影响微乎其微，但却会带来一种心理作用，此时焦虑和压力往往会增加。另一个现象也与此有关：REM期的时间长度与学习过程之间不存在任何关联；同样，具有REM期抑制作用的药品也不会导致记忆缺陷。同时，有多项实验证据值得注意，它们表明，REM期可能与广义上特定“记忆”的完善过程有关，而此处所说的“记忆”就是创造性记忆。有这样一个精巧的实验：两组受试者，各给一份由三个词组成的列表（例如：蠕虫、红色、滚动资讯；或者虫子、钻子、地狱），然后要求他们想出第四个词，把之前三个词连在一起。在提问之后、作答之前，受试者必须睡觉：第一组可以短暂小睡，其睡眠只包括一段N3期；第二组则获得了充足的时间，可以完成一整个睡眠周期，其中包括REM期。令人惊讶的是，第二组人想出的答案更加新颖、贴切[113]！

做梦

每晚我们平均会做4~5次梦。奇怪的是，无论做过什么梦，我们都会立刻把它忘掉，除非在做梦过程中或者做梦后2分钟之内醒来。你说对了：记得做过的梦，这说明睡眠质量差，或者至少可以说明睡醒阶段质量差！在REM期，肌肉组织的确会进入完全无张力状态，但是，男性生殖器区具有液压机制而非肌肉机制，所以，从机械角度讲，无论梦境内容如何，尽管"只有"10%的梦境与色情主题有关，但男性生殖器区却会在80%的梦境中处于唤醒状态。

REM异睡症

我们来看看异睡症，它也存在于REM期：此时，此前提到的负责阻断肌肉的"睡眠保护"功能出现了问题。一方面，有一些人可能会遇到无法阻断的情况。你一定能想到，这些人会在现实生活中做出梦中的一切行为。这是一种真正的病理现象，名为"REM睡眠行为障碍"，与梦游症非常不同。它通常与毒品、酒精或药物的使用或戒断有关；近期证据表明，在许多情况下，它可能意味着帕金森病的前驱阶段。[114]另一方面，有时还会发生这样的情况：阻断机制的实际持续时间比本应持续时间长了几分钟，于是，在那1~2分钟，我们会有意识，但却完全不能动。这种异睡症并不具有临床价值，其名为“睡眠瘫痪症”，在处于高度紧张状态下的学生等人群中经常出现。我自己身上也发生过几次。令人难以置信的是，我们通常会觉得这种情形的持续时间比实际上的几分钟要长得多。有些人（包括我）在努力之下能够动动小指或面部肌肉。一旦做出了这个动作，其余所有肌肉就会突然解锁，就像水球被捅爆了。

醒来

最后还要说，一夜里我们的大脑会定期醒来几秒钟，但我们却不会意识到这一点。这几秒钟被称为“唤醒”（arousal），此时只会以最低限度激活几种感觉功能，检查此时的环境对睡眠而言是否仍然安全。此时，即使是轻微的嘈杂刺激也会导致我们醒来。你现在明白了，整个睡觉过程中保持房间安静有多重要，否则我们就会醒来，导致睡眠宏观结构受到影响。

阶段	持续时间	脑电图	特点
N1期	3%~7%	θ波（4~7赫兹）	• 入眠期，梦境阶段
N2期	40%~45%	θ波（4~7赫兹） 脑电图特征：睡眠纺锤波和k复合波	• 作用不明，可能与记忆巩固有关 • 非REM异睡症：梦话、梦游症、睡眠性交症

续表

阶段	持续时间	脑电图	特点
N3期（又称慢波睡眠或δ波睡眠）	20%~25%	慢波（1赫兹）	• 恢复作用 • 记忆巩固 • 非REM异睡症：梦话、梦游症、睡眠性交症
REM期	20%~25%	α波（8~13赫兹） β波（14~30赫兹） 锯齿波	• 作用不明，可能与情绪处理和创造力有关 • 做梦 • REM异睡症：REM睡眠行为障碍和睡眠瘫痪症
清醒	-	闭眼：α波（8~13赫兹） 睁眼：β波（14~30赫兹） 精神活跃：γ波（30~90赫兹）	

19.3 睡眠匮乏

直接后果

现在，亲爱的朋友，你已经了解到了事实情况。我们的侦察到此为止，但却没有找出罪魁祸首。但是，让我们看看，凭借现在已知的诸多线索，能否想象一下缺乏睡眠会对认知活动以及注意力造成哪些急性（例如，连续醒18~24小时）和慢性（连续几个月睡得很少或很差）影响。以下清单定会让你胆战心惊。用这份告诚来结束这一章真是再合适不过了。亲爱的读者，我的主要目的就是告诉你，睡眠与学习成绩之间关系有多密切，此外，在生命这一神奇现象中，睡眠也是一个晦涩难解的关键。

短期后果

◉ 心智改变：逻辑推理能力差，注意力不集中，在工作中难以做出战略组织与决策行为；难以对刺激做出快速反应，难以接收外界刺激（例如，注意到后视镜中出现的即将超车的汽车轮廓）。据估计，连续醒24小时的效果相当于血液酒精浓度达到0.10。因此，每5起致命交通事故中就有1起是由司机睡眠不足引起的，这并不奇怪。

◉ 性格改变：我们会变得更加易怒、暴躁，同时也更加自私，我们会失去领导力和同情心，甚至会令社会关系（包括情侣关系）出现危机。

◉ 记忆改变：形成新记忆和获取现有记忆的能力下降。

◉ 食欲改变：由于激素水平的变化，我们会摄入过量食物，优先选择高脂肪和不健康食品，而且，更糟糕的是，即使在食品摄入量保持不变的情况下，身体积累的脂肪量甚至还会上升。

◉ 运动改变：出现颤抖、疼痛、协调性差等问题。

◉ 外观改变：眼睛浮肿，出现黑眼圈，皮肤显得苍白且有皱纹，整体外观明显缺乏吸引力。

◉ 免疫改变：季节性流感等疾病的感染风险增加。

长期后果

◉ 心血管问题：心脏病发作、高血压、中风的风险增加。

◉ 肿瘤问题：多种癌症风险增加。

◉ 神经与精神问题：阿尔茨海默病和其他痴呆症、抑郁症、焦虑症、酒精依赖风险增加。

◉ 代谢问题：2型糖尿病、肥胖症、各类胃肠道问题风险增加。

◉ 生长终止。

◉ 免疫功能受损。

◉ 预期寿命缩短。

20

睡多长时间

现在让我们来看看实践。亲爱的读者，请掖好被角：在这一章中，我们将运用从神经科学讨论中学到的宝贵概念来回答与睡眠和学习方法有关的问题：每天应该睡多长时间？如何分配睡眠才能优化学习过程？找个舒服的姿势，我们开始吧。

20.1 学习期我应该睡多长时间？

无需考试的时期

让我们从简单的开始：假设我们还处于上课期，距离下一次考试还很远。我们很放松，时间上很灵活，短时间内还没有什么令人担心的日期。所以，不用说你也明白，必须安排足够的睡眠以充分满足我们的需求。事实上，从上一章可以看出，对认知能力而言，睡眠是一项重要无比的资源，在这方面吝啬，尤其是长期吝啬，绝对是不可行的！根据我对比萨那几所精英学校的观察，在考试期之外的那几个月里，没有哪个学生会缩减自己的睡眠时间：大家的目标都是睡足理想时长，睡到神清气爽为止。

理想时长

说到这里，你一定特别想知道，这个神奇数字到底是多少。很抱歉，让你失望了：实验证据表明，睡眠需求因人而异，差异巨大，几乎完全由遗传学决定。每晚4~11小时的任何数字都可能是理想时长。由于该数字是由基因决定的，所以我们无法学会睡某个时长，就像我们不能学会长得更高或长得更矮似的。所以，亲爱的朋友，你要做的，就是根据自己在一天当中的感觉来测算出自己的理想睡眠时长。我只能告诉你，在大多数情况下，该时长介于7~9小时之间，但并非总是如此。我还记得一个同学，他的学习成绩好得惊人，但如果有哪天他没睡够10个小时，那这天他就什么都做不了。所以，不要去相信别人告诉你的那些规则，不要去相信所谓的7小时、8小时、9小时的普适睡眠法则。要知道，所有这些所谓的法则，都没有得到任何科学文献的支持。学会记录自己的睡眠时间（现在有各种应用程序可以帮你做这件事），由此来测算出毫无倦怠地完成一日工作的最低睡眠时长：这就是属于你的那个理想数字。必须指出的是，无论你的通常睡眠时长是多少，你都必须考虑年龄或身体状态变化（例如生病、经期、孕期、更年期等）产生的特定影响。举个例子，以下是英国卫生系统（NHS）推荐的成长期睡眠时间表[115]。

年龄	睡眠需求
4~12月龄	12~16小时

续表

年龄	睡眠需求
1~2岁	11~14小时
3~5岁	10~13小时
6~12岁	9~12小时
13~18岁	8~10小时

20.2 考试期我应该睡多长时间?

我的方法

上一节中所说的内容，在科学上可能没有异议，但如果遇到多场考试集中的时期，那就没有可行性了。睡眠的确能够带来好处，但多复习一轮外加近因效应的超能力（参见1.2节），绝对是考试期的救命稻草。遇到两周考7门课的情况，你试试，看看自己还能不能做到既能睡足又能应考。应该怎么做呢？显而易见，一定程度的缺乏睡眠是必要的，但要有节制，还要注意监测。我来讲讲我自己在考前睡眠方面的经验法则。此时可以以极端方式将情况划分为两类：“推理型”考试和“鹦鹉型”考试。几乎所有考试都介于这两种极端情况之间，所以，你需要根据特定考试在该谱系上的特定位置来决定实际方案：

◉ 极端情形1：推理型考试。如果考试涉及数学能力，或者主要涉及广义上的逻辑推理能力，那么就必须充分休息。工程学、信息技术、数学和物理学等方面的所有考试当然都属于这一类。当涉及计算时，任何分心都可能会对做题产生致命影响，分分钟都在打哈欠的话就更是要命了。所以，面对这些考试的时候，我建议你确保上述理想睡眠时长。

◉ 极端情形2：鹦鹉型考试。另一方面，如果考试中只有记忆类题目（可悲的是，许多老师恰恰喜欢这种模式），那么考试前集中复习的优势就会远远超过睡眠不足带来的障碍。当老师期望学生能够“滔滔不绝”地背诵出大量细节，如鹦鹉学舌般完全不考虑其用途时，集中复习的优势就更加明显了。这类信息只需要在记忆中持续很短的时间，所以，最可取的方式就是在考试前一天晚上多复习一轮。“凯撒的就应归还凯撒。”如果凯撒希望得到一只漂亮的凤头鹦鹉，那给他就好了。然而，有必要澄清一点：根据此前学到的知识，睡眠时间绝不能低于4小时。我们可以放弃REM期睡眠（如果只放弃几天），但慢波睡眠（也就是在前4小时中占主导的睡眠模式）是记忆功能的命脉，我们必须不惜代价地保住它。

考试之后

如果考完所有科目之后我们已经出现睡眠不足的问题，那就必须补回失去的部分。经济学家说，没有免费的午餐。对于生命而言，睡眠提供的支持并不亚于食物。证据表明，如果熬了一晚上没睡，那么，再睡觉的时候，大脑会补足全部的慢波睡眠以及大约50%的REM期睡眠。这就是补觉（catch-up sleep）。如果连续熬了好几个晚上，那补觉的时候能够补足的比例就会更低。从进化角度来看，补觉现象极其古老。想想看，昆虫中也存在这种情形！例如，你可以诱导黑腹果蝇，将它们放在不断摇晃的容器里，或者给它们注射咖啡因。在这两种情况下，黑腹果蝇被迫保持清醒的时间越长，睡眠剥夺阶段结束后，它们的睡眠时间也越长[116]。对于考试后的睡觉，我的冷静建议：不要设定闹钟，让大脑来决定起床时间。亲爱的读者们，我要向你们透露，在一次连续清醒时长36小时的疯狂工作后，我的睡眠纪录达到了惊人的连续19.5小时！

20.3 什么时候睡觉?

睡眠类型

现在，让我们调转目光，去看一个更微妙的层面：不再是睡多长时间，而是什么时候睡。这其实是一个特别“家常”的问题：几点睡，几点起。以前曾有人提出了昼夜节律（circadian rhythm）的说法。起初，人们认为昼夜节律是一种普适规律，所有人都受到相同规律的约束，所以，存在一种“正常”表型，与之相对，也存在多种罕见的、病态的偏差。如今我们已经知道上述看法极为错误：即使在健康个体中，昼夜节律也存在广泛差异。于是便出现了现代的“睡眠类型”（chronotype）概念。此外，我们还知道，每个人在睡眠类型方面的差异几乎完全取决于基因。具体而言：

◉ 25%的个体存在明显的早起、早上工作和早睡倾向，这些人属于“百灵鸟型”（lark），又名早睡型。

◉ 与之相反的是，25%的人存在明显的晚起、晚上和夜间工作和晚睡倾向，这些人属于“猫头鹰型”（owl），又名晚睡型。

◉ 其余50%的人介于这两个极端之间。

如果你觉得我使用“百灵鸟”和“猫头鹰”这两个词是在开玩笑，那我可要告诉你，虽然听起来难以置信，但这两个词都是相当专业的术语，在专业文献中经常使用，是那些神经科学家们真会开玩笑！想想看，甚至还有标准化临床评分表[117]，用来准确测量一个人的“百灵鸟水平”（larkness）或“猫头鹰水平”（owlness）。

皮质醇变化

在有机体运作方面，可以找到睡眠类型的确存在的确凿证据：皮质醇调节系统。皮质醇这种激素用于调控压力，之后我们会详细介绍它（参见第22章）。半个多世纪前[118]，学界发现，皮质醇存在昼夜周期：早上7点时会有一个波峰，其目的是将人从睡眠中唤醒；晚上6点至午夜之间会有一个波谷，便于入睡。不过，近年研究表明，波峰和波谷的位置与我们的睡眠类型有关：百灵鸟型的人相对较早，猫头鹰型的人相对较晚。同样，皮质醇变化规律几乎完全由基因决定。这些研究切实表明，睡眠类型绝对不是暗示或习惯的结果，而是刻在基因组中的精致内分泌机制，对此我们无力抵抗。

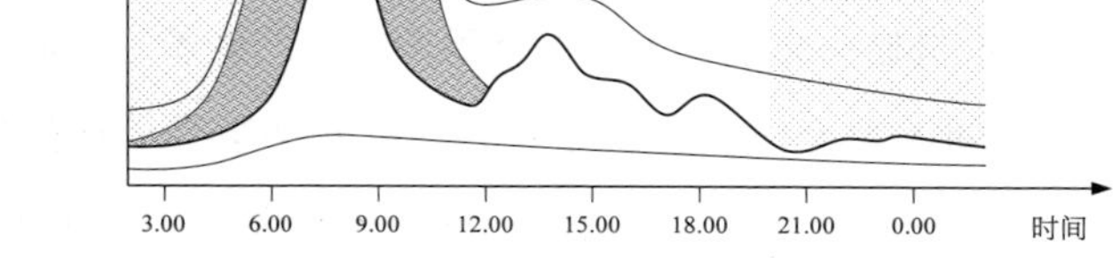

图27　皮质醇的昼夜周期

几点睡

鉴于上述信息，你一定能够想到，对于那两个家常问题中的第一个，我们应该如何回答。几点去睡觉？非常简单：困的时候去睡觉。这时间取决于我们的睡眠类型。关于睡眠的所有科学文献都支持这一建议。但是，那些属于猫头鹰型并引以为豪的读者（比如在下）就会想了，怎样才能协调这建议与课表之间的矛盾呢？过去，我曾经采取的策略是“强迫”中断昼夜节律，把自己叫醒。猫头鹰型的人被提前叫醒时通常会醒得较慢且有疲惫感。如果想要加快清醒速度，那还有什么能比体育活动更有效呢？例如，可以选择步行去上课，同时利用这段步行时间来一次了不起的复习（参见第21.2节）。

对中小学和大学的呼吁

当然，以上只是次优解决方案。传统课程表从清晨开始上课，这是一个历史遗留问题，来自如今已不被科学承认的统一昼夜节律理论，如果我们的中小学和大学也能意识到这个问题就好了。百灵鸟型的人追捧这传统课程表，50%既不是猫头鹰型也不是百灵鸟型的人忍受着它，而猫头鹰型的人则无法在其认知能力的高峰期享受上课的乐趣。许多猫头鹰型的学生可能会仅因晨课这一障碍而选择不再上课。尽管这话听起来很可笑，但我们的教育机构的确迫切需要“保护猫头鹰”，因为这的确是一个极其严重、在临床上不容小觑的问题。

几点起

第二个家常问题的答案就不那么直观了。几点起床？你必须知道，大脑远比我们想象的更了解我们，它从控制室里“监视”事情进展，所以当然也熟知我们打算起床的时间。你是否曾经像被施了魔法一样，通常在闹钟响起前醒来？特定激素（褪黑素、皮质醇等）的水平变化趋势显示，当我们的身体学会了某个起床时间之后，它就会提前90分钟开始准备。与从深度睡眠阶段（N2或N3期）突然被叫醒相比，这种生理上的苏醒明显更能给人带来神清气爽的感觉。所以，大多数睡眠医生会建议，只要有可能，就不要通过闹钟来唤醒。除非你清晨突然有事要做，否则，请让大脑自行决定确切的起床时间，避免打断睡眠周期。闹钟只应被视为“保险”措施，用来避免自动唤醒失败。此外，所有专家都谴责“稍后提醒”（snooze）键的使用。我知道，再打盹10分钟有多惬意！但还是要避免。

我的方法

又轮到我忏悔了。不上课的时候，我的确会严格践行“困的时候去睡觉”这条建议，由此引发了灾难性后果。请准备好，听听这件事有多疯狂。首先必须说明，我自己的生物钟恰好是最糟糕的那种猫头鹰型，而且我不太注重昼夜节律。除此以外，我所面临的考试数目惊人，所以我必须严格规划日常学习计划，这样一来，一天结束的时候，我总是会对自己的工作感到不甚满意。到睡觉时，我发现没能完成自己给自己规定的工作量，其实我本应“违约”，然后去睡觉，但我没有这样做！结果就是：那一天，我比前一天晚睡了3个、4个，也许6个小时，很可能连续工作了20个，甚至24个小时。我知道睡眠有多重要，所以我让机体自主决定何时起床，于是就睡了9个或12个小时（你还记得吗，需要彻底恢复之前一天失去的慢波睡眠）。第二天也是如此，第三天还是如此。结果是，在不用上课的那段时间里，我从昼夜节律（一周期为24小时）变成了亚昼夜节律（一周期超过24小时）——其反面是超昼夜节律（一周期少于24小时）。这种疯狂的方法给我带来了一个额外收获：大量的夜间学习时间。夜晚寂静无声，手机也不会响，你也不用给任何人发短信。或者说，如果你想发，你也可以试试，但是除了在下，没有人会在凌晨4点回复你！对于我这种睡眠类型而言，这种疯狂的亚昼夜节律是完全自然、自发的。与上课期间被迫遵循昼夜节律相比，我明显感觉压力减轻了不少。当生活节奏完全遵循大脑需求时，我觉得幸福感提高了不少，所以学习效率也随之提升了。所有这些都是为了告诉你，亲爱的读者，你不必

> 遵循我的特定节律，也不必遵循其他人的节律：每个人都要根据自己的生物钟基因特点找到自己的学习节律。

20.4 学习期间我可以午睡吗？

落下帷幕前，让我们来谈件趣事：古老的午睡问题。尽管看起来有些可笑，甚至有些滑稽，但白天小睡（午睡）会对夜间睡眠产生何种影响至今仍是科学辩论的主题，其要点可以概括为：

◉ 在某些情况下，午睡总是有益的。睡眠不足或长期轮班（例如外科医生或长途飞行的飞行员）都属于这种情形。此时，午睡能够限制睡眠不足所带来的负面影响，将负责昼夜节律的激素调节至正常水平，同时也有助于保持注意力。所以，如果你发现自己因一连串考试而睡眠不足，那午睡绝对是个好主意。更何况，午睡只有一个睡眠周期，且几乎完全由慢波睡眠组成，它的确能够提高我们的记忆能力。要记住这一点。

◉ 在某些情况下，午睡总是有害的。对于慢性失眠症患者而言，午睡会占用夜间睡眠的时间，令睡眠更加碎片化、入睡期更长，从而加剧原有问题。对于其他人而言，几乎没有任何证据支持或反对午睡，只要午睡不在傍晚发生就可以，否则它就会占用夜间睡眠的时间，并带来作息混乱的危险。如果午睡令你很舒服，而且不会导致晚上失眠，那就没必要停止这样做。

午睡和咖啡小睡的时长

午睡的适宜时长是15~20分钟。英美人将其称为power nap，也就是“提升能量的小睡”。考虑到它的确具有恢复注意力和认知功能的作用，这个绰号相当贴切。尽管如此，一般不建议午睡超过30分钟。否则，醒来的时候，你就会觉得自己没睡醒，头重脚轻且略有眩晕，这种情形可能持续数小时。特别推荐的是“咖啡小睡法”(nappuccino)，即在午睡前服用一种含咖啡因的饮料（咖啡、茶、能量饮料等）。摄入咖啡因后，其提神作用需要半小时才能生效，所以正好与从午睡中醒来的时刻相吻合，从而令“系统重启”得更加完全、更有活力。

多阶段睡眠

最后，还要注意一点。许多人可能都听说过，达·芬奇、拿破仑、尼古拉·特斯拉（Nikda Tesla）等杰出历史人物都曾采用多阶段睡眠，即以每4个小时小睡一次的形式（或其他方法）分配他们的日常睡眠。我很遗憾地告诉你，这些古怪的理论并没有任何历史依据。或者，开个玩笑，这种做法只适用于达芬奇、拿破仑和特斯拉从刚出生到3个月大的那段时间。3个月龄之后，人类就放弃了多阶段睡眠，明确转变成我们都知道的单阶段模式（或双阶段模式，如果你喜欢午睡）。这是唯一一种与我们这种生物相适应的模式。

21

如何协调体育锻炼与学习之间的关系

体育活动与学习

让我们继续谈谈学生生活的其他侧面，来看一看体育锻炼这个问题。在众人印象里，莱奥帕尔迪那种典型的“书呆子”整天都抱着本大厚书，驮着背，弓着腰——让我们去看看，这一漫画形象的背后，到底有多少真相。亲爱的朋友，你会发现，实际情况并非如此。事实上，认知活动不仅与肢体活动密不可分，而且，由于生物学给我们开了一个奇怪的玩笑，这种关联在记忆方面还尤为突出。为了了解这一现象的原因，我们必须像之前一样，深入追寻神经科学的细节。体育锻炼能够通过多种机制为认知活动带来益处，其中一种机制尤为吸引人，绝对不能不提。谈完理论，我们会转向实践，一起去看看体育活动能否与学生全面发展相协调，如果答案是肯定的，具体又该如何去协调。在本章开始之前，我要先问问你，亲爱的读者，在你看来，成年后的大脑是否还能产生新的神经元？这个问题暗藏玄机啊。你很快就会读到答案，还会发现它与体育锻炼之间的关系。

21.1 运动对学习会产生哪些影响？

神经元的数量

学过一些动物生物学基础知识的人一定都还记得，解剖学家朱利奥·比佐泽罗(Giulio Bizzozero)曾提出，细胞可以分为短时、稳定、永久三种。在一生之中，短时细胞不断更新，想想上皮组织就知道了。稳定细胞会根据需要进行复制，如在创伤后，尤其是骨折后的骨骼再生。最后还有永久细胞，它们一旦成熟就会永远失去复制和再生能力，最典型的例子就是神经元。可以说，在一生之中，神经元数量走势相当有趣。在胚胎阶段，大脑很晚才开始发展神经元。受孕后第10周起才出现特殊的神经干细胞，这是唯一一种能够分化为神经细胞的干细胞。神经元的产生主要发生在孕期前半段，在宫内发育的第25周左右(共40周)基本完成[119]。出生时我们已经配备了1000亿个神经元：想想看，这大约是银河系中恒星的数量！奇怪的是，出生之后，这一进程立即发生逆转：神经发育进入新的阶段，即所谓的突触修剪阶段(synaptic pruning)，在这一阶段，不活跃、非大脑回路运作所必需的突触和神经元都会被特意消除。这种生理修剪对我们的发展而言至关重要，在生命的头十年里，它以最大速度发生，在之后数年中也依然继续。此后，神经元数量稳定下来，在一生中(几乎)保持不变。该数字约为860亿，大多介于780亿和940亿之间[120]。你可能会想：不对啊，婴儿的大脑比成人的小得多，神经元数量怎么会更多？这一点的确与直觉违背。事实上，大脑体积的增长几乎完全来自髓鞘化过程以及新突触形成，这些突触需要占据大量空间。通过学习和记忆对大脑进行改造的整套机制（参见第1.4节）其实只是在重新组合突触：将某些神经元互相关联起来，同时切断与其他神经元之间的联系。但是，就神经元本身而言，在整个生命过程中，其数量始终保持不变，而且只是出生时原本拥有的1000亿个神经元的一个“子集”，从来都不会多长出来一个……准确地说，几十年来经典解剖学一直这样认为。不过，你应该知道，亲爱的朋友，这个故事的大反转即将发生！

成体神经发生

上面这些描述并没有错，问题是它只适用于我们大脑的绝大部分区域。事实上，20世纪60年代，学界发现了一些极小但却极为重要的例外情况。在整个大脑中，有这样两个结构，即使在成年后，那里依然存有少量干细胞，也就是胚胎期产生新神经元的那类神经干细胞。此外，这两个小结构能够在我们一生中持续发挥作用，不断产生新的神经元，而这些神经元也能如魔法般整合加入其他神经元行列，积极参与大脑电回路。这个令人难以置信的过程名为“成体神经发生”，它主要发生在以下两个地方：

- 第一个是侧脑室的脑室下区（SVZ）。此处的成体神经发生主要作用于嗅觉。事实上，许多物种的嗅球中都存有干细胞，这些干细胞能够大规模执行成体神经发生功能。当然，对人类而言，该区域的成体神经发生量可以忽略不计。

◉ 另一个地方是——听好了，海马体！具体来说，是在齿状回的颗粒下区（SGZ）。从广义上讲，齿状回是构成海马体的多种结构之一。SGZ处的成体神经发生构成了我们记忆过程的关键机制之一。我相信，听到这里时，你一定不会感到惊讶。尽管此处的成体神经发生量极少（干细胞数量极少），但该机制却在学习中发挥着至关重要的作用。

你怎么想？这与体育锻炼又有什么关系呢？别着急，就要说到了。

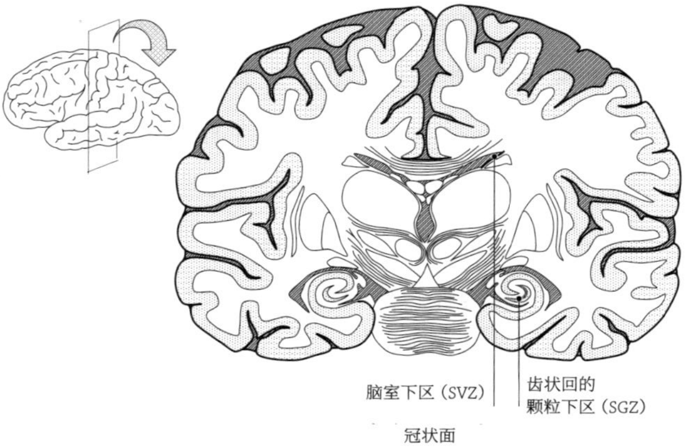

图28　成体神经发生的解剖位置：脑室下区和颗粒下区

海马体成体神经发生的功能

了解海马体成体神经发生的功能可不容易。直到最近几年，神经科学家们才设法阐明了这一问题，证明了该机制有三大功能。第一种是调节情绪：我们知道，如果海马体成体神经发生出现问题，就会导致抑郁，尽管其具体机制仍不明朗[121]。第二种相当奇怪：该机制会导致我们主动忘记某些信息，即大脑判断为对生存无用的信息，这一过程被称为记忆的清除。是的，你听得没错：大脑之所以产生新的神经元是为了忘记[122]。你觉得不合理？好吧，仔细看看，其实这有点像在黑板上写字：写着写着，空间用完了，此时，大脑没有擦除黑板上的字，而是买了块新黑板，也就是说，产生了新的“空白”神经元，于是便出现了第三个功能，这也是三个功能中最重要的一个。第三种是记忆。但这种记忆形式相当特殊，它就是对细节的记忆！海马体成体神经发生的目的在于区分非常相似的信息，它需要区分（或“分离”）两种近似刺激、情形或概念之间的微妙差异，该功能被称为模式分离（pattern separation）[123]。举个简单的例子：如果你正在学习1066年的黑斯廷斯战役，那么，对于记忆宏观信息（例如11世纪）而言，海马体成体神经发生可有可无，但对于辨别更精细的细节（例如确切的年份“66”）而言，该功能则至关重要。不难理解，在学生时期，如何让海马体成体神经发生功能处于最佳状态，当属我们最关心的话题之一。

运动的作用

好了，现在回到最初那个问题：这一切到底与体育锻炼有什么关系？非常简单：大自然和我们开了个玩笑，海马体成体神经发生恰恰是在运动刺激下完成的。就是这样！所以，如果我们不能确保每天都完成最低量的运动，那么成体神经发生就会罢工。例如，有研究表明，如果你暂时限制了一只成年小鼠的运动能力，那么它的海马体中产生的神经元数量将会大大减少。此外，在长期卧床的病人中也能观察到相应的情况：想象脊椎骨折患者或长期昏迷后醒来的人。他们患有严重抑郁症，且记忆能力差。大多数现代康复方案的主要内容正是安排适度的身体活动，这并非巧合。这一原则同样适用于学习。请注意：这条原则并不是让你成为一个运动员！重要的是不要被久坐不动的生活所诱惑。床、冰箱、书桌这种三角关系听起来很有吸引力，但无论对健康而言，还是对大脑而言，它都是个陷阱。请始终牢记我们作为狩猎采集者在森林中漫游的那段进化史……所以，我们必须选一种运动方式，保证每日最低运动量。这既可以是20分钟的剧烈运动（最好是有氧运动），也可以是半小时的活动，在街区缓行散步也算。

其他机制

除了海马体成体神经发生这一强大机制之外，适度日常锻炼与认知表现提升之间的关联机制还有许多。限于篇幅，这里我们就不逐一描述了。但必须提到的是，运动能够提升内啡肽和血清素的释放水平，这两种物质都与更稳定的情绪、更高的认知能力、更坚韧的健康水平有关。总之，在本书的这一部分，我想让你明白，在学生或学者生涯中，每日最低运动量并非可有可无，而是重中之重，绝对是狭义学习方法中不可或缺、不可替代的一环。

21.2 如何将运动融入学生生活？

现在让我们来看一个小问题：一边是日常锻炼需要，一边是大学学习的沉重压力，如何协调这两者之间的关系？上课期间，如果可能的话，你还是可以运动的，但临到考试的时候——有时甚至会持续一两个月，该如何抽时间呢？亲爱的朋友，对于这个问题，我有一个办法。现在是我与你分享秘方的时候了。既然问题在于如何找到时间去运动和学习，那最优策略就是将两者结合起来。其实此前我已经说过这种方法：大声复述（参见第7.2节）时，最好站起来，在房间里来回走动，保持心血管的活跃节奏。请注意这样一个事实：考试期间，我和同学们能够每天花12~16个小时边走边复述，所以，即使没有离开家，也能有足够的运动量来满足身体需求。不过，我还有别的秘方，大学毕业前，我从来没有和别人说过。现在我就来和你讲讲我最喜欢的、最独一无二的那套方法。

我的方法

还记得卡牌吗（参见第9.3节）？那些可以放在口袋里的卡牌是在大自然中散步的理想“伴侣”。这样，在自我测试与出声复述的时候，你就可以在绿色植物间行走了。如果想要完成该计划，唯一要素就是合适的环境。于是就谈到了这个世界上我最心仪的地点之一：比萨阿尔诺河畔公园。比萨人喜欢把它称作“滨河大道”，但我总是把它叫成“河边”。那是一个令人陶醉的地方，没有城市的灰色与喧嚣，只有一片绿肺。虽然该公园在设计时另有其他用途，但它的确是学生能够希冀的最佳天堂。这里真是应有尽有！首先，它呈长条形——河边嘛，所以非常适合不假思索地散步，不用像走迷宫似的穿来穿去。走到头再走回来，一共2.5千米。我本人最喜欢的部分就是那堵略显奇特的矮墙，矗立在公园中两条路的中间。那是一条巨大的钢筋混凝土“肋骨”，沿公园纵长方向排列，在洪水偶尔侵袭比萨时提供保护作用。那堵墙有一个独有特点：宽大的墙面呈45度倾斜，顶部是一条小平路，大约半米宽。这条小路太窄了，所以公园里很少有人会爬上去走，这很正常。但是，站在那条“山脊”上，在公园里散步，绝对能够满足任何学生的美梦：既能享受绿色，又能与其他步行者保持距离，避免分心。45度坡也意味着没有人能够从旁边走——野狍子除外。站在这堵矮墙上，你可以享受到比萨最新鲜的空气；尤其是在春天，远离路人，欣赏那令人叫绝的美景。好吧，我必须承认，我曾经在那里度过整天的时间，复习过许多门考试。伍迪·艾伦（Woody Allen）曾说，他的所有电影都是在独自散步过程中在脑海中完成的。我也是，我能一边走20千米，一边紧张学习。安静、新鲜空气、与美接触，这绝佳组合令学习成为一场名副其实的审美体验，对每一寸皮肤而言都是享受。自然之美滋养着我，我出声复述的那些概念也渗透着我。是的，你没听错，亲爱的朋友。在公共场所“出声”复述的确有一个谁都能想得到的缺点：被人听到的尴尬。但解决方法也很简单，别管别人就行了。真的完全不要管别人会怎么想。直到今天，我还在想，有多少比萨人曾看到过这样的景象：一个疯子在滨河大道的矮墙上来回走，手里拿着一堆卡牌，衬衫衣兜里也塞满了其他的牌，他大声自言自语，有时在讲高深的数学知识，有时满嘴都是深奥无比的症状名或分子名（具体看那天在复习什么）。我知道有很多人看到过我。但是，我相信没有几个人体会过那种魔力：早上6点，比萨沐浴在一片美丽春光之中，一边听着《莱茵的黄金》（*Das Rheingold*）的前奏曲，一边思索并沉浸在洛伦兹变换方程那完美数学中。如果你想爱上学习，那你必须把它变成一种情感体验，用你的皮肤去感受它。如果你能做到这一点，那我向你保证，这些记忆将永远属于你。

22

如何管理心理压力

我们即将结束对学生日常生活的讨论，但在结束之前，我想和大家一起就学生中越来越普遍存在的问题进行一次“开放式思考”：我想说的是考试焦虑，近期它又有了一个新名字——考试恐惧症（examophobia）。那是一份独一无二的焦灼，内心越来越动荡不安，在你眼里，考试似乎变成了一座大山，它就出现在你的运行轨道上，你很快就要撞上去了。此外无数个想法从你脑中奔驰而过。

首先，啊，在进度上，你觉得自己落下了好多！你一想到没能通过考试之后会发生什么，你就觉得丢人至极！你无法去看镜子里的自己。可该怎么办呢，你感到很无助。你告诉自己，必须学习，加倍学习，不，不是翻一番，是翻两番。从现在开始，你要不吃不睡，每天至少学习1500页。于是你狠命压榨自己，逼迫自己，最后像报废的汽车一样坏掉了。这种悲惨结局被称为过劳（burnout）：每三个医学生中就有一个受其影响[124]。

大多数学生，尤其是最为高瞻远瞩的那些学生，都曾在一定程度上经历过这种焦虑痛苦。但它会对学习成绩产生什么影响？最重要的是，如何避免这种情况？和此前一样，答案藏在我们大脑的齿轮中。

22.1 心理压力对学习有什么影响?

心理压力生理学

在神经科学中，心理压力（stress）指的是有机体对潜在危险刺激的反应，即包括人类在内的动物在遇到任何威胁时都会做出的“战斗或逃跑”反应（fight or flight）。心理压力机制的存在，是为了将所有可用能量资源迅速重新定向到必要身体系统，无论是与攻击者发生正面冲撞，还是（不那么戏剧性的）逃跑，都需要用到这些系统。心理压力机制由著名的下丘脑—垂体—肾上腺轴控制，该轴由三种激素（促肾上腺皮质激素释放激素、促肾上腺皮质激素和皮质醇）组成，如链条一般，每一种激素都会诱发下一种激素的释放。第一个决定由下丘脑做出。从进化顺序角度看，下丘脑是大脑中一个相当古老的区域，它像是内分泌系统的车载计算机，负责调节该系统大部分功能。下丘脑会审视我们大脑的各个区域，当它认为环境具有威胁性时，就会打开心理压力开关，随之启动重要激素皮质醇的分泌。皮质醇像是一个军人、指挥官，拿着扩音器向整个军团大喊“红色警报”。首先，它命令我们的肝脏将能量储备转化为葡萄糖（对有机体来说，这是最快捷的能量来源）并将其释放到血液中，供肌肉乃至大脑使用。与此同时，它会引发肾上腺素的分泌，命令心脏跳得更快，血压升得更高。考虑到即将到来的战斗或迫在眉睫的逃跑，一切都要快！所以，任何过程，只要不是短期内必须的（例如消化和炎症反应），都会被减慢。该机制特别像战时国家：所有日常活动都被暂时削减，资源被转用于部署军队。

良性压力与恶性压力

读完上述关于心理压力的介绍，你很容易就会想到，这种压力可能会对学习产生双重后果。心理压力是名副其实的紧急情况警报器。如果其激活强度适中、激活时间有节制，那么它就能将能量传入大脑，带来认知能力的提升。此时，我们感到精力充沛、准备就绪，有能力去努力应对重要挑战，如大学考试。在神经科学中，这种积极型心理压力被称为“良性压力”(eustress)。相反，若这套应急系统的激活过于夸张，如时间过长或强度过于明显，那它就会对有机体带来灾难性后果：此时的感觉不再是积极兴奋，而是焦虑和恐慌，由此出现非常糟糕的认知表现。神经科学家将这种负面心理压力称为“恶性压力”(distress)。

恶性压力对记忆的影响

最精彩的部分来了。要知道，当恶性压力长久不散时，它就会对我们大脑的一个特定区域产生极具破坏性的影响，猜猜是哪个区域？不用说，这就是海马体——学习和记忆方面最宝贵的资源（参见第1.3节）。长期心理压力会导致海马体出现萎缩，即体积明显减少。即使是短期心理压力，情况也不乐观。过高的皮质醇水平会强力抑制记忆检索（参见第6章），只需几天便会彻底摧毁记忆——想想恶性疾病或手术之后的情形。试想，给予高剂量皮质醇之后，迷宫里的老鼠连回家的路都找不到了。如果考试过程中出现了皮质醇水平过高的情形，那就麻烦了。不过，谁都无法避免遇到这种事。

22.2 如何管理学生的心理压力？

意识到恶性压力

现在的大问题是：如何摆脱恶性压力？亲爱的读者，你必须对自己诚实，必须知道当下学习计划是否已经令你陷入了不适与情绪紧张状态。如果的确存在这种情况，那你必须有勇气寻求帮助，与家人、老师以及（同样重要的）心理医生交谈。否则你有可能会陷入过劳恶性循环，到那时就更难脱身了。如何区分放松与紧张状态，在这方面很难给出一个通用判断标准。要知道，这属于心理层面，属于每一个人的内心体会。和此前一样，亲爱的读者，我会给你讲讲我自己的小伎俩。

我的方法

显然，之所以会出现考试焦虑，主要原因在于我们已经客观意识到了自己在学习进度上的落后；而之所以会出现这种进度落后，多半是因为我们此前在时间安排方面做出过或大或小的让步。由此可见，最佳治疗方法莫过于学习本身：但我说的可不是那种不分青红皂白地切断睡眠、营养乃至所有生活乐趣的疯狂且绝望的学习；我说的是集中精力、开动脑力的负责任的学习。我们可以利用一下“焦虑爆发”，把它解读为良性压力，利用它来调动能量，就像冲浪者利用海浪似的，迅速行动，短时间内获得最大效果。不要趴在书本上睡觉，也不要为了打卡而假装学习，请努力把焦虑转化为燃料。

与此同时，努力退后一步，冷静看待考试以及它的重要性。有意思的是，许多随堂作业和考试发生时，我们会觉得它是人生当中最重要的事，但是，5年或10年后，当我们回过头去看时，却会发现根本记不住它的存在，也想不起来自己得了什么分数。重要的是懂得以历史观看待这一切，把每一次考试当成一生中的众多机会之一，我们要做的只是尽可能努力。请记住这样一个久经考验的事实，也许它能帮到你：仅凭成绩无法预测人生能否成功，就像仅凭智商无法预测人生能否成功一样！许多统计数据都曾将中小学或大学时期的成绩或智商与职业成就进行比对，并发现其相关性极低[85,125]（这不是在贬低教师），其中一部分原因在于，诸如创造力和人格魅力等品质都是无法经由考试来评估的。生命中总有一些难以预料的东西，我们必须接受这一点，学习如何应对生命给我们开的那些躲不过的玩笑。我有幸观察过一些最非凡、最强大的头脑，他们无一例外，全都坚守着同一原则、拥有着同一能力：始终笑对每日准时降临的命运女神的箭矢（或者更直白点——打击）。懂得如何笑面人生，意识到贯穿人生始终的讽刺感，顺应那句“万物皆动[1]”（πάντα ῥεῖ）。只有这样，才能治好我们的考试恐惧症。

[1] 古希腊哲学家赫拉克利特（Heraclitus）的主张。——译者注

23

神经科学：外语

“我对（儿子）能够在您那里获得的智识方面的众多好处寄予厚望；您家中那些令人思路活跃的谈话定能开拓他的视野。由于（我儿子）在现代语言方面甚为落后，所以，我冒昧地请你鞭策他在这方面尽量多努力，如有必要，请为他安排私人课程[126]。”

1895年，一位心灰意冷的父亲给儿子的导师写了这样一封信。他的儿子正在瑞士阿劳州立学校读高中，外语方面进展不佳，于是父亲求约斯特·温特勒（Jost Winteler）教授想想办法。信后落款是赫尔曼·爱因斯坦（Hermann Einstein），他的儿子名叫阿尔伯特（Albert）。没错，就是那位现代物理学奠基人、科学史上最耀眼的明星，拥有能够参透宇宙奥秘的头脑。他也与大多数凡人一样，在学习英语及其他外语时多有挣扎。他一生都在不断学习外语，同时他也坦诚地承认自己“在语言学习方面笨拙无能”[127]。如今每一位学生都经常听到类似的话语，现在看到连大人物都这样说，更会松一口气。阿尔伯特·爱因斯坦承认自己不知道如何用英语写作，因为在他看来，英语拼写相当诡异，就算知道单词发音，也无法回忆起其写法。读到这里，我们都会会心一笑吧。还有更令人兴奋的。这位杰出科学家得知自己即将用另一种语言授课时惊慌不已：“我突然得到通知，自己必须尽快前往美国，但我还没有准备任何讲义。这个问题很严重。事实上，我还没有掌握英语，此外，我那糟糕的法语也根本不允许我进行任何即兴发挥[128]。”亲爱的朋友，我希望这个小趣闻能够让你感到宽心，帮助你投入本章及下一章的话题——外语学习。学习新语言的确相当艰难，任何人都要为此付出艰巨的努力——就算是阿尔伯特·爱因斯坦也不例外！学习外语之所以如此难，原因就在于大脑的神秘机制，对此，你一定已经相当熟悉了。本章我们将介绍一些背景知识，在下一章，我们将在这些知识的基础上一头扎进高效记忆外语的实用方法。准备好红笔，让我们开始吧！

23.1 语言区域

我为你准备了一份语言神经科学简编，精炼概述必要信息，以便毫不拖延地进入最有益的实践环节。经典图解会说，我们的大脑有两个语言专区。这两个区域非常有名，你肯定听说过：一个是要按照法语来发音的布罗卡区(Broca)，另一个是要按照德语来发音的韦尼克区(Wernicke)。

让我们先说清楚：这两个词语，尽管如今仍在使用，但在大多数时候已经成为历史。事实上，从界限和功能角度来看，这两个皮质区域的定义的确相当模糊，而且

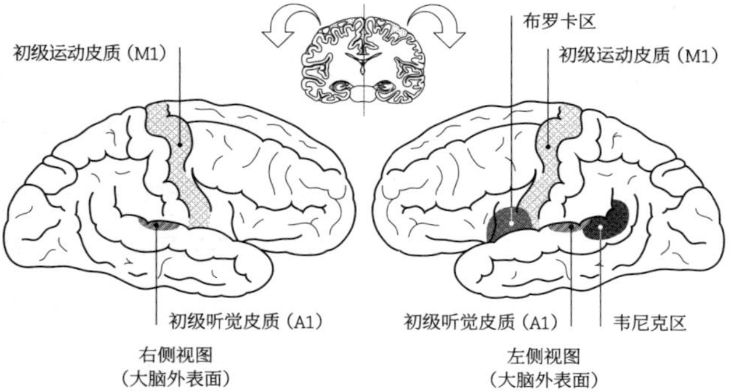

图29　布罗卡区和韦尼克区

不同主体之间的差异也相当明显。有时，突发事件或局部中风会导致特定皮质区域出现损伤，于是神经科学家就会对此类罕见患者进行研究，继而发现特定区域的功能。上述两个区域的损伤会导致一种名为“失语症”(aphasia)的临床状况：该词来自“ἀ + φάσις”，顾名思义，它是指失去了正常的说话能力。根据受损区域不同，学界会区分布罗卡失语症和韦尼克失语症。除了这两类“经典”失语症之外，还有一些更加具体的失语症，如传导性失语症、完全性失语症、经皮质运动性失语症、经皮质感觉性失语症等。不过，让我们还是把注意力放回到布罗卡区和韦尼克区上，你会发现，在学习外语的过程中，这两个区域非常关键！

布罗卡区

让我们先来看看法国神经学家保罗·皮埃尔·布罗卡(Paul Pierre Broca)。1861年，他描述了如今以他的名字命名的失语症。作为“嫌疑犯”的那块皮质区域位于额叶下部，“相当可疑”地紧靠初级运动皮质，后者掌管舌、唇及喉部等用来吐字发音的肌肉。如今，我们已经知道，布罗卡区负责(以下只是极为粗略的概括)语言的“能指”[1]，执行两大任务：一方面，它将语言流转化为运动指令，并将其传递给它的邻居——初级运动皮质，以实现吐字发音；另一方面，它负责处理语法问题。说到这里，我想起了小时候读的雷蒙尼·斯尼奇(Lemony Snicket)系列小说，书中有一位“约瑟芬姨妈”。布罗卡区和这位约瑟芬姨妈一模一样，喜欢把简陋的概念捋顺，变成精致完整的句子。布洛卡失语症患者会呈现两种症状：一方面，他们很难发音，吐字相当费力，就像用滴管似的，一个音一个音地往外蹦，有时还会变成咕哝声；另一方面，他们会说类似于“io mangiare mela”[2]这样的语句，也就是说，语句缺少冠词、代词、动词变位、词尾变化等语法结构，只剩下最简单的那几块“矿石”。正常情况下，此类患者的理解能力虽然不是十全十美，但也基本不受影响。

---

[1] 能指和所指为一对语言学概念，用以表示具体事物或抽象概念的语言符号为能指，而语言符号所表示的具体事物或抽象概念为所指。——编者注

[2] 意大利语，正确说法应该是：io mangio la mela，意为“我吃苹果”。错句动词“吃”(mangiare)未变位，且“苹果”(mela)一词缺少冠词。——译者注

韦尼克区

第二位关键人物是来自德国的神经精神学家卡尔·韦尼克（Carl Wernicke）。1874年，布洛卡描述失语症几年后，卡尔·韦尼克也描述了一种失语症，并以自己的名字命名。这一次，被关注的区域位于颞叶，尤其是上部和后部区域。奇怪之处在于，它的“隔壁”是另一个高度可疑的“邻居”：听觉皮质。事实上，韦尼克区的主要工作正是处理语言的“被指”：作为“口译员”，它接收来自初级听觉区域的声音并将其转换为含义；同样，当我们说话时，它负责确保句子具有合理语义且含义完整。韦尼克失语症患者口若悬河，滔滔不绝，一个个句子都具有精妙的语法结构，但在语义上却完全（或几乎）不成立。可以想象，此类患者完全没有听懂口头指示的能力。这种情况实在是可怕，是难以想象的人间地狱。

单侧性

最后，这两块区域还有一个独一无二的特点。“二战”结束后，二十多岁的日本神经学家和田淳（Juhn Atsushi Wada）做了一个实验，先在一侧颈内动脉（通往大脑的主要动脉）中注射速效麻醉剂，之后再换另一侧。这就是和田试验（Wada Test）。可以观察到，对于绝大多数受试者而言，左侧大脑被麻醉时他们完全丧失了语言理解及说话能力，而右侧大脑被麻醉时他们则能继续理解并愉快说话，只有半个大脑能用，但却好像一点事都没有！尽管当时的工具相当简陋，但也能清晰观察到，大多数人的各种语言皮质区域（布罗卡区、韦尼克区以及周边区域）都以单侧形式存在于大脑中，也就是说，仅存在于两个半球中的一个，而且几乎总是左半球。布罗卡本人也曾有过著名论断："我们用左脑说话。"20世纪90年代，功能性磁共振成像出现之后，这一事实最终得到了直接证实。

一些反思

只存在于单侧大脑，在另一侧没有副本，这种现象相当怪异，是语言区域所特有的。事实上，大脑中的所有结构都是双份，每半球一份。我们有两个海马体、两个运动皮质、两个视觉皮层、两个听觉皮质，等等。但是，几乎所有人都只拥有一个语言皮质。也就是说，在语言方面，我们只有一个"优势"半球。对于近90%的右撇子来说，其语言优势脑都是左脑。[129]从下表中你可以看出这一点。这一非同寻常的特点给了我们一些反思空间，让我们体会到那个用于产生与理解语言的超凡机器有多复杂、宝贵且罕见，我们甚至都无法拥有一个备用副本。我们一生中读过的每一句话、进行过的每一次交谈、说过的每一个字都经过了大脑中同一片皮质。如果失去了那一小撮特定神经元，那我们就会成为受困的灵魂，失去光明，只能在黑暗的世界中摸索。

语言主导半球	**右撇子受试者** **（占人口的90%）**	**左撇子受试者** **（占人口的10%）**
典型（左）	88%	78%
无主导半球（左+右）	12%	15%
非典型（右）	0%	7%

23.2 一个神经外科病例

一个神经外科病例

亲爱的朋友，此时你会问，这样一套强大的语言装置将会如何应对学习一门新外语所带来的翻天覆地的变化呢？我问你：你认为我们学的不同语言是被放在了同一个地方，还是处于不同区域？换句话说，在我们的大脑皮质中，是否有一个特定区域负责意大利语，一个负责英语，一个负责法语，以此类推？学界曾对意外受伤的多语者大脑进行过研究，为这个难以解决的问题带来了第一道曙光。很久以前，有一个南美女孩，她在玻利维亚出生和长大，讲西班牙语。她10岁时，举家迁往美国定居，在那里继续上学，她获得了无可挑剔的英文使用能力，可以随意使用两种语言进行思考。19岁时，她患上了严重的癫痫，此后受到了神经学界的关注。对她的脑部进行的计算机断层扫描（CT）结果明确无疑，她的癫痫病因在于大脑左半球的一大块动静脉畸形（AVM）：动脉和静脉缠成了一个大球，压迫大脑。如果它爆裂，女孩就可能会失去生命。毫无疑问，必须把它切除。不过，该死的是，这块动静脉畸形位于额叶、颞叶和顶叶之间的裂隙中，那里正是布罗卡区、韦尼克区和所有其他语言回路所在的区域。这位女孩用英语和西班牙语接受了和田试验，结果显示，她的语言优势半球是左半球，也就是动静脉畸形所在的那个半球。但是该畸形尺寸实在太大，无论如何都必须被切除。两年后，神经外科医生为她做了手术，尽了最大努力保全语言区域。手术两个月后，女孩回到医院进行复诊。她的英语一如既往地出色。但西班牙语却是一团糟。她会想不起单词（忘名症），还会自造一些稀奇古怪、并不存在的新词（错语症），家人们不得不总是纠正她。说漏斗的时候，她会用enduro，而不是embudo；说狗用嘴套的时候，她会用rozal，而不是bozal；说秘书的时候，她会用secraria，而不是secretaria，等等。她的大脑中住着两个“小声音”，一个讲英语，一个讲西班牙语。在神经外科医生的手术刀下，前者毫发无伤，后者却被损毁了[130]。

位置分离

这个戏剧性案例和其他类似案例表明，也许可以选择性地损害某种特定的语言能力，同时保持其他语言能力不受影响。这些证据，尽管是间接的，但却为我们的问题提供了第一个初步答案：至少在某些情况下，每一种语言在我们的大脑中都拥有独立住所。这很疯狂，不是吗？但事实情况更为复杂：学界注意到，“选择性”损伤导致的这些现象，也就是不同语言的位置分离，似乎与两种不同语言在学习时间上的距离有关，学习间隔时间越远，分离现象就越频繁且越明显。此外，如果我们熟悉某一门语言的时间更长，对它的掌握程度更好，那么这门语言似乎也会拥有更优秀的损伤免疫水平，似乎它在我们大脑中占据的领地更大。

实验证据

功能性磁共振成像的出现也为直接探索这一奇妙现象打开了大门。新的成像技术进一步澄清了这种位置分离现象。想象一下，你招募了两组双语受试者：

- 第一组6个人，年龄30岁上下，在出生和成长过程中都会讲两种语言，他们的父母通常来自不同国家：也就是“天生双语者”或“早期双语者”。

◉ 第二组6个人，年龄相同，在成年后在学校中学会了一门外语：也就是“后期双语者”。

现在，请每个受试者用两种语言来描述一下他们昨天做过的事，同时让他们接受功能性磁共振成像，以“读取”被激活的大脑区域。不过，说话这一机械动作本身会导致头骨发生细微运动，破坏核磁共振图像，所以，你会要求受试者只在头脑中用“内部声音”进行描述。功能性磁共振成像会告诉你，使用这两种语言时，大脑分别动用了哪些区域。在所有受试者中，你都会发现，额叶中对应于布罗卡区的部分激活了一个点，颞叶中对应于韦尼克区的部分也激活了一个点。问题来了：说这两种语言时，激活领域是否相同？答案是：不一定！研究人员惊讶地观察到，对于这两种类型的双语者而言，答案是不一样的：

◉ 对早期双语者而言，两种语言对应的布罗卡区和韦尼克区是一样的。

◉ 奇怪的是，对于在学校学习第二种语言的后期双语者而言，布罗卡区有两个，一个用于母语，一个用于外语，两者之间的距离高达6.4mm，但两门语言对应的韦尼克区是相同的。请观察下表[131]。

	早期双语者	后期双语者
两种语言布罗卡区“重心”之间的距离	1.53 (±0.78) mm	6.43 (±1.83) mm
两种语言韦尼克区“重心”之间的距离	1.58 (±0.79) mm	1.88 (±0.62) mm

一门语言的学习过程

简单来说，当我们学习一门外语时，一方面，作为“口译员”的韦尼克区激活，它学习新的规则，获得识别新声音的能力，并将这些声音转换成相应的含义；另一方面，作为“语法专家”的布罗卡区会建立一个全新的区域，由它来专门处理我们正在学习的新语言的语法和句法编码。学习一门新的语言的确需要巨大投入。成人大脑皮质的可塑性所剩无几（参见第1.4节），而我们的大脑则要利用这一点点大脑皮质的可塑性完成巨大创举，改变一整块皮质的作用，将其分配给全新的任务。这有点像你不得不把某个房间从上到下重新装修一遍，改造成客房，以便多容纳一位房客。从这个神经科学小细节上就能轻松地看出，学习一门外语需要巨大的努力，甚至连阿尔伯特·爱因斯坦那可塑性极强、训练有素的大脑也会感到备受挑战。

23.3 外语的存留时间

二次衰减

一方面语言学习本身很难；另一方面，词汇在我们记忆中的存留时间也有限，受制于之前提到过的衰减机制。我再给你提一个问题，亲爱的读者：如果你连续学习了很长一段时间外语，且课程结束之后就不再使用该门语言了，那么，你学过的词汇能够在大脑中存留多久？几项研究曾分析了英语母语者的西班牙语词汇量衰减曲线，报告显示，如果使用量极低，那么大多数词汇在停课后3年内就会被忘记。另一项发现显然会让你振奋：经历了首次衰减之后，幸存下来的那一部分词汇通常能够伴随我们25年，直到第二次衰减开始[132]。

影响衰减的因素

有意思的是，能在前3年“大屠杀”般的衰减中幸存下来的词汇量主要取决于两个因素：第一个因素就是语言课程的总时长，这一点相当符合逻辑；第二个因素则是——听好了，两次词汇复习之间的时间间隔。你一定还记得我们的老朋友——间隔效应（参见第2.2节）。根据该原理，与短时间内多次复习（集中练习）相比，提高两次复习之间的间隔期（分散练习）能够让长期记忆变得更加牢固。对于外语词汇而言，这种效应格外明显。例如，想象一下，找4个不懂西班牙语的朋友，教给他们300个单词，然后让他们完成13次或26次复习，完成复习的时间分别为2周或8周。实验结果表明，在语言方面，间隔效应极为强大：在长期表现方面，2周内完成26次练习的受试者与8周内完成13次练习的人成绩相同[133]。你要我翻译一下？事半功倍啊！当然，在短期表现方面，密集复习能够留存更多词汇，但这是一种假象。从长远来看，分散练习总会获得更多回报，而外语学习似乎正是该原则大放异彩的领域。

24

如何学习外语

我们已经准备就绪，即将从上一章的基本神经学知识中总结出一些诀窍，用以提升外语学习效率。我们注意到，如果想要以最少的努力获得最好的结果，关键就是将复习工作分配到较长一段时间里。我们的目标可不是把自己关在乌戈里诺伯爵的塔楼[1]上，通篇背诵《牛津英语词典》，而是每日接触这门语言。我们要选择一种足够愉悦有趣的方式，以便坚持下去，连续几个月，甚至是整整几年。在参加传统语言课程的基础上，我们要遵循分散原则，也就是说，尽可能多找一些日常机会，更加均匀、分散地接触到外语。现在，“做什么”已经说清楚了，下一步就是“怎么做”。

24.1 如何接触到母语者？

第一条建议是老生常谈：去旅行。但旅行很贵……也许也没那么贵？在网上快速搜索一下就能发现，适合各种品味的低成本游学机会数不胜数（至少在新冠病毒流行之前是这样的）。除此以外还有许多奖学金项目，大学生可以利用它们在国外大学度过几个月的时间，伊拉斯谟计划、各种专业的本

[1] 乌戈里诺伯爵（Ugolino della Gherardesca，1210—1289年），比萨执政官。在政治斗争中败北，被政敌关在穆达塔（Torre della Muda）中，直至饿死。——译者注

科研究补助金都属于此类。另外，本国或者网上也有许多与外国人接触的机会。两种类型的免费网站能够为你助力。首先是在线语言学习社区，你可以利用它与全球任何国家的母语笔友联络，既可以交朋友，也可以练对话。第二类是语伴网站，你可以利用它与附近的外国人联系、会面并互相教授自己的母语，绝对的双赢局面。

如何练对话

有教师提出，在与母语者闲聊时，最有效的方法就是在小本上记下你遇到的所有不熟悉的单词，并附上翻译。这种做法不无道理：从上一章可知，如果想要记住一个词，无论采用怎样的时间间隔，至少都要重复10多遍（在我们提到的实验中是13遍）。如果某一个词属于高阶或小众词汇，那么，你很有可能不会在闲聊中再次遇到它。所以，请抓住时机，投入那必要的10~15秒，把这个词写下来，这样你就可以事后复习、避免遗忘了。此外，请不要害羞，你要请母语者朋友们明确指出你犯下的任何错误、修辞上的瑕疵、发音上的坏习惯。求他们暂时放下礼貌，邀请他们找茬：如果发现你的话语中存在错误、做作或不自然的地方，请一定要指正。否则，你的努力练习就只是在巩固自己在措辞、词汇或发音中的错误而已。

我的方法

从小学低年级开始，我就拥有来自世界各地的笔友。高中期间，每个夏天我都会在不同的国家度过，在当地某间学校学习几个月。我很快就发现，在旅行中学习语言的秘诀是：绝对避免团体游；如果你和100个意大利人一起出行，那么在整个旅行期间你说的都是意大利语。相反，你必须让自己完全沉浸在外国文化及日常生活中。你必须像优秀的探险家那样，自己上路，在当地选择一间学校就读，住在寄宿家庭。澳大利亚和新西兰特别适合这种出行。南半球季节颠倒，所以我们可以体验到英语高中生活，同时不会错过意大利学校的任何一天。此外，这两个国家都具有热情好客与多元文化的特点，当地高中通常都有低价接待国际学生的计划，同时还可以安排寄宿家庭住宿。这些家庭遵循了近似于志愿的原则，自主决定在家中接纳寄宿学生。在大多数情况下，他们都是不同凡响、道德正直、思想开放的人。就这样，探险家居柳从高中一年级开始，用了5个夏天，访问了美国、澳大利亚、新西兰和半个欧洲的近百座城市，穿过许多种颜色的校服，曾经住在这些国家的十多个非凡家庭里。我和其中许多家庭仍然保持着密切温馨的联系。在国外高中上学

> 的经历让我亲眼目睹了那些国家与意大利在教学思路上的不同之处，他们有优势也有劣势，但正因为不同才能实现互相补充。意大利的“永恒理论家”教学思路与英美的经验主义完美融合，督促我从不同角度有效审视文化与知识。这些经历不仅在纯语言层面上令我获益良多，还促使我在之后许多年里依旧对知识充满渴求。

24.2 如何用外语娱乐？

电影

让我们换个话题，谈一谈娱乐。先讲个我自己的小故事：大学时，我有一个同学，非常睿智，我和他关系很好，每次我邀请他看电影的时候，他都会同意，但总要提出一个条件。他明确拒绝任何意大利语的娱乐节目，只看英文电影。他可不是什么偏执的电影爱好者，之所以这样做，是因为他意识到看电影是一个沉浸式学习外语的好机会。这项活动不会调动我们的全部认知资源，于是我们便可以利用多余的计算能力来处理对话含义，“通过渗透机制”吸收更自发、更自然的语言节奏了。不过你会说：“拜托，刚接触外语时，根本看不懂电影呢！”你说的没错，不过，在这方面，我想提供几件“救生衣”，让我们从刚刚走入一门语言起便能用它来娱乐。

字幕

让我们一个一个来。第一个诀窍显而易见：外语字幕。尽管语言课程倾向于歌颂字幕并大量使用它们，但你应该知道，在这件事上，实验心理学却并不那么热情。举个例子，试想把一个班的英语学习者分成三组：

- 为第一组正常播放一部电影，没有字幕；
- 为第二组播放同一部有字幕的电影；
- 对于第三组，你首先把电影中所有台词打印出来，交给学生，然后给他们看没有字幕的电影。

初看起来，字幕和台词文稿似乎是强大的盟友：在测试中，第二组和第三组学生对影片情节的理解更为透彻，但却存在一个问题！当学生们接受听力理解测试时，第二组和第三组的表现明显弱于第一组。你也明白了：对电影一知半解的那一组在听力测试中胜过了完全看懂电影的那两组。这种情况可以用认知负荷理论（参见第5.2节）来解释：字幕或台词文稿是一种冗余刺激，它干扰了学生对电影本身的视听处理过程，并导致我们的大脑处于认知过载状态[134,135]。总之，在字幕这个问题上，你必须谨慎：它无疑能够增进我们对影片的理解，并教会我们正确拼写最不常见的单词；但它绝对无法提高我们的对话技巧，甚至还会产生反作用。少用为妙。

动画片

有时，对于刚接触某门语言的学生来说，就算加上了字幕，电影也是个过于艰难的挑战。唉，要是有用简化语言制作而成的故事片就好了，让任何人都能轻松理解，甚至连孩子都没问题。嗯，真有这样的电影，大家也都看过：这不就是动画片吗！如果你和我属于同一代人，那你的童年很可能浸润在伟大的动画片里，无论过了多少年，恐怕你仍能记得一清二楚。那么，为什么不利用一下这些深埋的记忆，在成年后再来回顾一下这些伟大的经典作品呢？但这次有一个重大区别：《狮子王》、《花木兰》和《唐老鸭》是德语、法语或西班牙语的。为儿童制作的那些电影其实相当友好，一部分原因在于，影片中会有各种重复词、复歌、套话、口号，这些部分能够被巧妙地植入我们的记忆。仔细想象，这一点也适用于电视广告。

其他形式的娱乐活动

以上建议很容易就能扩展至你喜欢的任何娱乐，无论是填字游戏还是电子游戏，无论是每日新闻还是休闲阅读。同样，在进行此类活动时，最好能够根据语言能力水平来调节难度。如果是填字游戏，如果你没有找到专门针对外国学生的版本，那也可以使用为儿童准备的版本。电子游戏很容易，你也可以使用字幕。至于阅读，有大批网站为外国学生提供各种以简化语言写成的材料，无论是以简单英语写成的“维基百科”，还是以简单法语写成的新闻。最后，不要忽视音乐！你最喜欢的那些歌曲的歌词可能会让一种语言停留在你的脑海中，永生难忘。在一定程度上，你甚至可以摆脱上一章提到的极低使用量条件下的衰减机制(参见第23.3节)。

我的方法

对我来说，音乐一直扮演着非常重要的角色。我热爱古典音乐(包括古代音乐)。当我说它们是我学习中的重要一环时，我并没有夸大其词，在学习语言的时候，它们尤为重要。这种重要性不仅体现在现代语言的学习上(这一点显而易见)，还能扩展至永恒的古代语言。现代语言从那些古代语言中汲取了甘露，而我们这些古代语言的当代“使用者”也可以利用那些具有优雅风格与卓越表现力的曲目。此处不能不提以拉丁语咏唱的大量神圣音乐，

> 其中满是不朽的杰作。除此之外，还有一些以中世纪拉丁语、奥依语、中古高地德语咏唱的古代音乐瑰宝，甚至还能找到一些特意以古希腊语或古典发音拉丁语写成的现代作品。从清新的《但以理的表演》(*Ludus Danielis*)到瓦尔特·冯·德·福格尔维德(Walther von der Vogelweide)，从卡尔·奥尔夫(Carl Orff)的《阿弗洛狄忒的凯旋》[1](*Trionfo di Afrodite*)到伊戈尔·斯特拉文斯基(Igor Stravinsky)的《俄狄浦斯王》(*Oedipus Rex*)，海量瑰宝流传至今。音乐的语言直击人心、传递情感，打开了写入记忆的优先通道。只有疯子才不承认音乐是绝佳的学习方法之一。无论是学习活着的语言，还是学习“死去的”语言，这种方法都适用。

24.3 如何更加快速地记忆单词?

一种语言中的单词数

让我们换个话题，来看看词汇，算算小账。我经常向他人提这个问题。亲爱的读者，请不要偷看，试着自己回答一下：以某门欧洲语言为母语的人平均知道多少个单词？非母语学习者呢？当然，我说的“单词”是指字典

[1] 也被译作《阿芙罗狄蒂的胜利》。——编者注

中出现的那个词目（lemma），各种变化形式都算作一个词族（word family）。很好，合上书，试着想一想！准备好听听答案了吗？大多数人都会高估一门语言词汇数据库的规模。其实，英语母语者的平均词汇量是15000~20000；当然，个体之间的差异很大，从10000~60000不等。据统计，在所有这些单词中，只有3000个是日常使用的，其中最常用的800个单词足以理解75%的日常对话[136]。至于问题的后半部分，请看下表，它综合了多项研究报告，其研究对象是正在依据欧洲语言共同参考框架（CEFR）接受不同层次英语和法语学习的希腊青少年[137,138]。如果你想知道自己在各种语言中掌握的词汇量是多少，请上网看看：可以找到大量免费的词汇量测试，其中一些相当权威。例如，可以在my.vocabularysize.com上免费获得国际著名语言学家保罗·内申（Paul Nation）设计的测试。

课程水平	平均已掌握词汇量
A1	1300
A2	1950
B1	2840
B2	2970

续表

课程水平	平均已掌握词汇量
C1	3450
C2	3800

词汇银行

现在，一个清晰的目标摆在我们面前：如何高效记住大约10000个单词？如果我们秉持“长痛不如短痛”的原则，决定系统性记忆单词，那一定要试试词汇银行（word bank）这一神奇发明。我知道，有些人宁死也不愿意背单词。但是，这种“静脉注射”浓缩词汇的方式，尽管会带来痛苦，却也是在最短时间内彻底解决词汇问题的好办法。此类微型字典就像是一条条生产能力卓越的外语学习组装流水线。当然，学习词汇银行的过程也会像是在福特制工厂里工作，重复性如此之高，机械性如此之强，远不如我们感兴趣的电影或书页那样“撼人心弦”。但另一方面，我们的学习也将具有更高的产出量与效率。接触外语娱乐性材料就像是在阅读选集。选集（anthology）这个词源自古希腊语的“花”（ἄνθος）和“摘”（λέγω），进行娱乐活动时，我们其实就是在由自己喜欢的电影、书籍和报纸组成的花园中摘取“词汇之花”。但使用词汇银行的时候，我们面前就是“词汇之花”的传送带。此外，有证据证实，将词汇细分成小类之后进行学习有助于突出这些词语与母语之间的相似性、差异性及亲缘关系，促进更快、更持久的记忆巩固[139]。

词汇银行2.0

不止如此。词汇银行本身具有高效特性，而数字技术的加持则能帮助我们进一步遵循学习方法的基本定理（参见序言）。越来越多的语言课程正在将经典词汇银行转化为更具吸引力、对人类而言更加友好的学习体验。越来越多的教学资源以简短音频或视频播客等形式展现每一个词汇在真实生活中的运用。此外还有以测验形式出现的互动式词汇银行。此处一定要提著名的虚拟卡牌软件Anki（参见第10.3节），它几乎为每一种语言都提供了免费的预装词汇银行，你准备好通过试错法来学习了吗？

记忆城市

词汇银行还有另一个迷人的发展方向：与助记法结合，带来更好的效果。格雷格·桑德斯（Greg Sanders）和艾伦·舒尔茨（Alan Schultz）曾提出将记忆宫殿法（参见第18.2节）与一整套外语词汇相结合，将其转变为一座想象中的城市，也就是一座记忆城市。二人举例说，德语名词的城市可以被分为三个大街区：阳性（der）、阴性（die）、中性（das）街区。在每个街区里，每一栋建筑的正立面或其本身形状都独具特色，在我们的脑海中，这些特质将与某个单词联系起来，如有可能，也会关联其复数形式[140]。每当我们在自己的记忆城市中漫步时，每当我们走过大道小巷和风景如画的广场时，我们都能利用（此前讲过的）顶叶的强大记忆效率，系统回顾德语的全部词汇。

我的方法

亲爱的朋友，我们已经说了好多贴心话，现在我还要告诉你另外一个秘密。这一次，我要说的不是我实际用过的方法，而是一个假想：如果一切都由狂人居柳说了算，那他会如何组织语言教学？好吧，你已经知道，我坚信词源学的力量（参见第14.2节）。在语言（至少是印欧语系的语言）教学范例中，我觉得最有争议的就是它的单线程，甚至可以说，这种教学方式切断了学科之间的联系。当我们参加英语、西班牙语、瑞典语、俄语等课程时，会把它们当作密不透风的隔间、互不相干的科目。但事实却截然相反。这些语言是从共同的底层语言（即原始印欧语）发展起来的，互相之间有着一系列文化关联、相互影响、交叉浸染、语言借用。如果将每一门语言的学习想象成一个个互相独立的小苗圃（参见第25.1节），那我们就是无视那数千年的起源发展史、让成千上万个绝佳助记机会从我们眼前白白溜走！我心中理想的语言学习法可以用一个词来概括：平行化。我们首先要确定自己希望学习多少门语言，如6种或7种。之后，针对每一个词汇或语法主题，无论是形容词变格还是被动语态的构成，我们都要拿出学习计划中的每一种语言来作个对比。如此一来，学生们将会发现，在表达人类思想的某个特定“原子”时，不同民族作出了怎样的不同选择，提出了怎样的优美方案。他们将亲身体验到，最巧妙且最具生命力的解决方案通常都会长久保留在这门语言中，这一点与生物学很相像，根据进化论的观点，现存不同物种中“最成功”的等位基因总是能够传世。在词汇方面，学生们可以深入词源学，充分利用拉丁语和古希腊语提供的基质。这样一来就可以通过谱系模式来解释不同词语的形态，并利用拥有共同起源的多种语言之间的相似模式。事实上，只有对各种语言进行系统对比，才能发现这些模式。你知道吗？意大利语的età、英语的age、法语的âge都来自于拉丁语的aetas。同样，英语的uncle、法语的oncle、德语的Onkel都来自于拉丁语

avus的昵称avunculus。但是，拉丁语的nonnus（意为“修士”）分化成了意大利语的nonno（意为“老人”），以及英语的nun和德语的nonne（意为“修女”）。不止如此！拥有这样一套系统之后，不同语言之间的形近异义词都不再是“超自然”现象，而变成了符合逻辑的合理现象。例如，英语的spade和德语的Spaten与意大利语的spada或拉丁语的spatha非常相似，但前两者意为“铲子”，后两者意为“剑”，事实上，它们都是古希腊语的σπάθη的后代，该词含义广泛，可以指代任何类型的刀或铲。此外，英语的captive和法语的captif保留了拉丁语captivus作为“囚犯”的原意，意大利语刚诞生时也是如此，但是，captivus diaboli（魔鬼的囚犯）这种说法逐渐在教会人士中传播开来，最后，该词根无可救药地与贬义联系到了一起，变成了如今的cattivo（坏）。我还可以几十页、几十页地写下去。总之，我坚信，采用这样一种系统化学习方法能够帮助我们一次性（或者说，在一门课中）记住多达10种或15种不同语言的单词，与当前的单线程、截断式的教学范例相比，在记忆方面需要付出的努力要小得多。此外我还想补充一点：与如今各种鹦鹉般盲目学习大量词汇的“最佳实践”相比，这种创想中的“一石十鸟”语言学习课程更加振奋人心、挑战智力。

24.4 如何改善自己的发音？

说外语时的意大利口音

亲爱的朋友们，关于外语问题，我还有最后一条衷心建议。目前的教学工作毫不重视正确发音。有一些发音规则，在我们意大利人看来是自然而然的（例如双写辅音在发音时必须更加响亮），但在其他语言中却完全不是如此！为了增加点趣味性，我在下表中总结了最常见的发音错误，这都是我们作为意大利语母语者在接触连爱因斯坦都感觉难以应付的英语时犯下的。在这艰难长篇章节的最后，我希望每个人都能利用外语学习这一宝贵且无法替代的机会，脱离地域限制，成为世界公民。

辅音	典型错误	举例
H	意大利语中不发音。但英语中的H本身就是一个辅音，具有改变词义的能力（想想ate与hate）。但也要注意H不发音的罕见例外情况（hour、honest、honour、heir）	hand /hænd/ hello /hə'ləʊ/ hide /haɪd/ hospital /'hɒs.pɪ.tl/
R	意大利语中的R是一个颤音（舌头反复撞击上颚），而在英语中它是一个齿龈近音（不接触上颚）	rich /ɹɪtʃ/ rose /ɹəʊz/ run /ɹʌn/

续表

辅音	典型错误	举例
元音之后的R	意大利语中发音。但在标准英语中，元音之后的R（位于词尾或后跟辅音）是完全不发音的	hard /hɑːd/ service /ˈsɜːvɪs/ river /ˈɹɪvə/
SL、SM、SN	在意大利语中按照浊齿龈擦音S（/z/，例如asma）发音，而在英语中，SL、SM、SN中的S总是清齿龈擦音（/s/，例如squadra）	smart /smɑɹt/ slight /slaɪt/ snow /snəʊ/
T	不要像意大利语的T那样发音，英语的T更加向外，几乎是意大利语T和C的混合	tango /ˈtæŋgəʊ/ attempt /əˈtɛmpt/
双辅音	意大利语中双辅音的发音比单辅音更突出，但在英语中，双辅音无需延长，但可能导致附近元音的发音改变	affect /əˈfɛkt/ happy /ˈhæpiː/ tunnel /ˈtʌn(ə)l/
结尾辅音	由于几乎所有意大利语单词都以元音结尾，因此，意大利人倾向于在单词结尾处加重发声，说英语时，就会导致结尾辅音发音过重	subtle /ˈsʌt(ə)l/ struggle /ˈstrʌgəl/ woman /ˈwʊmən/

续表

辅音	典型错误	举例
不发音的辅音	意大利语所有的辅音都发音。但在英语中，完全不发音的辅音这一现象相当常见	bomb /bɒm/ debt /dɛt/ walk /wɔːk/

元音	典型错误	举例
/ɜː/音 中央元音（schwa）	切忌按照意大利语的A发音	bird /bɜːd/
/ə/音	切忌按照意大利语的O发音，或将其与中央元音（schwa）混淆	about /əˈbaʊt/
双元音	切忌按照单元音发音	go /ɡəʊ/
A	切忌读成意大利语的E	black /blak/
不发音的元音	完全不发音的元音这一情况非常常见，切忌发音	fruit /fɹuːt/ biscuit /ˈbɪskɪt/

25

跨学科有多重要

亲爱的朋友，在本书的最后一章，在给出总结之前，我准备了一个特别惊喜，让我们来开心一下。我要赞美跨学科，歌颂其深刻且难以捉摸之美，它展现了现代科学最宝贵、最有益的一面。这一章都是我的个人想法，我将与你们分享三件轶事、三个令人难忘的篇章。这些轶事对我的学习生涯产生了决定性影响，正是它们推动我同时完成了五个学位的课程。

25.1 如何维修坏掉的收音机？

第一件轶事：小菜园

来到比萨圣安娜高等学校医学院的第一天，我就见到了导师法比奥·雷基亚（Fabio Recchia）教授。“所以，你想搞科研？”他的声音总是那么舒缓，让人安心。“如果你想成为高水平研究人员，那单单懂得医学术语是不够的。”他微笑着说，“你还要掌握工程师、生物学家、物理学家、信息学家的语言。如今每个学科仍然封闭在自家‘小菜园’里（他用的就是‘小菜园’这个词），所以，当我们面对某个问题的时候，如果没有运用最合适的那一套工具，就会犯下大错。”他说的没错。单单一套思维方式无法解决所有问题：如果我们使用了错误的术语，很可能就会导致某些问题无法得到解决。语言之间的无法沟通已经是老生常谈，把硬科学、数字科学的优雅普适编码转化为应用科学的日常经验话语更是难上加难。就在这时，教授从公文包里掏出了一篇登载于期刊上的文章，标题相当醒目："生物学家能修好收音机吗？"作者尤里·拉泽布尼科夫（Yuri Lazebnik）在这篇文章中畅想生物学家如何利用本学科（或者用雷基亚教授的话说，自家"小菜园"）的思维方式来修理坏掉的收音机[141]。

坏掉的收音机

首先，这位生物学家从互联网上订购了大量同类型的、完好无损的收音机。在研究疾病时，这种方法再常见不过，细胞培养、模式生物都是如此。收到之后，他开始研究收音机的内部解剖结构，他注意到，许多组件多次出现，于是按照颜色和大小对它们进行了分类。然后，他试着每次损坏或断开一个组件，然后检查收音机"表型"，也就是说，看看它还能否使用。这种思路明显类似于基因剔除、遗传扰乱、CRISPR等。之后，生物学家写了大量的研究报告，为收音机的每一个部件命名，指出哪些部件对收音机的运行而言至关重要。作者开玩笑说，天线将被称为最重要的部件（Most Important Component, MIC），由于天线越长、收音机运行越好，所以这位生物学家就援引了"进化论"，解释说该部件具有可延展性。以此类推，他还发现了真正重要的组成部分 (Really Important Component, RIC)，以及无疑最重要的组成部分 (Undoubtedly Most Important Component, U-MIC)，等等。这篇文章真是能让人笑晕了！最后呢？一大堆可怕的箭头，指示这个部件激活那个部件，这个部件抑制那个部件。到这里，作者尤里·拉泽布尼科夫揭开了幕布，揭示了问题的解决方案：从工程师视角观察这台收音机。他利用这门学科的术语，换了一个思路，以无比简单的方式解释了收音机的原理。这就是电路的数学模型，如果停留在生物学的小菜园里，是无论如何都无法理解这套语言的。

合唱型思维模式 (第一部分)

坏掉的收音机这个故事告诉我们，摆在我们面前的问题，有时似乎无法解决，但是，如果换一种模式、换一个思路，问题可能就水落石出了。收音机的运行原理是定量的、数字的，最适合以工程学的语言来描述。如果我们想要用某种与之不兼容的、定性的语言来描述这个问题，那就无法使之变得简明扼要，于是这个问题就会爆炸，变成一团无法理解的箭头。该情况适用于任何学科：无论你投身哪个专业领域，都会不可避免地遇到此类问题，此时，如果你能打破常规、换一种思路，那这些问题可能就会突然变简单，立刻显露出解决之道。这种有效思路就其性质而言非常不同，与该学科常见思路互不兼容，而且通常都“借自”临近学科。如果想要成为一流的科学家、专业人士，那就必须拥有多种思路，放在口袋里，根据需要使用。“但是，教授，在实践中，怎样才能将不同思路结合在一起呢？”第一次，我听到了这样一个雄心勃勃且明确的解决方案：读多个学位。

25.2 如何（不）重新发明车轮？

第二件轶事：海报

数月后，我第一次跨进了数学系的门槛。当时我非常紧张，你一定能理解。作为大学二年级的医科学生，我当时的感觉比离开水的鱼还要糟糕。我约了一位教授面谈，后来，他成了我的一级数学分析教授，那也是我参加的第一门非本专业考试。见面时，我做了自我介绍，告诉这位教授，我特别想学习医学以外的课程。我真诚地讲了我的动机、我投身研究的梦、“小菜园”，等等。这正是第二件轶事的起点。这位教授一边听我说，一边面露喜色。突然，他离开椅子，站了起来：“跟我来。”他默默走过数学系的走廊，我跟在后面，就像迷惑不解的小鸡跟着母鸡。我们走了好几分钟，穿过一个走廊之后还有另一个走廊，爬了一个楼梯之后还有另一个楼梯，我迷茫地看着四周，不知所措。我觉得自己很渺小，完全不在状态。突然，教授在一条走廊正中停了下来，那里墙上挂着一张海报。他指着它，就像指着战利品，同时面带微笑。上面写着：一位医学研究人员发现了积分，并获得了75次引用[142]。

泰氏模型

教授向我解释说，1994年的一件小事曾让全世界的数学家都笑得喘不过气来。一位名叫玛丽·M.泰（Mary M. Tai）的糖尿病专家在该领域的权威科学期刊上发表了一篇文章，名为《确定葡萄糖耐量曲线或其他代谢曲线下方总面积的数学方法》[143]。文章中说："在泰氏模型中，求曲线下方面积时，需要将X轴数值分为两部分，也就是将该面积……分成矩形和三角形来计算。"你想起了高中老师教的矩形积分法？这样想的不是只有你一个。全世界的数学家都曾为这一"轰动性"发现而感到欢欣鼓舞，以至于比萨的某个人决定将一幅海报悬挂在数学系的走廊上，提醒人们留意狭隘的单学科思维所带来的陷阱。玩笑归玩笑，教授由衷佩服这位研究人员表现出的创造力。可不是吗！她以文字方式重新发明了车轮：凭借一己之力（至少据我们所知）重新发现了三百年前牛顿和莱布尼兹的伟大发明。

合唱型思维模式(第二部分)

这段轶事警醒我们学科分割带来的风险。玛丽·M.泰天真地以为自己有了一项突破性的发现，而该期刊的编辑们(我再说一遍，这可是国际一流期刊)也根本没有想到这个“发明”其实是数学领域的绝对基础知识，这说明雷基亚教授关于“小菜园”的那些话多么真实，多有先见之明。不用说，这位数学分析教授也鼓励我再学一个学位课程。他总结说：“这样你就不会浪费生命，不会去相邻学科中重新发现已知事物，更不要说众所周知的事物了。”

25.3 如何研究性关系中的数学问题?

第三件轶事：寓言故事

我在医学院读第四年时，已经同时开始了五个学位的学习：我一头扎了进去，但也乐在其中！那一年，我获得了几项国际奖学金，所以有幸在哈佛和麻省理工学院度过了一段时光。我当时从事的研究项目虽然针对医学问题——自闭症谱系障碍，但也会用到先进的数学和生物技术工具。在比萨学习期间，我曾在多学科知识上倾注了大量汗水，此时终于能够用上，我别提有多兴奋且满足了。期间发生了第三件即最后一件轶事。在研究过程中，我发现自己开始借助这两所大学的教学资源，涉足并应用一些抽象数学课题。在自学图论时，我偶然看到了麻省理工学院汤姆·莱顿（Tom Leighton）教授的线上讲座[144]。我简直惊呆了。是的，这位世界知名的学者以一条有趣的“寓言故事”开始了这堂图论课，而我也再次顿悟，几乎可以与四年前第一天听到雷基亚那段话时的感受相媲美。请听我继续讲。

关于性伴侣数量的古老问题

亲爱的读者，下面就是莱顿教授提出的问题。我们想知道，在某个人群范围内（比如在意大利），男人和女人中谁的性伴侣更多。此处需要明确一点：在计算时，我们只考虑二元性别和异性关系：这只是为了简化此后计算中必须用到的数学计算。如果用更加严格的术语来表述这个问题，那就是，在一生中，男性平均会有P_M个女性性伴侣，而女性平均会有P_F个男性性伴侣：我们想知道哪个数字更大，大多少。先要说明这两个数字不一样，所以，在故事的最后，我们会有一个赢家。那么，在你看来，是男性还是女性拥有更多的性伴侣，多多少？此外，更重要的是，如果你是负责此事的社会学研究人员，你会如何确定这个数值？你可能觉得这个问题很无聊，但社会科学界为了回答这个问题已经花费了巨额资金，组织了昂贵的大规模研究，曾面向成千上万的美国人开展了问卷调查。

芝加哥大学1994年对2500名美国人进行了调查研究，显示P_M与P_F比为1.74。也就是说，男性平均性伴侣数量比女性多74%。2004年，ABC新闻采访了1500名美国人，得出的P_M:P_F比更高，达到3.33。男性报告的平均性伴侣数量是女性报告值的3倍多！不用说，许多人拿这个结果开玩笑。简而言之，很容易就能看出，这些数据充满矛盾和疑问，有些地方说不通。莱顿教授总结说，讽刺的是，如果想要确定这个古老问题的答案，根本没有必要花费数百万美元来开展问卷调查。解决方案唾手可得，用图论数学就能知道。

示范

我试着用最简单的语言来解释计算过程。在图论中，图是由一系列点（顶点）及连接线（边）构成的数学对象。试想，在页面左侧为意大利的每一位男性画一个顶点，也就是大约2890万个点（国家统计研究所数据）。同样，在页面右侧为意大利的每一位女性画一个顶点，也就是大约3040万个点。然后，我们可以用边来表示性伴侣关系。简单起见，我们的研究只限于异性关系，每条边都必须从页面左侧代表男性的点处开始，在页面右侧代表女性的点处结束。所以，采用这种方式进行研究时，可以明显看出，数字P_M就是从每一位男性处伸出的平均边数：也就是说，P_M就是边总数除以男性人数。同样，数字P_F就是连接到每一位女人处的平均边数：也就是说，P_F就是边总数除以女性人数。我们感兴趣的是计算两者之间的比率，即$P_M:P_F$。该值立等可取：由于两个分数的分母都是边总数，所以女性总数除以男性总数即是$P_M:P_F$。如果用国家统计研究所（ISTAT）数据代入，那就会得到3040万除以2890万，即1.052。平均而言，对意大利人而言，男性平均性伴侣数比女性多5%。研究的总费用？0欧元。

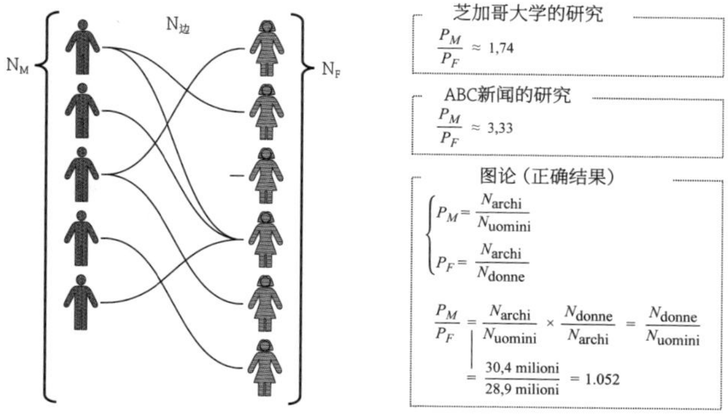

图30　莱顿教授的问题

合唱型思维模式（第三部分）

在这个案例中，专业研究人员（此次来自社会学领域）选择了一条极为困难、复杂且问题重重的路，并由此陷入困境。他们只犯了一个错：没有坚实的数学基础。如果他们在成为社会学者的学习过程中曾经了解过本领域之外其他学科的基础知识，那他们就不会辛苦多年且浪费时间——以及庞大的预算支出——来追逐一个只需略通图论知识就能在5分钟之内获得的结果。在哈佛和麻省理工学院访学结束后，我回到了意大利。有一天，我想起这件趣事，于是决定在一次本科生讲座上试一下。我把这个问题交给了我面前那些医学和生物学学生。我以最严谨的态度向他们解释了这个问题，以及上述两项匿名问卷调查中存在的严重冲突。然后，我要求他们设计一个实验策略，以求得正确结果。学生们的回答相当搞笑，让人笑得腰都直不起来了。

◉ 非匿名问卷，提供填写者及其性伴侣全名，以便进行交叉验证——想象一下这个场景，一位研究人员敲开你的门，告诉你某位女士声称曾与你发生过关系，并礼貌地请你确认。

◉ 伪装问卷，在一系列与其他话题有关的问题中藏入该问题——就像没人会注意到似的：先问当时的天气，再问你最喜欢的颜色……啊，对了，顺便问一下你有多少个性伴侣。

◉ 引入皮下微芯片——哪个大学的伦理委员会不愿意立刻批准这样的研究？

◉ 交叉验证式的调查问卷，向男友或女友询问他们认为自己的爱人曾有多少个性伴侣——关于过去的尴尬问题。

◉ 匿名调查表，但根据蒙眼聚会以及新风格派甜美诗歌中描绘的其他类似场景进行纠正（我发誓，一个学生真的这么说）。

◉ 要求受试者使用应用程序，根据生物识别数据来验证关系——真是注重隐私啊。

◉ 在约会类应用程序上添加一个按钮，询问用户是否发生过关系——谁会不相信约会软件上随机用户的可靠报告呢？

◉ 制作一个通过性行为传播的无害病毒载体，该载体在每次克隆时都会表达出一个独特的DNA，相当于“条形码”，然后研究该病毒在人群中的传播——我想，伦理委员会听到这个想法一定也会高兴得满眼放光。

50名医学和生物学本科生提到了微芯片、性行为传播病毒以及各种交叉验证方式，但没有一个人想到，用一支铅笔和一张纸，就能利用基本数学知识得到明确答案。就算是荷马[1]也会打瞌睡。

---

[1] 就算是荷马也会打瞌睡（Quandoque bonus dormitat Homerus），拉丁谚语，意为是人就会犯错，就算是最卓越的人也逃不过。——译者注

后记

亲爱的朋友，我们已经来到最后，即将告别。在这最后几页里，我将概括本书宗旨，将我的想法浓缩为一篇“我相信”。

我相信，我们的社会已经开启了学习与教学方法方面的彻底转变，越来越注重证据。首先就是科学证据，它的立足点是数据的可重复性，而不是盲目且暴虐的惯性。与此同时，还有主观和元认知证据，这是我们每个人对新的、非常规方法的个人实验。

我相信，广泛获取多学科知识能够从根本上改变我们在任何领域的职业生涯，从单纯的执行者变成具有创造能力的原创艺术家。对我们自己的学科进行修改，留下自己的痕迹，如果要论每日获得的满足感，那这样的解放堪称哥白尼式的革命。

我相信，多学科性并不意味着在某个学位课程中引入零星几门其他学科的考试，而是潜入专门从事其他学科的学生或专业人士之中，与他们完全融合，呼吸他们呼吸的空气，吸收不同的人格特质和思维方式，懂得随心所欲地将自己转变为其他人，根据不同身份者的原则及特征进行思考与行动。不是所有的人都能拥有聪明的头脑，但每一个人（只要愿意）都能拥有聪明的心态。

我相信，我们生命的终极意义就在于在身后留下的、长于生命本身的那些影响。从这个角度来看，学习是最具成效的行动，我们能够借此继承前人知识，把它当作"经验倍增器"，或者说"个人影响倍增器"。

我相信，只有当无人强迫时，我们才能在心理上坚持不懈地学习，此时，我们之所以学习，不是因为上级发下来的课程计划中有要求，而是因为学习这个行为本身是美丽的，因为我们能够将自己的知识应用于值得为之奋斗的事业。

我相信，我们每个人都有潜力成为非凡的学生、非凡的人。实现这一目标的秘诀就在于接受我们自己的本性，了解大脑的运转机制。

最后，我相信，无论促使你阅读这本书的问题是什么，它都已经得到了解答。我确信答案一直都在我们身边，从本书第一行开始。Γνῶθι σεαυτόν，认识你自己。

致谢

我由衷感谢下列德高望重的教师与同学在科学方面对本书做出的修订。

尤里·波齐（Yuri Bozzi）教授

西蒙娜·格拉齐奥利（Simona Grazioli）博士

詹卡洛·洛格罗希诺（Giancarlo Logroscino）教授

弗兰切斯卡·隆盖纳（Francesca Longhena）博士

里卡尔多·鲁福利（Riccardo Ruffoli）教授

乔尔乔·维瓦夸（Giorgio Vivacqua）教授

参考书目

1. Kornell, N., Bjork, R.A., "The Promise and Perils of Self-Regulated Study", in *Psychonomic Bulletin & Review*, 14, 2007, pp. 219-224.（《心理学会公报与评论》之“自主学习的机遇与风险”）

2. Karpicke, J.D., Butler, A.C., Roediger III, H.L., *Metacognitive Strategies in Student Learning: Do Students Practise Retrieval When They Study on Their Own?*, in «Memory», 17, 2009, pp. 471-479, http://dx.doi.org/10.1080/09658210802647009.（学生学习过程中的元认知策略：自学的时候，学生会练习记忆提取吗？）

3. Callender, A.A., McDaniel, M.A., *The Limited Benefits of Rereading Educational Texts*, in «Contemporary Educational Psychology», 34, 2009, pp. 30-41.（《当代教育心理学》之“重复阅读课本所带来的有限效益”）

4. Pashler, H. et al., *Learning Styles: Concepts and Evidence*, in «Psychological Science in the Public Interest», 2009, pp. 105-119, https://doi.org/10.1111/j.1539-6053.2009.01038.x9.（《公共利益中的心理科学》之“学习模式：概念与证据”）

5. Nolen-Hoeksema, S. et al., *Atkinson & Hilgard's Introduction to Psychology*, Wadsworth Pub Co, 2008.（[美] E. 西尔格德 / [美] R. C. 阿特金森 / [美] E. E. 史密斯 / [美] S. 诺伦-霍克西玛 著，洪光远 译，《西尔格德心理学导论》，四川人民出版社，2021）

6. Nikolić, D. et al., *Distributed Fading Memory for Stimulus Properties in the Primary Visual Cortex*, in «PLoS Biology», 7, 2009, e1000260.（《公共科学图书馆-生物学》之“初级视觉皮质中用于刺激物属性的分布式渐消记忆”）

7. Alain, C., Woods, D.L., Knight, R.T., *A Distributed Cortical Network for Auditory Sensory Memory in Humans*, in «Brain Research», 812, 1998, pp. 23-37.（《大脑研究》之“人类听觉记忆的分布式皮质网络”）

8. Baddeley, A., *Working Memory: Theories, Models, and Controversies*, in «Annual Review of Psychology», 63, 2012, pp. 1-29.（《心理学年度评论》之“工作记忆：理论、模型与争议”）

9. Sternberg, R.J., Sternberg, K., *Cognitive Psychology*, Wadsworth Pub Co, 2012.（斯滕伯格 著，邵志芳 译，《认知心理学》，中国轻工业出版社，2016）

10. Funahashi, S., *Working Memory in the Prefrontal Cortex*, in «Brain Sciences», 7, 2017, p. 49.（《大脑科学》之“前额叶皮质中的工作记忆”）

11. Murdock Jr., Bennet, B., *The Serial Position Effect of Free Recall*, in «Journal of Experimental Psychology», 64, 1962, pp. 482-488.（《实验心理学期刊》之“自由回忆的系列位置效应”）

12. Miller, G.A., *The Magical Number Seven, Plus or Minus Two: Some Limits on Our Capacity for Processing Information*, in «Psychological Review», 63, 1956, pp. 81-97.（《心理学评论》之“神奇数字七加减二：我们在信息处理方面的能力限制”）

13. Ericsson, K.A., Chase, W.G., Faloon, S., *Acquisition of a Memory Skill*, in «Science», 208, 1980, pp. 1181-1182.（《科学》之“一种记忆能力的获取”）

14. Sheffield, F.D., Roby, T.B., Campbell, B.A., *Drive Reduction Versus Consummatory Behavior as Determinants of Reinforcement*, in «Journal of Comparative and Physiological Psychology», 47, 1954, pp. 349-354.（《比较与生理心理学期刊》之“内驱力降低与欲求行为对行为强化的决定性作用”）

15. Buzsáki, G., *Hippocampal Sharp Wave-ripple: A Cognitive Biomarker for Episodic Memory and Planning*, in «Hippocampus», 25, 2015, pp. 1073-1188.（《海马体》之“海马体尖波涟漪：用于情节记忆和计划安排的认知生物标记”）

16. Bir, S.C. et al., *Julius Caesar Arantius (Giulio Cesare Aranzi, 1530-1589) and the Hippocampus of The Human Brain: History Behind the Discovery*, in «Journal of Neurosurgery», 122, 2015, pp. 971-975. (《神经手术期刊》之“朱利奥 · 切萨雷·阿兰齐（1530-1589）及人类大脑的海马体：发现背后的历史”)

17. Corkin, S., *Permanent Present Tense: The Unforgettable Life of the Amnesic Patient*, H.M., Basic Books, 2013. (《永远的现在时：记忆障碍患者的难忘生活》)

18. Budson, A.E., Price, B.H., *Memory Dysfunction*, in «The New England Journal of Medicine», 352, 2005, pp. 692-699. (《新英格兰医学期刊》之“记忆失常”)

19. Hebb, D.O., *The Organization of Behavior: A Neuropsychological Theory*, Psychology Press, 1949. (《行为的组织：一个神经心理学理论》)

20. Josselyn, S.A., Köhler, S., Frankland, P.W., *Finding the Engram*, in «Nature Reviews Neuroscience», 16, 2015, pp. 521-534. (《自然综述：神经科学》之“寻找记忆痕迹”)

21. Bradshaw, G.L., Anderson, J.R., *Elaborative Encoding as an Explanation of Levels of Processing*, in «Journal of Verbal Learning and Verbal Behavior», 21, 1982, pp. 165-174. (《语言学习与语言行为期刊》之“用加工型编码解释处理水平”)

22. Ebbinghaus, H., Über das Gedächtnis: Untersuchungen zur experimentellen Psychologie, Wissenschaftliche Buchgesellschaft, 1885. (《关于记忆：实验心理学研究》)

23. Kitson, H.D., *The Plateau of Despond*, in *How to Use Your Mind. A Psychology of Study, Being a Manual for the Use of Students and Teachers in the Administration of Supervised Study*, J.B. Lippincott Company, 1916, pp. 154-165. (《如何使用你的头脑：一份心理学研究，用作受控学习执行过程中的师生使用手册》之“灰心平台”)

24. Arnott, E., Dust, M., *Combating Unintended Consequences of in-Class Revision Using Study Skills Training*, in «Psychology Learning & Teaching», 11, 2012, pp. 99-105. (《心理学教学》之“通过学习技法培训与课堂复习的负面效果作斗争”)

25. Rawson, K.A., Kintsch, W., *Rereading Effects Depend on Time of Test*, in «Journal of Educational Psychology», 97, 2005, pp. 70-80. (《教育心理学期刊》之“重复阅读的效果取决于考试时间”)

26. Cepeda, N.J. et al., *Distributed Practice in Verbal Recall Tasks: A Review and Quantitative Synthesis*, in «Psychological Bulletin», 132, 2006, pp. 354-380. (《心理学公报》之“词汇回忆任务中的分散练习：回顾与定量总结”)

27. Carpenter, S.K., *Spacing and Interleaving of Study and Practice*, in *Applying Science of Learning in Education: Infusing Psychological Science into the Curriculum*, Society for the Teaching of Psychology, 2014, pp. 131-140. (《在教育中运用学习科学：将心理学融入学校教学计划》之“学习与练习的间隔与穿插”)

28. Shea, J.B., Morgan, R.L., *Contextual Interference Effects on the Acquisition, Retention, and Transfer of a Motor Skill*, in «Journal of Experimental Psychology. Human Learning and Memory», 5, 1979, pp. 179-187. (《实验心理学期刊：人类学习与记忆》之“运动技能的获取、保留、迁移带来的情景干扰效应”)

29. de Croock, M.B.M., van Merriënboer, J.J.G., *Paradoxical Effects of Information Presentation Formats and Contextual Interference on Transfer of a Complex Cognitive Skill*, in «Computers in Human Behavior», 23, 2007, pp. 1740-1761. (《人类行为中的计算机》之“信息呈现格式的矛盾效应与复杂认知技能迁移方面的情景干扰”)

30. Pascarella, E.T., Terenzini, P.T., *How College Affects Students: A Third Decade of Research*, vol. 2, Jossey-Bass, 2005.（《大学如何影响学生：研究中的第三个十年》第二卷）

31. Bjork, R.A., Dunlosky, J., Kornell, N., *Self-Regulated Learning: Beliefs, Techniques, and Illusions*, in «Annual Review of Psychology», 64, 2013, pp. 417-444.（《心理学年度评论》之“自主学习：信念、技巧与幻觉”）

32. Siegesmund, A., *Using Self-Assessment to Develop Metacognition and Self-regulated Learners*, in «FEMS Microbiology Letters», 364, 2017.（《FEMS微生物学快报》之“利用自我评估开发元认知与自主学习者”）

33. Cirillo, F., *The Pomodoro Technique (The Pomodoro)*, in «Software Engineering», 54, 2006, pp. 1-35.（《软件工程》之“番茄工作法”）

34. Riegel, M. et al., *Effect of Emotion on Memory for Words and Their Context*, in «The Journal of Comparative Neurology», 524, 2016, pp. 1636-1645.（《比较神经学期刊》之“词语及其上下文的情感效应对记忆的影响”）

35. Boser, U., *Effective Learning and the Best Way to Study*, in «The Learning Agency Lab», 2020, https://www.the-learning-agency-lab.com/the-learning-curve/How-to-study-more-effectively/.（《学习机制实验室》之“有效学习与最佳学习方法”）

36. Weinstein, Y., McDermott, K.B., Roediger H.L., *A Comparison of Study Strategies for Passages: Rereading, Answering Questions, and Generating Questions*, in «Journal of Experimental Psychology: Applied», 16, 2010, pp. 308-316.（《实验应用心理学期刊》之“段落学习策略比较：重读、回答问题与生成问题”）

37. McNamara, D.S., *SERT: Self-Explanation Reading Training*, in «Discourse Processes», 38, 2004, pp. 1-30.（《话语过程》之“自我解释阅读训练”）

38. Corsi, R.L. et al., *Carbon Dioxide Levels and Dynamics in Elementary Schools: Results of the TESIAS Study*, in *Proceedings of Indoor Air 2002 (9th International Conference on Indoor Air Quality and Climate) – June 30-July 5*, 2002, 2002.（《第九届国际室内空气质量与气候大会笔录》之“二氧化碳水平与小学氛围：TESIAS研究结论”）

39. Usha, S. et al., *Is CO2 an Indoor Pollutant? Direct Effects of Low-to-Moderate CO2 Concentrations on Human Decision-Making Performance*, in «Environmental Health Perspectives», 120, 2012, pp. 1671-1677.（《环境健康展望》之“二氧化碳是否是室内污染物？中低二氧化碳浓度对人类决策表现的直接影响”）

40. Durkin, K., Rittle-Johnson, B., *The Effectiveness of Using Incorrect Examples to Support Learning About Decimal Magnitude*, in «Learning and Instruction», 22, 2012, pp. 206-214.（《学习与指导》之“在分数学习中举用错误例子对学习的影响”）

41. Robinson, F.P., *Effective Study*, Harper & Brothers, New York - London 1946.（《有效学习》）

42. Schmeck, R.R., *Learning Strategies and Learning Styles*, Springer, Boston (MA) 1988, doi:10.1007/978-1-4899-2118-5.（学习策略与学习风格）

43. Omelicheva, M.Y., Avdeyeva, O., *Teaching with Lecture or Debate? Testing the Effectiveness of Traditional Versus Active Learning Methods of Instruction*, in «PS: Political Science and Politics», 41, 2008, pp. 603-607.（《PS：政治科学与政治》之“教学时应当讲课还是辩论？传统与积极教学方法的有效性对比”）

44. Steinert, Y., Snell, L.S., *Interactive Lecturing: Strategies for Increasing Participation in Large Group Presentations*, in «Medical Teacher», 21, 1999, pp. 37-42.（《医学教师》之“互动式讲课：在大课堂上提升参与性的策略”）

45. De Lorenzo, R.A., Abbott, C.A., *Effectiveness of an Adult-Learning, Self-Directed Model Compared with Traditional Lecture-Based Teaching Methods in Out-of-Hospital Training*, in «Academic Emergency Medicine», 11, 2004, pp. 33-37. (《理论紧急医学》之"成人学习的有效性：医院外培训中自我导向模型与传统讲座式教学方式之间的比较")

46. Greene, E.B., *The Relative Effectiveness of Lecture and Individual Reading as Methods of College Teaching*, in «Genetic Psychology Monographs», 4, 1928, pp. 459-563. (《遗传心理学论文》之"大学教学中讲座与独立阅读作为教学方法的相对有效性")

47. Kitson, H.D., *How to Use Your Mind: A Psychology of Study*, Dodo Press, 2007. (《如何使用你的大脑：学习心理学》)

48. Mayer, R.E., Mathias, A., Wetzell, K., *Fostering Understanding of Multimedia Messages Through Pre-Training: Evidence for a Two-Stage Theory of Mental Model Construction*, in «Journal of Experimental Psychology: Applied», 8, 2002, pp. 147-154. (《实验应用心理学期刊》之"通过预先学习来促进对多媒体信息的理解：心理模型构造两阶段理论的证据")

49. Katayama, A.D., Crooks, S.M., *Outline Notes: Differential Effects of Studying Complete or Partial Graphically Organized Notes*, in «The Journal of Experimental Education», 71, 2003, pp. 293-312. (《实验教育期刊》之"大纲笔记：全部或部分以图像化方式呈现的笔记在学习中的差别效应分析")

50. Chai, M.T. et al., Exploring EEG Effective Connectivity Network in Estimating Influence of Color on Emotion and Memory, in «Frontiers in Neuroinformatics», 13, 2019. (《神经信息科学前沿》之"通过脑电信号有效连接网络探索来评估色彩对情绪和记忆的影响")

51. King, A., *Comparison of Self-Questioning, Summarizing, and Notetaking-Review as Strategies for Learning from Lectures*, in «American Educational Research Journal», 29, 1992, pp. 303-323. (《美国教育研究期刊》之"自我提问、总结与笔记复习作为课后学习策略的比较")

52. Small, G.W., *The Memory Bible: An Innovative Strategy for Keeping Your Brain Young*, Hachette Books, New York 2003. (《记忆圣经：保持大脑年轻的创新策略》)

53. Nitsch, R., Stahnisch, F.W., *Neuronal Mechanisms Recording the Stream of Consciousness – A Reappraisal of Wilder Penfield's (1891-1976) Concept of Experiential Phenomena Elicited by Electrical Stimulation of the Human Cortex*, in «Cerebral Cortex», 28, 2018, pp. 3347-3355. (《大脑皮质》之"神经机制录制意识流：重新评估怀尔德·潘菲尔德的《人类皮质电激活中的体验现象概念》")

54. Dalla Barba, G., Decaix, C., «Do You Remember What You Did on March 13, 1985?». A Case Study of Confabulatory Hypermnesia, in «Cortex», 45, 2008, pp. 566-574. (《皮质》之"你是否还记得1985年3月13日在做什么？虚谈超忆症案例研究")

55. Jankovic, J. et al., *Bradley and Daroff's Neurology in Clinical Practice*, Elsevier Science Health Science, 2021. (《布莱德利与达洛夫临床神经学》)

56. Tulving, E., *Intratrial and Intertrial Retention: Notes Towards a Theory of Free Recall Verbal Learning*, in «Psychological Review», 71, 1964, pp. 219-237. (《心理学评论》之"测试内与测试间信息保留：自由回忆理论下语言学习的注意事项")

57. Kim, J., Kim, M., Yoon, J.H., *The Tip-of-the-Tongue Phenomenon in Older Adults with Subjective Memory Complaints*, in «PLoS One», 15, 2020, e0239327. (《公共科学图书馆：综合》之“主观上抱怨记忆问题的大龄成年人中的话到嘴边忘词现象”)

58. Erdelyi, M.H., *Hypnotic Hypermnesia: The Empty Set of Hypermnesia*, in «International Journal of Clinical and Experimental Hypnosis», 42, 1994, pp. 379-390. (《国际临床实验催眠期刊》之“催眠超忆症：超忆症的空白场景”)

59. Tulving, E., Pearlstone, Z., *Availability Versus Accessibility of Information in Memory for Words*, in «Journal of Verbal Learning and Verbal Behavior», 5, 1966, pp. 381-391. (《语言学习与语言行为期刊》之“词语记忆中的信息可用性与可及性”)

60. Anderson, J.R., *A Spreading Activation Theory of Memory*, in «Journal of Verbal Learning and Verbal Behavior», 22, 1983, pp. 261-295. (《语言学习与语言行为期刊》之“记忆的扩散激活理论”)

61. Godden, D.R., Baddeley, A.D., *Context-Dependent Memory in Two Natural Environments: On Land and Underwater*, in «British Journal of Psychology», 66, 1975, pp. 325-331. (《英国心理学期刊》之“两种天然环境中的上下文依赖记忆：陆上和水中”)

62. Smith, S.M., Glenberg, A., Bjork, R.A., *Environmental Context and Human Memory*, in «Memory & Cognition», 6, 1978, pp. 342-353. (《记忆与认知》之“环境情景与人类记忆”)

63. Williams, M.D., Hollan, J.D., *The Process of Retrieval from Very Long-Term Memory*, in «Cognitive Science», 5, 1981, pp. 87-119. (《认知科学》之“超长期记忆的提取过程”)

64. Gates, A.I., *Recitation as a Factor in Memorizing*, in «Archives of Psychology», 6, 1917. (《心理学档案》之“记忆过程中的回想要素”)

65. McDaniel, M.A., Howard, D.C., Einstein, G.O., *The Read-Recite-Review Study Strategy: Effective and Portable*, in «Psychological Science», 20, 2009, pp. 516-522. (《心理科学》之“阅读-回想-回顾学习策略：有效性及推广可能”)

66. Kornell, N., Metcalfe, J., *The Effects of Memory Retrieval, Errors and Feedback on Learning*, in *Applying Science of Learning in Education: Infusing Psychological Science into the Curriculum*, Society for the Teaching of Psychology, 2014, pp. 225-234. (《在教育中应用学习科学：将心理科学注入课程表》之“记忆提取、错误和反馈对学习的影响”)

67. Oakley, B., *A Mind for Numbers: How to Excel at Math and Science (Even If You Flunked Algebra)*, TarcherPerigee, New York 2014. (《心有数字：如何学好数学和科学（即使你代数不及格》)

68. Bertsch, S., Pesta, B., *Generating Active Learning*, in *Applying Science of Learning in Education: Infusing Psychological Science into the Curriculum*, Society for the Teaching of Psychology, 2014, pp. 71-77. (《在教育中应用学习科学：将心理科学注入课程表》之“生成积极学习”)

69. van Blerkom, D.L., van Blerkom, M.L., Bertsch, S., *Study Strategies and Generative Learning: What Works?*, 2014, pp. 7-18, http://dx.doi.org/10.1080/10790195.2006.1085019037. (《学习策略与生成式学习：到底什么有用？》)

70. Richland, L.E., Kornell, N., Kao, L.S., *The Pretesting Effect: Do Unsuccessful Retrieval Attempts Enhance Learning?*, in «Journal of Experimental Psychology: Applied», 15,

2009, pp. 243-257.（《实验应用心理学期刊》之“预测试效应：未能成功的提取尝试能否有助学习？”）

71. Clark, J.M., Paivio, A., *Dual Coding Theory and Education*, in «Educational Psychological Review», 3, 1991, pp. 149-210.（《教育心理评论》之“双重编码理论与教育”）

72. Mayer, R.E., Heiser, J., Lonn, S., *Cognitive Constraints on Multimedia Learning: When Presenting More Material Results in Less Understanding*, in «Journal of Educational Psychology», 93, 2001, pp. 187-198.（《教育心理期刊》之“多媒体学习中的认知限制：当呈现更多材料反而导致更低理解水平时”）

73. Mayer, R.E. et al., *Increased Interestingness of Extraneous Details in a Multimedia Science Presentation Leads to Decreased Learning*, in «Journal of Experimental Psychology: Applied», 14, 2008, pp. 329-339.（《实验应用心理学期刊》之“多媒体科学介绍中外在细节有趣程度的提升会导致学习水平下降”）

74. Kapp, F.G. et al., *Protection from UV Light is an Evolutionarily Conserved Feature of the Haematopoietic Niche*, in «Nature», 558, 2018, pp. 445-448.（《自然》之“紫外线防护成为造血干细胞巢进化中的保留特质”）

75. Sadeghi, N., Soleimani, H., *A Description and Evaluation of Hot Potatoes Web-Authoring Software in Educational Settings*, in «Theory and Practice in Language Studies», 5, 2015, p. 2407.（《语言学习理论与实践》之“在教育环境中使用Hot Potatoes网络授权软件的描述与评估”）

76. Leitner, S., *So Lernt Man Lernen: Der Weg zum Erfolg*, Verlag Herder, Freiburg im Breisgau 2000.（[德] Sebastian Leitner 著，林宜燕 译，《学习这回事》，中国人民大学出版社，2007年）

77. VanDeVelde Luskin, C., *Mark Lepper: Intrinsic Motivation, Extrinsic Motivation and the Process of Learning*, Stanford Bing Nursery School, Stanford (CA) 2003.（《马克·莱珀：内在动机、外在动机和学习过程》）

78. Ryan, R.M., Deci, E.L., *Self-Determination Theory and the Facilitation of Intrinsic Motivation, Social Development, and Well-Being*, in «American Psychologist», 55, 2000, pp. 68-78.（《美国心理学家》之“自我决定理论与内在动机、社会发展和健康的促进过程”）

79. Tak, H.J., Curlin, F.A., Yoon, J.D., *Association of Intrinsic Motivating Factors and Markers of Physician Well-Being: A National Physician Survey*, in «Journal of General Internal Medicine», 32, 2017, pp. 739-746.（《普通内科期刊》之“内在动机因素与身体健康指标的结合：全国医生调查”）

80. Lepper, M.R., Greene, D., *Turning Play into Work: Effects of Adult Surveillance and Extrinsic Rewards on Children's Intrinsic Motivation*, in «Journal of Personality and Social Psychology», 31, 1975, pp. 479-486.（《人格与社会心理学期刊》之“将玩耍变成工作：成人监督与外在奖励对儿童内在动机的影响”）

81. Greene, D., Sternberg, B., Lepper, M.R., *Overjustification in a Token Economy*, in «Journal of Personality and Social Psychology», 34, 1976, pp. 1219-1234.（《人格与社会心理学期刊》之“代币经济下的动机偏移”）

82. Tang, S., Hall, V.C., *The Overjustification Effect: A Meta-Analysis*, in «Applied Cognitive Psychology», 9, 1995, pp. 365-404.（《应用认知心理学》之“动机偏移效应：统合分析”）

83. Stern, Y., *Cognitive Reserve in Ageing and Alzheimer's Disease*, in «The Lancet Neurology», 11, 2012, pp. 1006-1012.（《柳叶刀神经病学》之“衰老及阿尔茨

海默氏病中的认知储备”）

84. Chew, S.L., *Helping Students to Get the Most out of Studying*, in *Applying Science of Learning in Education: Infusing Psychological Science into the Curriculum*, Society for the Teaching of Psychology, 2014, pp. 215-223.（《在教育中应用学习科学：将心理科学注入课程表》之“帮助学生高效利用学习时间”）

85. Gardner, H., *Frames of Mind: The Theory of Multiple Intelligences*, Basic Books, New York 2011.（霍华德·加德纳 著，沈致隆 译，《智能的结构》，中国纺织出版社，2022年）

86. Parkinson, C.N., *Parkinson's Law*, in «The Economist», 1955.（《经济学人》之“帕金森定理”）

87. McKenzie, T.L., Rushall, B.S., *Effects of Self-Recording on Attendance and Performance in a Competitive Swimming Training Environment*, in «Journal of Applied Behavior Analysis», 7, 1974, pp. 199-206.（《应用行为分析期刊》之“竞争性游泳训练环境中对出勤率与成绩进行自我记录的效应”）

88. Sanbonmatsu, D.M. et al., *Who Multi-Tasks and Why? Multi-Tasking Ability, Perceived Multi-Tasking Ability, Impulsivity, and Sensation Seeking*, in «PLoS One», 8, 2013, e54402.（《公共科学图书馆：综合》之“谁在多任务处理以及为什么？多任务处理能力、自称的多任务处理能力、冲动和感觉寻求”）

89. Paulos, L., *Multitasking Madness*, in «Scholastic Choices», 23, 2007, pp. 10-13.（《中小学教育选择》之“多任务处理的疯狂”）

90. Beanland, V., Pammer, K., *Minds on the Blink: The Relationship between Inattentional Blindness and Attentional Blink*, in «Attention, Perception, & Psychophysics», 74, 2012, pp. 322-330.（《注意力、感知力与心理物理学》之“头脑暂盲：非注意力视盲与注意力暂盲”）

91. Cheng, C., Li, A.Y., *Internet Addiction Prevalence and Quality of (Real) Life: A Meta-Analysis of 31 Nations Across Seven World Regions*, in «Cyberpsychology, Behavior, and Social Networking», 17, 2014, pp. 755-760.（《网络心理学、行为与社交网络》之“互联网成瘾的普遍性与（真实）生活质量：全球7地区31国统合分析”）

92. Vuilleumier, P., Trost, W., *Music and Emotions: From Enchantment to Entrainment*, in «Annals of the New York Academy of Sciences», 1337, 2015, pp. 212-222.（《纽约科学院年报》之“音乐与情感：从魅惑到娱乐”）

93. Jenkins, J.S., *The Mozart Effect*, in «Journal of the Royal Society of Medicine», 94, 2001, pp. 170-172.（《皇家医学会期刊》之“莫扎特效应”）

94. Robbins, S.B. et al., *Do Psychosocial and Study Skill Factors Predict College Outcomes? A Meta-Analysis*, in «Psychological Bulletin», 130, 2004, pp. 261-288.（《心理学公报》之“心理社会与学习技能因素是否能够预测大学成绩？一份统合分析”）

95. Bower, G.H., *Mental Imagery and Associative Learning*, in *Cognition in Learning and Memory*, vol. VII, John Wiley & Sons, Hoboken (NJ) 1972, p. 263.（《学习与记忆中的认知》第七卷之“心像与联想式学习”）

96. McDaniel, M.A., Masson, M.E.J., *Altering Memory Representations Through Retrieval*, in «Journal of Experimental Psychology: Learning, Memory, and Cognition», 11, 1985, pp. 371-385.（《实验心理学期刊：学习、记忆与认知》之“通过提取改变记忆表征”）

97. Bear, M.F., Connors, B.W., Paradiso, M.A., *Neuroscience: Exploring the Brain*, Jones & Bartlett Learning, Burlington (MA) 2006.（Mark F. Bear / Barry W. Connors /

Michael A. Paradiso 著，王建军 译，《神经科学》，高等教育出版社，2006年）

98. O' Brien, D., *How to Pass Exams*, Duncan Baird Publishers, Toronto (ON) 2000.（[英]多米尼克·奥布赖恩 著，陆桦 译，《逢考必过》，中国友谊出版公司，2021年）

99. *Harry Lorayne Is the Yoda of Memory-Training*, in «Time Magazine», 2000.（《时代杂志》之“哈里·洛雷恩，记忆训练界的尤达”）

100. Maguire, E.A. et al., *Routes to Remembering: the Brains Behind Superior Memory*, in «Nature Neuroscience», 6, 2003, pp. 90-95.（《自然神经科学》之“记忆之路：超级记忆背后的大脑”）

101. Harris T., *Hannibal*, Mondadori, Milano 2001.（[美] 托马斯·哈里斯 著，孙法理 译，《汉尼拔》，译林出版社，2021年）

102. Curtis, G., *Your Life In Numbers*, Dreams, 2017, www.dreams.co.uk/sleep-matters-club/your-life-in-numbers-info-graphic/.（《你生命中的几个数字》）

103. Stickgold, R., *Neuroscience: A Memory Boost While You Sleep*, in «Nature», 444, 2006, pp. 559-560.（《自然》之“神经科学：睡眠中的记忆提升”）

104. Rattenborg, N.C. et al., *Evidence that Birds Sleep in Mid-Flight*, in «Nature Communications», 7, 2016, pp. 1-9.（《自然通讯》之“鸟在飞行过程中睡眠的证据”）

105. Lyamin, O.I. et al., *Cetacean Sleep: An Unusual Form of Mammalian Sleep*, in «Neuroscience & Biobehavioral Reviews», 32, 2008, pp. 1451-1484.（《神经科学与生物行为评论》之“鲸豚类的睡眠：不同寻常的哺乳动物睡眠形式”）

106. Burke, K.L., *Birds Can Sleep While Flying*, in «American Scientist», 104, 2016, p. 331.（《美国科学家》之“鸟在飞行中可以睡觉”）

107. Miller, G., *On the Origin of Sleep*, in «Science», 2009, blogs.sciencemag.org/origins/2009/08/on-the-origin-of-sleep.html.（《科学》之“论睡眠之起源”）

108. Fernandes, D., Carvalho, A.L., *Mechanisms of Homeostatic Plasticity in the Excitatory Synapse*, in «Journal of Neurochemistry», 139, 2016, pp. 973-996.（《神经化学期刊》之“激发突触中的稳态可塑性机制”）

109. Iliff, J.J. et al., *A Paravascular Pathway Facilitates CSF Flow Through the Brain Parenchyma and the Clearance of Interstitial Solutes, Including Amyloid β*, in «Science Translational Medicine», 4, 2012, 147ra111.（《科学转化医学》之“血管旁空间促进脑脊液在薄壁组织中的流动以及脑组织间液的清空，包括β淀粉样多肽”）

110. Xie, L. et al., *Sleep Drives Metabolite Clearance from the Adult Brain*, in «Science», 342, 2013, pp. 373-377.（《科学》之“睡眠驱动成人大脑中新陈代谢废物的清除”）

111. Choy, E.H.S., *The Role of Sleep in Pain and Fibromyalgia*, in «Nature Reviews Rheumatology», 11, 2015, pp. 513-520.（《自然评论：风湿病学》之“睡眠在疼痛与纤维肌痛中的角色”）

112. Siegel, J.M., *The REM Sleep-Memory Consolidation Hypothesis*, in «Science», 294, 2001, pp. 1058-1063.（《科学》之“REM睡眠-记忆巩固假说”）

113. Carlsson, I., Davidson, P., Ors, M., *Effects of a Daytime Nap on Primed and Repeated Remote Associates Tests and Relations with Divergent Creativity*, 2019, pp. 207-214, https://doi.org/10.1080/10400419.2019.160661931.（《日间小睡对首次和多次远距离联想测试及发散性创意关系的影响》）

114. Horsager, J. et al., *Brain-First Versus Body-First Parkinson's Disease: a Multimodal*

Imaging Case-Control Study, in «Brain», 143, 2020, pp. 3077-3088.（《大脑》之“大脑优先和身体优先的帕金森病：多模式成像的病例对照研究）

115. *How Much Sleep Do Children Need?*, National Health Service, 2020, https://www.nhs.uk/live-well/sleep-and-tiredness/How-much-sleep-do-kids-need/.（《孩子需要睡多久？》）

116. Kirszenblat, L., van Swinderen, B., *Sleep in Drosophila*, in «Handbook of Sleep Research», 30, 2019, pp. 333-347.（《睡眠研究手册》之“果蝇的睡眠”）

117. Roenneberg, T. et al., *Chronotype and Social Jetlag: A (Self-) Critical Review*, in «Biology», 8, 2019.（《生物》之“睡眠类型与社会性时差：[自我]批评性评论”）

118. Krieger, D.T. et al., *Characterization of the Normal Temporal Pattern of Plasma Corticosteroid Levels*, in «The Journal of Clinical Endocrinology and Metabolism», 32, 1971, pp. 266-284.（《临床内分泌学与新陈代谢期刊》之“血清皮质类固醇在颞叶中正常分布的特性总结”）

119. Malik, S. et al., *Neurogenesis Continues in the Third Trimester of Pregnancy and Is Suppressed by Premature Birth*, in «The Journal of Neuroscience», 33, 2013, pp. 411-423.（《神经科学期刊》之“神经生成在孕晚期继续并受到了早产的抑制”）

120. Azevedo, F.A.C. et al., *Equal Numbers of Neuronal and Nonneuronal Cells Make the Human Brain an Isometrically Scaled-Up Primate Brain*, in «The Journal of Comparative Neurology», 513, 2009, pp. 532-541.（《比较神经学期刊》之“神经元与非神经元细胞数量相等使得人类大脑变成了等速生长的灵长类大脑”）

121. Mueller, A.D. et al., *Sleep and Adult Neurogenesis: Implications for Cognition and Mood*, in «Sleep, Neuronal Plasticity and Brain Function», 25, 2013, pp. 151-81.（《睡眠、神经可塑性与大脑功能》之“睡眠与成人的神经生成：对认知和情绪的影响”）

122. Frankland, P.W., Köhler, S., Josselyn, S.A., *Hippocampal Neurogenesis and Forgetting*, in «Trends in Neurosciences», 36, 2013, pp. 497-503.（《神经科学趋势》之“海马体神经生成与遗忘”）

123. Clelland, C.D. et al., *A Functional Role for Adult Hippocampal Neurogenesis in Spatial Pattern Separation*, in «Science», 325, 2009, pp. 210-213.（《科学》之“承认海马体神经生成在空间模式区分中的功能性角色”）

124. Rotenstein, L.S. et al., *Prevalence of Depression, Depressive Symptoms, and Suicidal Ideation Among Medical Students: A Systematic Review and Meta-Analysis*, in «Journal of the American Medical Association», 316, 2016, pp. 2214-2236.（《美国医学协会期刊》之“医学系学生中抑郁症的普遍性、抑郁症状和自杀意念：系统性回顾与统合分析”）

125. Terman, L.M., Oden, M.H., *The Gifted Group at Mid-Life: Thirty-Five Years' Follow-Up of the Superior Child*, in *Genetic Studies of Genius*, vol. V, 1959.（《天才的遗传研究》之“天才少年的中年生活：超级儿童35年后的跟踪研究”）

126. Lettera di Hermann Einstein a Jost Winteler, Pavia, 29 ottobre 1895.（爱因斯坦写给约斯特·温特勒的信，1895年10月29日）

127. Lettera di Albert Einstein a Willem Julius, Praga, 15 novembre 1911.（爱因斯坦写给威廉·尤利乌斯的信，1911年11月15日）

129. Lettera di Albert Einstein ad Arthur T. Hadley, Berlino, 22 febbraio 1921.（爱因斯坦写给亚瑟·T. 哈德利的信，1921年2月22日）

130. Mazoyer, B. et al., *Gaussian Mixture Modeling of Hemispheric Lateralization for*

Language in a Large Sample of Healthy Individuals Balanced for Handedness, in «PLoS One», 9, 2014, e101165.（《公共科学图书馆：综合》之“左右手偏好均衡的大样本健康人群中语言半球单侧性的高斯混合模型”）

131. Gomez-Tortosa, E. et al., *Selective Deficit of One Language in a Bilingual Patient Following Surgery in the Left Perisylvian Area*, in «Brain and Language», 48, 1995, pp. 320-325.（《大脑和语言》之“双语患者在左侧脑沟区手术之后的选择性单一语言缺陷”）

132. Kim, K.H.S. et al., *Distinct Cortical Areas Associated with Native and Second Languages*, in «Nature», 388, 1997, pp. 171-174.（《自然》之“大脑皮质上与母语及第二语言相关联的不同区域”）

133. Bahrick, H.P., *Semantic Memory Content in Permastore: Fifty Years of Memory for Spanish Learned in School*, in «Journal of Experimental Psychology», 113, 1984, pp. 1-29.（《实验心理学期刊》之“长期记忆中的语义记忆内容：在学校学习西班牙语50年后的记忆”）

134. Bahrick, H.P. et al., *Maintenance of Foreign Language Vocabulary and the Spacing Effect*, 2017, pp. 316-321, https://doi.org/10.1111/j.1467-9280.1993.tb00571.x4.（《维持外语词汇量与间隔效应》）

135. Diao, Y., Chandler, P., Sweller, J., *The Effect of Written Text on Comprehension of Spoken English as a Foreign Language*, in «The American Journal of Psychology», 120, 2007, pp. 237-261.（《美国心理学期刊》之“将英语作为外语时书面文字对口语理解的影响”）

136. Diao, Y., Sweller, J., *Redundancy in Foreign Language Reading Comprehension Instruction: Concurrent Written and Spoken Presentations*, in «Learning and Instruction», 17, 2007, pp. 78-88.（《学习与指导》之“外语阅读理解指导中的冗余：文字和语音的同时呈现”）

137. Sagar-Fenton, B., McNeill, L., *How Many Words Do You Need to Speak a Language?*, in «BBC News», 2018, https://www.bbc.co.uk/news/world-44569277.（《BBC新闻》之“学说一门语言需要多少单词？”）

138. Milton, J., Alexiou, T., *Vocabulary Size and the Common European Framework of Reference for Languages*, in Richards B. et al. (a cura di), *Vocabulary Studies in First and Second Language Acquisition: The Interface Between Theory and Application*, Palgrave Macmillan, London 2009, pp. 194-211, doi:10.1057/9780230242258.（《第一和第二语言习得中的词汇学习：理论与实践之间》之“词汇量与欧洲语言共同参考框架”）

139. Milton, J., *The Development of Vocabulary Breadth Across the CEFR Levels – A Common Basis for the Elaboration of Language Syllabuses, Curriculum Guidelines, Examinations, and Textbooks Across Europe*, in Bartning, I. et al. (a cura di), *Communicative Proficiency and Linguistic Development*, European Second Language Association, 2010, pp. 211-232.（《沟通熟练度与语言发展》之“各CEFR水平上的词汇量发展：欧洲境内语言学习大纲、课程指南、考试和教科书编写的共同基础”）

140. Marinak, B.A. et al., *The Pennsylvania Assessment System – Reading Instructional Handbook*, Pennsylvania State Department of Education, Harrisburg (PA) 1997.（《宾夕法尼亚评估体系：阅读指导手册》）

141. Lazebnik, Y., *Can a Biologist Fix a Radio? – Or, What I Learned While Studying Apoptosis*, in «Cancer Cell», 2, 2002, pp. 179-182.（《癌症细胞》之“生物学家能修好收音机吗？我从细胞凋亡中学到了什么”）

142. *Medical Researcher Discovers Integration, Gets 75 Citations*, Fliptomato, 2007, https://fliptomato.wordpress.com/2007/03/19/medical-researcher-discovers-integration-gets-75-citations/.（一位医学研究人员发现了积分，并获得了75次引用）

143. Tai, M.M., *A Mathematical Model for the Determination of Total Area Under Glucose Tolerance and Other Metabolic Curves*, in «Diabetes Care», 17, 1994, pp. 152-154.（《糖尿病治疗》之“确定葡萄糖耐量曲线或其他代谢曲线下方总面积的数学方法”）

144. Leighton, T., *Mathematics for Computer Science – Lecture 6: Graph Theory and Coloring*, MIT Open Courseware, 2010, https://ocw.mit.edu/courses/electrical-engineering-and-computer-science/6-042j-mathematics-for-computer-science-fall-2010/video-lectures/lecture-6-graph-theory-and-coloring/.（为计算机科学准备的数学课 – 第6课：图论与着色）

图书在版编目（CIP）数据

天才的学习方法 /（意）朱利奥·迪安杰利著 ；狄佳译. -- 杭州 ：浙江教育出版社，2024. 11（2025.5重印）. -- ISBN 978-7-5722-8693-3

Ⅰ. G791-49

中国国家版本馆CIP数据核字第2024NB2945号

引进版图书合同登记号 浙江省版权局图字：11-2024-113

天才的学习方法

TIANCAI DE XUEXI FANGFA

[意]朱利奥·迪安杰利 著 狄佳 译

总 策 划 李 娟 **执行策划** 王思杰
责任编辑 高露露 **美术编辑** 韩 波
责任校对 王晨儿 **责任印务** 曹雨辰

出版发行 浙江教育出版社（杭州市环城北路177号）
印 刷 北京盛通印刷股份有限公司
开 本 787mm×1092mm 1/32
印 张 11.875
字 数 199 500
版 次 2024年11月第1版
印 次 2025年5月第9次印刷
标准书号 ISBN 978-7-5722-8693-3
定 价 69.00元

如发现印、装质量问题，请与印刷厂联系调换。联系电话：13691400818

人啊，认识你自己！